Pahla Bowers

MIT POSITIVEM MINDSET DURCH DIE MENOPAUSE

*Für Vicki, die es nicht bis
in die Wechseljahre geschafft hat,
die aber dieses Buch geliebt hätte.*

PAHLA BOWERS

MIT POSITIVEM **MINDSET** DURCH DIE **MENOPAUSE**

Verliere Gewicht, liebe deinen Körper und umarme das Leben

Aus dem Amerikanischen von Johanna Ruhl

herbig

Titel der Originalausgabe: Mind over Menopause. Lose Weight, Love Your Body, and Embrace Life After 50 with a Powerful New Mindset.
Erschienen bei The Experiment unter ISBN 978-1-61519-975-4
Aus dem Amerikanischen von Johanna Ruhl

Impressum:
Umschlaggestaltung von Gramisci Editorial Design, München/Sandra Gramisci, unter Verwendung einer Abbildung von stocksy/Robert Kohlhuber

Unser gesamtes Programm finden Sie unter **kosmos.de/herbig**

Gedruckt auf chlorfrei gebleichtem Papier

MIX
Papier | Fördert gute Waldnutzung
FSC® C014889

Für die deutschsprachige Ausgabe

Pfizerstraße 5–7, 70184 Stuttgart
kosmos.de/servicecenter
Vermittelt durch Agentur Brauer, München

ISBN 978-3-96859-079-0
Projektleitung: Nicole Janke
Redaktion: Dagmar Henning
Gestaltungskonzept, Gestaltung und Satz: VerlagsService Dietmar Schmitz, Erding
Produktion: Vanessa Frömmig
Druck und Bindung: Friedrich Pustet GmbH & Co. KG, Regensburg
Printed in Germany / Imprimé en Allemagne

Inhalt

Einleitung

Hallo und herzlich willkommen in diesem Buch. Ich bin Pahla B., deine Fitnessfreundin im besten Alter. Ich will dir dabei helfen, dich mit deinem Körper in den Wechseljahren zu versöhnen. Dafür zeige ich dir, wie du die Superkräfte deines Gehirns nutzen kannst, um ein gesundes Gewicht zu erreichen, deinen Körper lieben zu lernen und die Veränderungen durch die Wechseljahre anzunehmen.

Keine leichte Aufgabe, oder?

Die Wechseljahre können sich so anfühlen, als würde die ganze Welt kopfstehen. Körperlich siehst du dich auf einmal mit Symptomen wie Herzrasen, Schlafstörungen, Hitzewallungen, Gewichtszunahme oder Scheidentrockenheit konfrontiert. Psychisch hast du mit Gefühlen wie Trauer, Angst und Verwirrung zu kämpfen, weil dein Körper sich verändert. Und all das, während dich vielleicht auch andere Lebenseinschnitte beschäftigen: der Verlust deiner Eltern, der Auszug deiner Kinder, eine berufliche Veränderung oder der Umzug in eine kleinere Wohnung.

Kurzum: In den Wechseljahren geht es nicht *nur* um das Ausbleiben deiner Periode.

Was sind die Wechseljahre überhaupt?

Für einige von uns bezeichnet der Begriff *Wechseljahre* oder *Menopause* ganz allgemein die Zeit zwischen den ersten Unregelmäßigkeiten bei der Blutung bis zum Ausbleiben der Periode. Andere bezeichnen damit den Zeitabschnitt der hormonellen Umstellung am Ende der fruchtbaren Lebensphase von uns Frauen. Und wie so viele andere Themen rund um die weibliche Sexualität umgibt die Wechseljahre eine Aura des Geheimnisvollen.

Von der Zeit der alten Griechen an (die glaubten, dass die Gebärmutter durch den Körper wandern und Krankheiten verursachen könnte) über die fast vollständige Medikalisierung (Medikalisierung ist die Bezeichnung für einen Veränderungsprozess innerhalb der Gesellschaft, bei dem Lebenserfahrungen wichtig sind) der Wechseljahre Mitte des 20. Jahrhunderts bis heute ist diese Zeit des Wandels schwer zu fassen.

In Deutschland tritt die Menopause bei Frauen durchschnittlich in einem Alter von 51 Jahren ein. Der Übergang von regelmäßigen Zyklen zur vollständigen Menopause dauert durchschnittlich sieben Jahre. Aktuell sind circa 9 Millionen Frauen in den Wechseljahren. Davon leiden etwa 2/3 unter Beschwerden, etwa 1/3 davon unter schweren Beschwerden (Quellenangaben findest du im Quellenverzeichnis). Während der Wechseljahre zeigen bis zu 80 Prozent der Frauen ein oder mehrere körperliche Symptome wie Hitzewallungen, nächtliche Schweißausbrüche, Migräne und Herzrasen. Bis zu 60 Prozent klagen über Verwirrtheit, mangelnde Konzentrationsfähigkeit und Gedächtnisstörungen. Aus medizinischer Sicht gibt es entweder zwei oder drei Phasen, die du während der Wechseljahre durchläufst, und ja, sie werden durch deine Periode (beziehungsweise ihr Ausbleiben) bestimmt, gehen aber auch mit einer Reihe anderer physischer und psychischer Veränderungen einher.

Warum zwei *oder* drei Phasen? Weil es, wie bei vielen Themen im Zusammenhang mit den Wechseljahren, nur sehr wenige Forschungsergebnisse gibt und generell keine Einigkeit in medizinischen und wissenschaftlichen Kreisen herrscht. Auf der einen Seite sind die Wechseljahre deutlich komplexer und ihre Auswirkungen weitreichender, als man denken würde. Auf der anderen Seite gibt es auch in unserer Zeit noch deutlich mehr medizinische Forschung an Männern als an Frauen, was sich in Zukunft ändern muss.

Das ist der Ablauf des Drei-Phasen-Modells:

- Die **Perimenopause** beginnt mit dem Auftreten der ersten Symptome und endet mit der letzten Periode. Symptome wie Hitzewallungen, Schlafstörungen und Stimmungsschwankungen treten auf, weil deine Hormone auf eine andere Weise schwanken als in deinem üblichen monatlichen Zyklus. Ein plötzlicher Anstieg oder Abfall des Hormonspiegels oder gleichbleibend niedrige Werte sind wahrscheinlich für die meisten Symptome verantwortlich, die mit der Perimenopause assoziiert werden. Auch wenn diese Symptome anstrengend, nervig, lästig und unangenehm sind, sind sie zum Glück nicht lebensbedrohlich und werden mit hoher Wahrscheinlichkeit nicht chronisch.

- Die **Menopause** bezeichnet das gesamte Jahr nach deiner letzten Periode, in dem voraussichtlich noch viele Symptome der Perimenopause auftreten, auch wenn deine Eierstöcke in dieser Phase bereits kein Östrogen mehr produzieren.
- Die **Postmenopause** bezeichnet den Punkt, an dem deine Menopause als bestätigt gilt, was zwölf Monate nach dem Auftreten deiner letzten Periode der Fall ist. Viele Frauen erleben zu diesem Zeitpunkt (oder kurz danach) ein Ausbleiben der physischen Symptome. Man könnte meinen, die körperlichen Veränderungen wären damit abgeschlossen. Leider können jetzt einige ernst zu nehmende Gesundheitsrisiken auftreten, die mit dem Östrogenmangel in Verbindung stehen, zum Beispiel Herzkrankheiten, Muskelschwund, Osteoporose oder der Verlust kognitiver Fähigkeiten (mehr dazu in Teil drei).

Das Zwei-Phasen-Modell vermeidet den redundanten Begriff Postmenopause (der linguistisch eigentlich »nach-nach der letzten Periode« bedeutet) und macht einen Schnitt zwischen der Zeit der nervigen Symptome und der Zeit der potenziellen medizinischen Risiken.

- Die **Perimenopause** umfasst alles ab dem Zeitpunkt, an dem die ersten Symptome aufgrund von Hormonschwankungen auftreten, bis hin zum ersten Jahr (ungefähr, siehe unten) ohne Periode.
- Die **Menopause** bezeichnet den Rest deines Lebens, der zwölf Monate nach deiner letzten Periode beginnt.

Bei der Diskussion über zwei oder drei Phasen wird davon ausgegangen, dass dein Körper den Übergang in die Menopause linear und geordnet vollzieht. Einige von uns (ich zum Beispiel) haben schon mit Anfang vierzig Symptome wie Angstzustände, Gehirnnebel und Schlafstörungen, während unser Zyklus noch regelmäßig ist. Und viele Frauen scheinen in den Wechseljahren zu sein, da sie monatelang keine Periode haben, bis es auf einmal wieder losgeht, als wäre nichts gewesen. Ich habe zum Beispiel eine Freundin, die zwei Jahre lang keine Periode hatte, und dann kam plötzlich doch noch eine (hoffentlich die letzte), die es richtig in sich hatte, so als wollte ihr letztes Ei auf dem Weg nach draußen eine fette Party schmeißen.

Zum Glück ist es für dieses Buch nicht wichtig, wo genau du dich auf deiner persönlichen Reise durch die Wechseljahre befindest, auch wenn deine Symptome nicht unwichtig sind. Wahrscheinlich beeinträchtigen dich deine Symptome sogar so sehr, dass du dieses Buch in der Hoffnung auf Hilfe in die Hand genommen hast. Meistens werde ich einfach das Wort *Wechseljahre*, seltener das Wort *Menopause*, verwenden und damit die gesamte Zeit meinen. Ab und zu werde ich den Begriff Post-Menopause benutzen, wenn ich klar machen möchte, dass es um die Zeit nach deiner letzten Periode geht.

Ganz egal, in welcher Phase der Wechseljahre du gerade steckst, dein Körper hat sich bereits verändert, verändert sich aktuell und wird sich sowohl aufgrund des Alterungsprozesses als auch aufgrund der Menopause den Rest deines Lebens über verändern. Für viele von uns ist es schwierig, diese Veränderungen zu akzeptieren. Aus diesem Grund habe ich dieses Buch geschrieben: Ich möchte dir helfen, deine Einstellung dazu zu ändern.

Einige Worte zur Hormonersatztherapie

Falls du aktuell vielleicht über eine Hormonersatztherapie nachdenken solltest, möchte ich an dieser Stelle kurz klarstellen, dass ich keine Ärztin bin und es nicht innerhalb meiner Expertise liegt, darüber zu urteilen. Es gibt definitiv Vor- und Nachteile, die

Wechseljahrbeschwerden mithilfe von Hormonen zu lindern, aber es ist nicht Sinn dieses Buchs, dir bei der Entscheidung dafür oder dagegen zu helfen.

Falls es dich aber interessiert: Ich selbst nehme aktuell kein Östrogen ein, habe aber eine Hormonspirale, die Gestagen freisetzt und starke Monatsblutungen einschränkt, doch das soll und darf hier keine Rolle spielen. Und auch meine persönliche Meinung zu Hormonen, Ärztinnen und Pharmaunternehmen ist für dieses Buch nicht relevant. Ich bin der festen Überzeugung, die beste Entscheidung bezüglich einer Hormonersatztherapie triffst du selbst, aufgrund deiner Erfahrungen und nach einer Beratung durch deine Ärztin.

Die Verwendung der Begriffe *Östrogen* und *Hormone* in diesem Buch

In diesem Buch verwende ich den Begriff *Hormone* ganz allgemein für die von deinem Körper produzierten chemischen Stoffe, mit denen dein Körper Tausende verschiedene Prozesse reguliert. Die Feinheiten der Zusammenarbeit der verschiedenen Hormone würden den Rahmen dieses Buchs sprengen. Die bereitgestellten Informationen sollen dir nur etwas verständlicher machen, wie dein Körper funktioniert. Auch den Begriff *Östrogen* verwende ich so, als wäre es nur ein Botenstoff; es handelt sich jedoch um mehrere unterschiedliche, aber verwandte Hormone. Dieses Buch gibt weder medizinische Ratschläge noch soll es ein wissenschaftliches Lehrbuch sein, in dem die komplexen Zusammenhänge der hormonellen Veränderungen in den Wechseljahren ausführlich erklärt werden. Stattdessen biete ich dir einen Überblick über die Abläufe und Veränderungen in deinem Körper. Du *fühlst* dich jetzt anders, weil du anders *bist*. Wenn dein Körper die Östrogenproduktion einstellt, wirkt sich das grundlegend auf alle Systeme, auf die körperlichen Prozesse und auf deine Psyche aus.

Du wirst feststellen, dass ich nicht auf den Einfluss von Progesteron (ebenfalls ein Begriff in der Einzahlform, der eine Gruppe ähnlicher Hormone und ihre synthetischen Gegenstücke bezeichnet) während der Wechseljahre eingehe. Die Produktion und Ausschüttung von Progesteron wird immer weniger und wird zeitgleich mit der Östrogenproduktion ganz eingestellt.

Progesteron ist ein Schwangerschaftshormon, und seine Hauptfunktion hat mit dem vorübergehenden Zustand der Schwangerschaft und Geburt zu tun. Aus diesem Grund löst das Ende der Progesteronproduktion wahrscheinlich keine Probleme oder wahrnehmbaren Veränderungen bei Frauen in den Wechseljahren aus. Tatsächlich werden viele Symptome des prämenstruellen Syndroms (PMS) auf Progesteron beziehungsweise auf das Ungleichgewicht von Östrogen und Progesteron zurückgeführt. Vielleicht fühlst du dich nach der Menopause etwas weniger launisch, aufgebläht oder empfindlich, da kein Progesteron mehr produziert wird.

Warum ich über die Wechseljahre schreibe

Ich werde dir in diesem Buch nicht vorschreiben, was du über die Wechseljahre denken sollst, auch wenn ich hier und da ein paar gut gemeinte Ratschläge einfließen lassen werde. Vielmehr möchte ich dir zeigen, wie du deine besten (und deine weniger hilfreichen) Gedanken identifizierst und deinen eigenen Weg findest, anstatt aus der Vogelperspektive über das Thema zu referieren und dich mit theoretischen Gedanken und Informationen in Richtung praktischer Anwendung zu entlassen. Meine Expertise stammt dabei zunächst vor allem aus meinen eigenen Erfahrungen.

Ich bin zertifizierte Lifecoachin, laufe Ultramarathons, bin Unternehmerin, YouTube-Fitnesstrainerin, Mutter zweier erwachsener Männer, die ich immer noch »meine Jungs« nenne, und eine Frau mitten in der glorreichen Menopause. Ich habe am eigenen Körper erlebt, was Veränderungen des Hormonspiegels mit meinem Körper, meiner Fähigkeit zum klaren Denken, meiner Ausdauer, meinem Selbstwertgefühl und meiner Taille gemacht haben. Die mir unverständlichen hormonellen Veränderungen trieben mich in den Wahnsinn, doch ich habe mich eigenständig mithilfe der Methoden, die ich in diesem Buch beschreibe, wieder daraus befreit. Grund genug also, dich an diesen Methoden teilhaben zu lassen.

Neben meiner umfangreichen Fitness-Expertise und meinen persönlichen Erfahrungen mit den Wechseljahren sind in dieses Buch aber auch die praktischen Erfahrungen und das Wissen aus meinen verschiedenen Zertifizierungen in den Bereichen körperliche und mentale Gesundheit (Personal Trainer, Functional Fitness Specialist, Health Coach und Life and Weight Coach) eingeflossen sowie zusätzlich meine fünfzehnjährige Erfahrung in der Arbeit mit Frauen, die ihr Gewicht reduzieren und/oder ihr Leben positiver gestalten wollen.

Schon früh in meiner Fitnesskarriere – ich war noch keine 40 Jahre alt und ohne Ahnung, was die Wechseljahre für mich bereithalten würden – arbeitete ich für eine beliebte Fitnessstudiokette, die für ihr Klientel in einem »bestimmten Alter« bekannt war. Der Job war nichts für mich, weil ich lieber selbstbestimmt arbeite, aber ich habe die Frauen geliebt, die jeden Tag zum Training gekommen sind. Ein paar Jahre später habe ich mich als Personal Trainerin selbstständig gemacht und das große Privileg erhalten, in die Wohnzimmer zahlreicher Frauen in den Wechseljahren eingeladen zu werden (meine erste Kundin war meine damals 70-jährige Mutter). Die Geschichten und Einblicke in ihre Gewichts- und Fitnessprobleme durch die Wechseljahre haben mich und meine Arbeit als Coachin stark geprägt und sind ebenfalls in dieses Buch eingeflossen.

Schließlich wagte ich den Schritt vom mobilen Personal Training hin zum Erstellen von Trainingsvideos für YouTube und zum Coaching meiner »Get Your Goal«-Gruppenmitglieder. Zu meiner Freude habe ich Tausenden Frauen helfen können, viele Kilogramm zu verlieren, das Training zu lieben und sich mit ihrem Körper in den Wechseljahren zu versöhnen. Auch wenn ich nicht mehr persönlich mit meinen Klientinnen trainiere, bin ich dankbar, dennoch Teil ihrer täglichen Routine zu sein. Dank der Magie des Internets kann ich an ihren Herausforderungen und Erfolgen teilhaben.

Im Laufe meines Lebens und meiner Karriere in der Fitnessbranche habe ich Körper in jedem Alter, mit jedem Gewicht und in jeder Form gesehen. Wie oft habe ich das Gewicht, den Körperfettanteil und den Taillenumfang von Personen notiert. Als Fitnesstrainerin und auch als professionelle Lifecoachin habe ich sehr ergreifende Lebensgeschichten gehört, die ich in Ehren halte und die niemals an die Öffentlichkeit gelangen werden. Ich bin aber auch Zeugin fantastischer Erfolge geworden von denen ich in diesem Buch erzählen werde (mit geänderten Namen und Details).

Die wichtigste Lehre, die ich aus meinen eigenen Erfahrungen und aus meiner Arbeit mit anderen Frauen ziehe: **Dein Körper reagiert auf das, was dein Kopf glaubt.** Daran führt kein Weg vorbei – und das ist gut so. Wenn du also deinen Körper verändern willst, musst du mit deinen Gedanken beginnen. Und ich weiß nicht nur genau, wie das geht, ich kann es dir auch beibringen.

Deine Denkmuster verstehen

Ich stelle mir meine Denkmuster gerne als kleine Reisetasche vor, gefüllt mit Kleidung, Unterwäsche und Schuhen, einem Kulturbeutel, Schlafanzug, Ladegeräten, Medikamenten und einem »nur für den Fall, dass wir schick essen gehen«-Outfit. Die Tasche beinhaltet alles für einen schönen Wochenendurlaub.

Aber was, wenn deine Reise dich an einen völlig unerwarteten Ort bringt? Und statt Wanderschuhen und Sonnencreme für einen Tag in Disneyland brauchst du auf einmal ein Abendkleid für eine Benefizgala mit Stars und Politikern? Plötzlich sind alle von dir eingepackten Kleidungsstücke unpassend, abgesehen von dem Outfit »nur für den Fall«, zum Glück hast du das im letzten Moment noch eingesteckt.

Die einzelnen T-Shirts und Hosen und Hüte, die du liebevoll in deine Tasche gepackt hast, sind deine *Glaubenssätze*: Gedanken, die du über dich selbst, deinen Körper und deine Fähigkeiten, Gewicht zu verlieren oder mit Veränderungen umzugehen, hast. Als Ganzes, in deiner hübschen Tasche verstaut, ergeben sie deine *Denkmuster*.

Deine Denkmuster sind weder gut noch schlecht, und es sagt nichts über dich aus, dass dein Gepäck nicht zu deinem Reiseziel passt. Du hast die Tasche in dem Vorhaben gepackt, jeden Gegenstand darin zu benutzen und eine schöne Zeit am Reiseziel zu verbringen. Doch als du ganz woanders gelandet bist, musstest du feststellen, dass die eingepackten Klamotten und Gegenstände dir gar nichts bringen. Das ist weder die Schuld der Reisetasche noch deine. Du hast nicht schlecht geplant – es ist einfach so ...

Ich hoffe, du hast nie einen ganz so überraschenden Urlaub gehabt, aber die Analogie funktioniert wunderbar. Du bist in den Wechseljahren angekommen, die sich manchmal im wahrsten Sinne des Wortes wie eine tropische Insel anfühlen, mit Gepäck für einen Trip zum Nordpol.

Doch ich habe gute Neuigkeiten für dich: Tatsächlich hat deine Tasche einen magischen doppelten Boden, unter dem sich ein endloser Vorrat an passenden Kleidungsstücken verbirgt, und selbst die Schuhe und Klamotten, die du dabei hast, sind nicht so unangemessen, wie du befürchtest. Im Verlauf dieses Buchs werden wir uns gemeinsam deine T-Shirts, kurzen Hosen und Schuhe anschauen und entscheiden, welche du behalten kannst, um deinen Traumurlaub doch noch genießen zu können.

Die kognitive Verhaltenstherapie: Grundlage meines Ansatzes

Wir werden in diesem Buch viel Zeit damit verbringen, die Funktionsweise deiner Gedanken und Gefühle zu erforschen. Deshalb will ich kurz klarstellen, dass ich weder Psychiaterin, Ärztin noch

Wissenschaftlerin bin und das Buch nicht den Anspruch hat, den Stoffwechsel, die Sportwissenschaft oder deine Hormone über ein Laienniveau hinaus zu erklären.

Alle Aussagen in diesem Buch zum Thema Denkmuster beruhen auf der kognitiven Verhaltenstherapie (KVT) – eine gut erforschte und häufig angewendete Methode der Psychotherapie. Sie unterstützt Menschen dabei, ihr Verhalten zu verändern, indem sie die Wahrheit ihrer Gedanken hinterfragt. Die Wurzeln der KVT reichen bis zu den antiken stoischen Philosophen zurück. In den letzten gut fünfzig Jahren ist die kognitive Verhaltenstherapie verfeinert worden, da Psychologen zwei verschiedene Ansätze zur Funktionsweise des Gehirns (Behaviorismus und Erkenntnistheorie) kombiniert haben. Mittlerweile sind zahlreiche Erfolge bei der Behandlung von Depressionen und Angststörungen dokumentiert, und die Methoden der KVT bahnen sich durch Coachingangebote einen Weg in den Mainstream.

Das hier sind die grundlegenden Prinzipien der KVT, ihre Funktionsweise und ihre Verwendung in diesem Buch:

- **Deine Gedanken erschaffen deine Gefühle, und deine Gefühle beeinflussen dein Handeln.** Dieser Punkt ist wichtig und widerspricht erst mal allem, was wir von der Gesellschaft lernen. Normalerweise reden wir über unsere Gefühle, als würden sie von außenstehenden Menschen und Faktoren beeinflusst (»Der Verkehr war so frustrierend auf dem Weg zur Arbeit heute Morgen«), aber das stimmt nicht. Unsere Gedanken *erzeugen* wortwörtlich unsere Gefühle – durch die Magie der Biologie, in Form unserer Hormone und anderer chemischer Substanzen. Wir glauben, dass wir Dinge nur tun können, weil wir uns dafür entscheiden. Das stimmt nur teilweise – wir können uns zwar kurzfristig mit reiner Willenskraft dazu bringen, bestimmte Dinge zu tun, aber langfristig wird unser von Gefühlen angetriebenes Gehirn wieder die Oberhand gewinnen und unser Verhalten steuern. Was bedeutet, dass unsere Gefühle unser Handeln bestimmen.
- **Wenn du die Wahrheit deiner Gedanken anzweifelst, öffnen**

sich Türen für neue Erfahrungen. Dies ist der Anfang jeder Veränderung, die du herbeiführen möchtest: Erkenne, dass das, was du gerade denkst, nicht die Wahrheit sein muss und dass es noch andere Möglichkeiten gibt. Das ist eines der mächtigsten Werkzeuge, die du dir zunutze machen kannst, und *das* Puzzleteil, das zu einer persönlichen Entwicklung beiträgt – denn wenn du etwas anderes denkst, fühlst du auch etwas anderes, was zu einem anderen Handeln und so zu anderen Ergebnissen führen wird.

- **Deine Gedanken (und damit deine Gefühle und dein Handeln) bringen dich deinem Ziel entweder näher oder entfernen dich davon.** Das ist der Kern dessen, was ich dir in diesem Buch näherbringen möchte. Ich habe ein sehr hilfreiches Werkzeug entwickelt, mit dessen Hilfe du verstehen wirst, in welche Richtung dich deine Gedanken leiten.

Wie du dieses Buch benutzt

Zunächst empfehle ich dir, den von mir vorgestellten Konzepten unvoreingenommen entgegenzutreten, da viele sich am Anfang seltsam anfühlen werden. Ich werde dir zum Beispiel erklären, dass die scheinbar Erfolg versprechende Strategie »weniger essen und mehr bewegen« während der Wechseljahre zu einer Gewichtszunahme führen kann. Es ist also besser, das Buch in kleinen Häppchen zu lesen, statt alles auf einmal zu verschlingen. Aber vielleicht liegt es dir auch eher, zuerst das »große Ganze« zu betrachten und dich anschließend auf Details zu konzentrieren.

Beide Wege führen zum Ziel. Und wenn du dir jetzt einen kurzen Moment Zeit nimmst, um dich für eine Methode zu entscheiden und dieser Entscheidung zu vertrauen, passt das schon zu einem der wichtigsten Konzepte, die ich dir vermitteln möchte: Du kannst (und darfst) diesen Weg auf deine Art und Weise bestreiten, denn das ist der für dich beste (und damit richtige) Weg zu deinen Zielen.

Den eigenen Weg zu finden, ist häufig der größte Stolperstein für Frauen, die Gewicht reduzieren wollen. Von der Fitness- und Diätindustrie wird uns ständig vermittelt, dass es an *uns* liegt, wenn wir nicht die versprochenen Ergebnisse erzielen oder es ein Problem ist, wenn wir es anders machen, als man es uns vorschreiben will. Damit du auf deinem ganz eigenen Weg nicht nur »richtig« und »falsch« siehst, will ich dich ermutigen, alle Erlebnisse (egal, was dabei herauskommt) als Lernmöglichkeiten wahrzunehmen, die dich einen Schritt weiter in Richtung Erfolg bringen.

Du wirst am meisten Erfolg mit diesem Buch haben, wenn du die hier vorgestellte Herangehensweise ans Abnehmen in den Wechseljahren als eine Fertigkeit betrachtest, die du dir aneignest – denn nichts anderes ist sie. Du kannst dir sicher sein, dass Arbeit auf dich wartet; deine Einstellung zu den Wechseljahren wird sich nicht von allein ändern, und Veränderung wird nicht allein dadurch entstehen, dass du das Buch liest und die Inhalte verstehst. Du wirst die Fertigkeiten aktiv üben müssen, um voranzukommen, und wahrscheinlich wird es sich am Anfang unangenehm oder zumindest seltsam anfühlen. Das ist nicht nur normal, sondern erwartbar, und bedeutet keineswegs, dass du in Zukunft nicht gut darin sein wirst. Das wirst du.

Wenn du schon gut darin wärst, bräuchtest du dieses Buch nicht. Und deshalb habe ich es geschrieben: Damit du nicht alles allein durchmachen musst. Ich bin für dich da.

TEIL EINS:

Die Kraft deines Gehirns

1. Mit der Zwei-Schritte-Methode zum Erfolg

Zeit für eine neue Lebenseinstellung

Willkommen in den Wechseljahren, in denen sich dein Körper über Nacht verändert hat. Dir ist ständig heiß (außer dir ist eiskalt), du bist launischer, Schlaf scheint unerreichbar, und all die Sonnenbäder, die du in deiner Jugend genommen hast, zeigen sich in Form von Altersflecken und Haut wie Krepppapier. Es ist, als wärst du fünfzig geworden und die Welt, in der du mit dreißig oder vierzig gelebt hast, ist einfach weg – deine Kinder sind erwachsen, deine Eltern werden alt, erste Freundinnen gehen in den Ruhestand und dein eigener Körper kommt dir wie ein Buch mit sieben Siegeln vor.

Du zählst Kalorien und machst mehr Sport, aber deine Hosen werden trotzdem immer enger. Deine Muskeln sind nicht mehr straff und definiert, vielmehr nur noch schlaff und schwabbelig, und egal, wie viele Sit-ups du machst, dein Bauch verhöhnt dich bei jedem Blick in den Spiegel. Deine Freundinnen finden die Wechseljahre auch ätzend, und deine Ärztin sagt dir, dass ein Zunehmen in deinem Alter unvermeidlich ist. So langsam fragst du dich: »Das ist es nun? Gehören Strapazen, Frust und Bauchfett einfach zu dieser Phase des Lebens?«

Zum Glück nicht.

Die Wechseljahre sind nur ein kurzer Zwischenstopp auf deinem Weg zu einer aufregenden zweiten Lebenshälfte, in der du ein gesundes Gewicht erlangst, jahrelangen Verzicht aufgrund von Diäten hinter dir lässt und dich mit deinem wundervoll wandelbaren Körper neu versöhnst. Du bist kurz davor, deinen Weg zu finden und glücklich bis ans Ende deiner Tage zu leben. Halte also einen Moment inne und kümmere dich etwas mehr um dich selbst. Ich bin für dich da in der Rolle der weisen Freundin, die alle Gefühle und Veränderungen schon durchgemacht hat – und zusätzlich genug wissenschaftliche Quellen studiert hat, um die Biologie dahinter zu verstehen. Ich helfe dir, deinen Frieden mit den Wechseljahren zu machen und den Grundstein für viele weitere fitte Jahre zu legen.

Der vor dir liegende Weg mag gerade beängstigend wirken, aber eigentlich ist er spannend und ermöglicht dir, deine bisherigen (Denk-)Muster aufzulösen, neue Ziele zu definieren und dein Leben von jetzt an bewusst zu gestalten. Denn wir sind nicht nur Opfer der Biologie, sie ist auch die Quelle unserer Kraft – du bist in der Blüte deiner Jahre.

Mein eigener Weg durch die Wechseljahre

Mit Ende vierzig habe ich das genossen, was ich heute als Gipfel meiner Fitness im mittleren Alter betrachte: Ich lief entspannt lange Distanzen, und mein Körper war schlank und stark ohne dass ich groß etwas dafür hätte tun müssen. Ungefähr zu der Zeit, als meine Kinder die Schule beendet hatten und meine Periode sehr unvorhersehbar wurde, wurde bei meiner älteren Schwester Vicki (die meine beste Freundin war) Krebs diagnostiziert. Nach nur sechseinhalb Monaten starb sie.

Als Reaktion auf meine Trauer, meinen veränderten Status als berufstätige Hausfrau und meine Angst bezüglich der bevorstehenden Veränderungen durch die Wechseljahre tat ich etwas, das mir als Fitnesstrainerin und leidenschaftliche Läuferin zu der Zeit völlig selbstverständlich vorkam: Ich meldete mich für einen 110 km langen Ultramarathon an. Ich versuchte, vor meiner Trauer, meinen Sorgen und vor sehr viel Unsicherheit bezüglich meines Lebens davonzulaufen. Ich glaubte, dass mir das Eintauchen in den seit Jahren geliebten Sport dabei helfen würde, mich wieder »wie ich selbst zu fühlen«.

Doch das Gegenteil passierte: Ich war oft müde und überfordert, hatte ständig mit Schmerzen und kleinen Verletzungen zu kämpfen und – ich nahm zu.

Versteh mich nicht falsch, ich habe nicht über Nacht 25 kg zugenommen. Es waren eher 5 kg in sechs Monaten. Wahrscheinlich bemerken viele Frauen so geringe Schwankungen nicht einmal, aber als Fitnesstrainerin und Frau, die seit über zwölf Jahren keine Gewichtsprobleme gehabt hatte, war ich beunruhigt.

Eine Zeit lang redete ich mir ein, das zusätzliche Gewicht wäre nur vorübergehend und ich könnte jederzeit wieder abnehmen, wenn ich wollte. Aber als ich dann aktiv versuchte, diese lästigen Kilogramm wieder loszuwerden, ging das nicht so einfach wie erwartet. Ich versuchte es mit weniger Essen, auch wenn ich schon zuvor nicht besonders viel gegessen hatte. Ich versuchte es mit mehr Sport, obwohl ich schon eine Menge Sport gemacht hatte. Doch statt nach unten zu gehen, stieg mein Gewicht weiter an.

Also habe ich das gemacht, was viele von uns in so einer Situation machen: Ich ignorierte, wie schlecht ich mich fühlte, und strengte mich bei allen bisher nicht funktionierenden Methoden noch stärker an.

Nach dem 110-km-Lauf habe ich mich für fünf weitere Ultramarathons im Laufe der nächsten elf Monate angemeldet, was überhaupt nicht geholfen hat. Ich bewegte mich definitiv mehr und aß weniger, aber ich habe nicht nur kein Gewicht verloren, sondern hatte häufig Kopfschmerzen, war oft genervt und neben der Spur, schlief schlecht und hatte keinen Appetit. Ich stand am Rande der emotionalen und körperlichen Erschöpfung und wusste nicht, wie ich damit umgehen soll, da ich seit meiner Jugend nicht mehr mit solchen Hormonschwankungen konfrontiert worden war (und schon damals konnte ich nicht besonders gut damit umgehen).

Viele Frauen schieben diese Symptome auf die Wechseljahre und haben das Gefühl, sie müssten nur die Zähne zusammenbeißen und es aushalten. Der Großteil meiner Familie und Freundinnen sagte mir, dass Älterwerden eben mit Gewichtszunahme, Unsportlichkeit und Unwohlsein in Verbindung stünde. Warum sollte das bei mir anders sein?

Aber ich *wollte* anders sein. Ich wollte meinen Körper so lieben, wie ich es jahrelang getan hatte, und ich wollte mich gut fühlen, auch in den Wechseljahren.

Als Fitnesscoachin interessiert mich brennend, wie sich der menschliche Körper bewegt und warum er tut, was er tut, auch über meine beruflichen Anwendungsgebiete hinaus. Also durchsuchte ich das Internet mit dem Ziel ein paar Kilogramm abzunehmen (natürlich während ich für einen Ultramarathon trainierte) und zu verstehen, warum mein Körper in den Wechseljahren nicht mehr mit denselben Methoden Gewicht verlor wie in meinen Zwanzigern, Dreißigern und dem Großteil meiner Vierziger.

Ich stieß auf eine Menge Menschen, die mir Intervallfasten oder eine Keto-Ernährung als einzige Möglichkeit verkaufen wollten, mit fünfzig noch abzunehmen.

Als Sportlerin, Fitnesstrainerin und Langstreckenläuferin habe ich den ganzen »Low-Carb-Wahnsinn« in den letzten zwanzig Jahren ignoriert, weil er mich, um ehrlich zu sein, einfach nicht betrifft. Sportliche Leistung erfordert eine regelmäßige, fast schon dauerhafte Zufuhr von Energie, und die am besten verfügbare Energie für den menschlichen Körper findet man in Kohlehydraten. Weder Keto noch Intervallfasten erfüllen meine Bedürfnisse. Also habe ich weitergesucht.

Doch immer konzentriertenn sich die einzigen Informationen, die ich zum Thema Gewichtsreduktion für Frauen über fünfzig fand, auf bestimmte (nicht mit Ultramarathonläufen oder auch nur Sport kompatible) Diäten. Mir wurde klar, dass ich Google vielleicht die falschen Fragen stellte. Ja, ich wollte Gewicht reduzieren, aber ich wollte auch weiterhin auf demselben Level laufen und Sport machen wie bisher. Warum konnte mein Körper in den Wechseljahren das Gewicht nicht halten und mit Sport klarkommen wie bisher?

Als ich meine Fragen schließlich als Sportproblem formulierte, stieß ich auf einen wahren Wissensschatz und fand eine Handvoll Studien, die einen niedrigen Östrogenspiegel bei Frauen in den Wechseljahren mit einer verlängerten Erholungszeit nach dem Sport in Verbindung brachten, was wiederum ein Zunehmen beschleunigt. Einerseits freute ich mich über diese Informationen (sie erklärten all das, was ich am eigenen Körper fühlte und wahrnahm), andererseits erschütterte mich die Erkenntnis was das, für mich als Frau, die zum Spaß lange Strecken läuft, bedeutete.

Die Lage war klar, und intellektuell verstand ich, dass ich mich beim Laufen einschränken sollte, um mein Abnehmziel zu erreichen. Aber emotional war ich am Boden zerstört, weil es sich wie ein weiterer riesiger Verlust anfühlte.

Im Februar 2020 lief ich meinen wahrscheinlich letzten Ultramarathon und widmete mich dann ganz der täglichen Aufgabe der Gewichtsreduktion gesund essen, genug trinken und schlafen, moderat trainieren. Ich verkürzte meine Trainingseinheiten und erste Ergebnisse auf der Waage doch es war ermüdend, täglich gegen mich selbst anzukämpfen, weil ich lieber so viel Sport machen wollte, wie ich es gewohntw war. Nachdem ich monatelang die Zähne zusammengebissen und mich durchgekämpft hatte, wurde mir klar, dass ich mich vor allem gut fühlen wollte. Ich wollte nicht einfach nur ein bestimmtes Gewicht erreichen –, ich wollte zufrieden mit und liebevoll zu meinem Körper und mir selbst sein. Dieses neue »mit Körper und Seele«-Motto bedeutete, vom Diät-Zug abzuspringen, einen achtsameren Umgang mit mir selbst zu finden, die tiefer liegenden Gründe für meinen großen Drang nach Sport herauszufinden, die Signale meines Körpers besser wahrzunehmen und mich endlich meinem Kummer zu stellen.

Es war an der Zeit, den Blick nach innen zu wenden und herauszufinden, was los war, was mich festhielt und unglücklich machte in einem Körper und einem Leben, das ich nicht kannte. In diesem Buch geht es schon um deinen Körper – als Abnehm- und Sportexpertin kann ich dir eine Menge praktisches wissenschaftliches Wissen vermitteln, das dir die Veränderungen in deinem Körper erklärt –, aber es geht vor allem auch darum, deine Einstellung zu verändern, sodass du das Beste aus deinen Wechseljahren machen kannst.

Wie ich mein Gehirn verstand und sich alles änderte

Ich begann die Reise zu einer anderen Einstellung schon vor vielen Jahren, nicht beim Thema Gewichtsreduktion, sondern im Zusammenhang mit meinem Umgang mit Geld. Ich war damals das, was ich heute eine »chronische Unterverdienerin« nennen würde, mit zahlreichen schädlichen Glaubenssätzen über meine Fähigkeit, Geld zu verdienen, zu sparen, zu verwalten und auszugeben. Ich war schon seit vielen Jahren dabei, an diesen Gedankenblockaden in Bezug auf Geld zu arbeiten, ohne großen Erfolg.

2012 hatte ich mein Unternehmen als mobile Personal Trainerin gegründet und ab 2013 Fitnessvideos auf YouTube gepostet. Wenn man die Fahrten zu den Klientinnen, das Erstellen, Filmen und Schneiden von Work-outs, Social Media Posts, Werbung und die Buchhaltung zusammennahm, arbeitete ich über 40 Stunden die Woche. Nach fünf Jahren hatte ich trotz wachsender Kundenbasis und Abonnentenzahl nur ein Bruttojahreseinkommen von $5.000. Nach Abzug der Kosten verlor ich sogar Geld durch meinen Job!

Aber wie das manchmal so ist im Leben: Auf der Suche nach Hilfe dabei, den Tod meiner Schwester zu verarbeiten, fand ich einen Podcast namens *The Life Coach School* (von Brooke Castillo), der rückblickend mein Leben verändert hat. In nur wenigen Monaten verschlang ich fast jede Folge und meine Trauer wurde gelindert, mein Einkommen stieg drastisch an, meine Beziehungen verbesserten sich und mein Körper veränderte sich.Und nur zwei Jahre später, nachdem ich mich als Lebens- und Gewichtscoachin hatte zertifizieren lassen, führte mich der glückliche Fund dieses Podcasts zu einer so zufriedenstellenden Karriere, wie ich sie mir nie hätte träumen lassen. War das Hokuspokus? Mitnichten.

Dank des *The Life Coach School*-Podcasts lernte ich die Methoden der kognitiven Verhaltenstherapie kennen, die ich in diesem Buch mit dir teilen werde. Bis dahin hatte mir die Erklärung der Prinzipien der Wachstumsorientierung, der positiven Psychologie und des Gesetzes der Anziehung durch die Biologie, Evolution und Neurowissenschaften gefehlt.

Nachdem ich jahrelang versucht hatte »an meiner Einstellung zu arbeiten«, war ich begeistert, dass sobald ich meine Gedankenmuster verstehen und akzeptieren lernte, ich nicht länger »versuchen« musste, mein Leben positiv zu beeinflussen. Ich tat es einfach.

In welchen Bereichen ich die KVT anwende, und wie sie auch dir helfen kann

Im Januar 2019 fing ich an, den The Life Coach School Podcast zu hören, mit dem Ziel, besser mit meiner Trauer umgehen zu können. Aber schon wenig später entdeckte ich einen Schatz an hilfreichen Informationen, um meine Blockaden rund um das Thema Geld und ein lukratives und zufriedenstellendes Unternehmen aufzulösen. Ende 2019 erwirtschaftete ich das achtfache Bruttoeinkommen dessen, was ich 2017 erwirtschaftet hatte – so viel wie noch nie in meinem Leben. Der berufliche Erfolg war eindeutig auf meine Auseinandersetzung mit der kognitiven Verhaltenstherapie zurückzuführen, und natürlich wollte ich die KVT nun auch in anderen Bereichen ausprobieren, denn so einfach konnte es doch nicht sein, oder? Ist es aber. Zu Beginn bemerkte ich gar nicht, wie sehr ich die Ideen und Methoden der kognitiven Verhaltenstherapie verinnerlichte. Aber nach meinem Erfolg beim Thema Geld legte ich dann meine Aufmerksamkeit darauf, meine Beziehungen zu meinen Familienmitgliedern zu verbessern. Schnell erkannte ich, dass ich unrealistische und hinderliche Erwartungen an andere Menschen hatte, was mir durchgehend ein unterschwelliges Gefühl von Stress und Ablehnung verursachte. Sobald ich meinen Fokus darauf legte, Liebe und Mitgefühl für mich und andere zu empfinden, verschwanden viele der negativen Gefühle, wie etwa Frustration, Enttäuschung oder Wut, langsam. Mit meinen *Gedanken* erschuf ich die *Realität* liebevoller Beziehungen.

Die Trauer über den Tod meiner Schwester zu verarbeiten war die schwierigste und zugleich lohnenswerteste Aufgabe, vor der ich je stand, und ich würde sie noch nicht als abgeschlossen bezeichnen. Sie ist kaum vergleichbar mit dem Ziel, eine bestimmte Summe Geld in einem Jahr zu erwirtschaften. Sobald ich mich dieser Aufgabe widmete, wurde mir klar, dass ich nicht in dieser Trauer stecken bleiben wollte, und dass dies Arbeit bedeuten würde. Es scheint unglücklich, dass der Tod meiner Schwester in denselben Zeitraum fiel wie der Beginn meiner Wechseljahre. Doch für mich hätte es keinen besseren Zeitpunkt geben können. Während des Verarbeitungsprozesses mischte sich die Trauer über die Veränderungen in meinem Körper mit der Trauer über den Tod meiner besten Freundin. Das machte mir bewusst, welche hinderlichen Gedankenmuster noch unter der Oberfläche schlummerten. Und das Ergebnis für beide Situationen ist das Gleiche: Ich liebe meine Schwester, auch wenn sie nicht mehr da ist, und ich liebe meinen Körper, auch wenn er jetzt anders ist. Mit meinen *Gedanken* erschuf ich eine *Realität* von Akzeptanz und innerem Frieden.

Ich will aber gleichzeitig betonen – und das zu erwähnen ist mir sehr wichtig –, dass erstens ein Podcast und Methoden aus der kognitiven Verhaltenstherapie nicht magisch mein Leben »reparierten«, und dass zweitens Erfolg und positive Veränderungen nicht allein durch positive Gedanken entstehen. Tatsächlich ist quasi das Gegenteil der Fall. Ja, ich verdiene mehr Geld, führe erfüllende Beziehungen und habe meinen Frieden mit dem Tod meiner Schwester und den Veränderungen meines Körpers geschlossen, und doch habe ich noch immer mit diesen Dingen zu kämpfen. Alte Gedankenmuster werden immer wieder auftauchen, mein Mann wird etwas tun oder sagen, das mich nervt, oder mich überfallt eine tiefe Trauer, wenn ein Lied im Radio läuft, das ich schon ewig nicht mehr gehört habe.

Es wird keine Zeit in meinem Leben geben, in der ich mir nicht manchmal Sorgen um Geld mache, in schwierigen Situationen auf Autopilot schalte oder traurig über meine Verluste bin. Der Unterschied (den du auch erschaffen kannst) ist, dass die unangenehmen Gefühle mich nicht aus dem Konzept bringen, sondern ich sie annehme. Das meine ich, wenn ich sage, dass sich dein Leben nicht verbessert, wenn du nur positive Gedanken denkst. Es ist viel sinnvoller, auch die unangenehmen Gedanken zu erlauben, anzunehmen und keine Angst (mehr) vor ihnen zu haben.

Müsste ich eine Sache benennen, die in den meisten Selbsthilferatgebern fehlt, dann wäre es diese: Auf dem Weg zu einem glücklicheren Leben und positiven Gedanken wird es auch Zeiten geben, in denen du dich schlecht fühlst und lernen musst, mit deinen negativen Gedanken umzugehen. Das mag erst mal hart klingen, aber ich verspreche dir, dass es ein geringer Preis für das ist, was du dafür bekommst. Mit Übung, etwas Mut, dich deinen Gedanken und Gefühlen zu stellen, und dem einfachen Rezept, das ich jetzt mit dir teilen werde (der Schlüssel zur Magie), wirst du *dein* Leben so gestalten können, wie *du* es willst.

Was die Zwei-Schritte-Methode ist

Lass uns die Veränderung deines Lebens mit einer Schritt-für-Schritt-Anleitung beginnen, die einfach zu befolgen ist und immer funktioniert. Um deine Beziehung zu deinem Gewicht, deinem Körper und der Zeit der Wechseljahre zu verbessern, wirst du eine unglaublich hilfreiche Methode anwenden, die ich die Zwei-Schritte-Methode nenne. So sieht sie aus:

- Schritt eins: Mache dir deine Gedanken bewusst.
- Schritt zwei: Entscheide, ob sie hilfreich sind.

Wenn das jetzt einfach klingt, liegt es daran, dass es das ist. Aber lass dich nicht von der Einfachheit täuschen. Als ich diese Methode entwickelt habe, verstand ich nicht ganz, wie mächtig sie war, also werde ich dir zuerst zeigen, wie die Zwei-Schritte-Methode funktioniert, und anschließend erkläre ich dir genauer, wie du sie anwenden kannst.

Was die Zwei-Schritte-Methode macht

Jeder deiner Gedanken bewirkt etwas in deinem Leben. Wir haben alle sehr viele Gedanken, täglich ungefähr 60 000 bis 80 000, und die meisten davon hören wir nicht einmal. Laut der kognitiven Neurowissenschaften sind wir uns nur circa 5 Prozent unserer Gedanken bewusst. Aber den ganzen Tag lang sind deine ungehörten und unbemerkten Gedanken im Hintergrund, bestimmen über dein Leben und formen deine Realität über eine Reihe von Schritten, die du wahrscheinlich nur selten beachtest. Das geht so:

Du hast einen Gedanken, der ein Gefühl verursacht. Ein Gedanke ist ein elektrischer Impuls in deinem Gehirn, der eine chemische Reaktion deiner Hormone auslöst, die wiederum eine physiologische Reaktion in deinem Körper auslöst – zum Beispiel eine erhöhte Pulsfrequenz, Schwitzen oder flaches Atmen. Durch die jahrelange soziale Konditionierung und Wortschatzaneignung verknüpfst du diese Empfindungen mit Begriffen wie Angst, Fröhlichkeit oder Aufregung – Emotionsbegriffe. Selbst die Gedanken, die du nicht wahrnimmst, erzeugen diese subtilen oder manchmal auch nicht so subtilen Empfindungen in deinem Körper. Deshalb hast du manchmal schlechte Laune, ohne genau zu wissen, warum. Dein Gehirn macht das, was Gehirne tun: Gedanken denken und Gefühle erzeugen.

Diese Gefühle steuern dein Handeln (und dein Nichthandeln). Wenn diese physischen Empfindungen in deinem Körper existieren, auch wenn du sie nicht bewusst wahrnimmst, reagierst du mit einem bestimmten Verhalten. Angenehme Gefühle wie Fröhlichkeit, Aufregung oder Motivation geben dir Energie. Du bist dadurch zum Beispiel produktiv, selbstbewusst, stellst dir eine rosige Zukunft vor oder durchlebst vergangene Erfolgserlebnisse. Unangenehme Gefühle wie Wut, Trauer, Angst oder Langeweile führen hingegen zu einem Verhalten, das nicht immer gut für dich ist. Unangenehme Empfindungen, die im Zusammenhang mit diesen Gefühlen stehen, führen zu einem negativen Verhalten, beispielsweise meckerst du andere an, schiebst Aufgaben auf, isst aus Frust oder shoppst wahllos vom Schreibtisch aus im Internet.

Dieses Handeln (und Nichthandeln) beeinflusst dein Leben. Am Ende führt diese Reihe von Ereignissen (manchmal unfassbar schnell, kaum geblinzelt, schon ist es vorbei) zu Ergebnissen in deinem Leben, die deinen ursprünglichen Gedanken widerspiegeln. Wenn du also ein Ziel erreichen willst, es aber noch nicht erreicht hast (wie ein bestimmtes Gewicht), dann denkst du aktuell wahrscheinlich noch Gedanken, die dein aktuelles Gewicht verursachen und nicht dein Wunschgewicht.

Stellen wir uns zum Beispiel eine Situation vor, in der du ein Abnehmbuch liest, wie dieses, und den flüchtigen Gedanken »Ich werde nie Gewicht verlieren« hast. Du bekommst ein flaues Gefühl in der Magengegend und das Herz wird dir schwer; in Kombination würdest du dieses Gefühl, wenn du es überhaupt wahrnimmst, wahrscheinlich als Angst bezeichnen. Sobald du diese Angst vor deiner Unfähigkeit, abzunehmen, gespürt hast, wenn auch nicht bewusst, kamen wahrscheinlich Gedanken zu vergangenen Fehlversuchen hoch, oder du hast dir vorgestellt, wie der schlimmste Fall eintritt und du noch mehr zunimmst. Eventuell hast du auch versucht, dich von der Angst (die du vielleicht immer noch nicht erkennen oder benennen konntest), abzulenken, indem du dir etwas zu Essen geholt oder durch deine Social-Media-Kanäle gescrollt hast. Die Gedanken, Sorgen und die Ablenkung sind direkt dem Gefühl der Angst entsprungen, auch wenn du das Gefühl selbst nie bewusst wahrgenommen hast.

Weil Angst für die meisten von uns ein unangenehmes Gefühl ist, kann es sein, dass du versucht hast, sie zu ignorieren oder zu vermeiden, indem du das Buch weggelegt oder dich nicht weiter mit den Fertigkeiten beschäftigt hast, die du für einen Erfolg bräuchtest. Das sind dann Untätigkeiten. Und wenn du dir das alles so vor Augen führst, wird klar, dass der Gedanke »Ich werde niemals Gewicht verlieren« das Ergebnis *erschaffen* hat, tatsächlich nie abzunehmen.

Im Gegensatz dazu würde ein Gedanke wie »Ich bin großartig und ich kann leicht Gewicht verlieren« zu einem Erfolg beim Gewichtsverlust führen, weil der Gedanke ein Gefühl der Vorfreude hervorruft, das Handlungen verursacht wie dieses Buch zu beenden, sich den zukünftigen Erfolg auszumalen, gut vorbereitet zu sein und keine Zeit am Smartphone zu verschwenden. Mit anderen Worten würde dein *Gedanke*, dass du absolut kein Problem mit dem Abnehmen hast, zu großartigen *Ergebnissen* bei der Gewichtsreduktion führen.

Die Zwei-Schritte-Methode wird dir dabei helfen, deine Gedanken zu sortieren und sowohl die Gedankenmuster zu finden, die zu den aktuell unerwünschten Ergebnissen führen (dein aktuelles Gewicht), als auch die, die dich zum gewünschten Erfolg führen (dein Wunschgewicht). Sie hilft dir, deine Gedanken klarer zu sehen und sie auf eine Art und Weise zu kategorisieren, die unglaublich hilfreich für dein Gehirn ist und dich gleichzeitig deinem Ziel näherbringt.

Ich stelle mir das Ganze gern wie eine Tatortuntersuchung vor, und auch wenn ich nie bei der Strafverfolgung gearbeitet habe, ist diese Eigenschaft in meiner Tätigkeit als Lifecoachin hilfreicher, als du vielleicht vermutest.

Falls du jemals eine Serie wie *Medical Detectives – Geheimnisse der Gerichtsmedizin* geschaut hast, weißt du, dass die Verbrecher den Tatort oft wie unberührt hinterlassen. Und dann kommen die Forensiker mit ihrem Schwarzlicht und finden doch die versteckten Blutspuren – das ist fast wie Magie. Genauso funktioniert auch die Zwei-Schritte-Methode. Sie nimmt eine Situation, in der du deine Gedanken nicht unbedingt wahrnimmst, und beleuchtet die Bereiche, in denen Hinweise auf hinderliche Gedankenmuster vorhanden sind, und die Bereiche, in denen es keine gibt.

Wenn du also die Zwei-Schritte-Methode anwendest und ein hinderliches Gedankenmuster findest, stelle dir vor, wie es wie Spuren getrockneten Bluts im Dunkeln leuchtet und dort die Worte »Dieser Gedanke bringt dich nicht an dein Ziel« stehen.

Positive Gedanken allein bringen dich nicht ans Ziel

Als ich zum ersten Mal davon erfuhr, dass unsere Gedanken unsere Realität erschaffen, schien die Antwort auf alle meine Wünsche simpel: Denke einfach gute Gedanken.

Leider reicht das nicht ganz. Nur herzumzusitzen und gute Gedanken zu denken bringt dich deinem Ziel nicht näher. Aha. Also ist die Antwort trotzdem noch recht simpel: Denke gute Gedanken und tue die richtigen Dinge.

Leider immer noch nicht ganz. Der Grund, warum deine Gedanken deine Realität erschaffen, hängt mit dem mittleren Glied der Kette zusammen – mit deinen Gefühlen. Alle drei Teile – Gedanken, Gefühle, Handlungen – müssen passen, um etwas zu verändern, und deshalb können weder Affirmationen (Gedanken) noch Willenskraft (Handlungen) allein dich zum Ziel führen. Du kannst positive Gedanken oder gewisse Handlungen erzwingen, aber Gefühle lassen sich nicht erzwingen.

Was die Zwei-Schritte-Methode nicht *kann*

Viele von uns gehen die Arbeit an der eigenen Einstellung mit der Idee an, dass unsere Einstellung ein Problem ist, das wir lösen müssen, zum Beispiel, wie wir Gewicht verlieren können – etwas, das uns auf dem Herzen liegt und uns belastet. Wir glauben, dass wir uns, wenn wir eine Lösung für dieses bestimmte Problem finden, sofort besser fühlen. Und dass dann, weil wir uns besser fühlen, alles in unserem Leben plötzlich besser ist.

In Wahrheit wirst du dich mit der Zeit und bei der konsequenten Anwendung der Zwei-Schritte-Methode zwar besser fühlen und Probleme leichter lösen können. Doch es ist ein allmählicher Prozess und nicht das Ergebnis eines einzigen Moments, in dem du deine Gedanken reflektierst und sie als hilfreich befindest.

Stattdessen wirst du jedes Mal, wenn du mit dieser Methode arbeitest, ein Stückchen mehr *Selbsterkenntnis* erlangen.

Das ist gerade vielleicht so enttäuschend, als hättest du als Kind anstatt spannender Spielsachen Socken zum Geburtstag bekommen, aber Selbsterkenntnis ist besser als das neueste coolste Spielzeug. Sie ist das größte Geschenk, das du dir selbst machen kannst, denn Selbsterkenntnis ist die Basis (wie das Alphabet zum Lesenlernen) für alle bewussten Veränderungen in deinem Leben.

Sobald du dir deiner Gedanken bewusst wirst und erkennst, dass sie dich deinen Zielen nicht näherbringen, hältst du den Schlüssel für die Tür zu deinem Erfolg in Händen.

Die Zwei-Schritte-Methode ganz praktisch erklärt

Schritt eins der Zwei-Schritte-Methode ist, deine Gedanken wahrzunehmen, oder: »Schreibe in dein Tagebuch.«

Ach, Pahla, aber das Aufschreiben wird dir doch nicht helfen, Gewicht zu verlieren.

Vielleicht hat dir schon mal jemand gesagt, dass Tagebuchschreiben hilfreich ist, also hast du deine Gedanken aufgeschrieben. Doch es hat sich entweder so angefühlt, als würdest du ganz simpel deinen Tagesinhalt auflisten oder als hättest du seitenlang nur Negatives zu berichten. Vielleicht hast du es auch noch nie ausprobiert, weil es zu einschüchternd oder einfach todlangweilig klingt und du echt nicht verstehst, warum so viel Wirbel darum gemacht wird.

Nun ja, Tagebuchschreiben hat sich nie hilfreich angefühlt, weil es das nicht war. Die Dinge, die dir passieren, einfach aufzuschreiben, ist ganz *nett*, und teilweise hilft es, die Sachen aus dem Kopf zu bekommen. Tatsächlich fühlt man sich danach manchmal besser oder zumindest so, als hätte man ein Problem gelöst. Aber ohne Schritt zwei der Zwei-Schritte-Methode, der dir in Kombination mit Schritt eins zu mehr *Selbsterkenntnis* verhilft, kommst du deinen Zielen nicht näher.

Schritt zwei der Zwei-Schritte-Methode beinhaltet, die wahrgenommenen Gedanken auf ihre Nützlichkeit zu überprüfen, und zwar so: Frage dich, was du fühlst, wenn du sie denkst.

Ernsthaft, Pahla? Was haben meine Gefühle damit zu tun?

Mit einem Wort: ALLES.

Du bist ein von Gefühlen gesteuertes Lebewesen, einfach deshalb, weil du ein Säugetier bist und instinktiv Angenehmes anstrebst und Unangenehmes meidest.

Du willst ein Beispiel? Beantworte diese Frage: *Warum willst du Gewicht verlieren?*

Damit du gesund bist. Super. *Warum willst du gesund sein?*

Damit du lange lebst. Perfekt. *Warum willst du lange leben?*

Damit du die Zeit mit Familie und Freunden genießen kannst und nicht schon in jungen Jahren stirbst. Aha, man nennt es auch »Angenehmes anstreben und Unangenehmes meiden«.

Alles, was du im Leben willst, von großen Träumen (zum Beispiel, als Unternehmerin absolut erfolgreich zu werden) bis hin zu »Kleinkram«, ist Teil des Angenehmen – und das ist gut so. Willst du herausfinden, ob deine Gedanken dich an dein Ziel bringen, hilft dir ein eingebauter unfehlbarer Kompass.

Denkst du über dein Ziel nach und der Gedanke fühlt sich GUT an (du fühlst dich dann zum Beispiel fröhlich, aufgeregt, motiviert, energiegeladen, kreativ, inspiriert, erwartungsvoll, liebevoll, ruhig, kraftvoll, selbstsicher, gespannt, verspielt, sicher, fokussiert, vertrauensvoll, ambitioniert, mutig, kompetent, zufrieden, entspannt, stolz oder frei), dann ist dieser Gedanke HILFREICH, denn gute Gefühle führen zu »guten« Handlungen. Und gute Handlungen, zum Beispiel, richtig zu essen, Wasser zu trinken, gut zu schlafen und angemessen zu trainieren, führen zu den guten Ergebnissen, die du anstrebst, in diesem Fall ein Gewichtsverlust.

Wenn du einen Gedanken zu deinem Ziel wahrnimmst, der sich SCHLECHT anfühlt (du fühlst dich dann zum Beispiel wütend, traurig, widerwillig, gefangen, verloren, angeekelt, genervt, gestresst, ausgelaugt, hilflos, verbittert, niedergeschlagen, unwürdig, neidisch, einsam, beschämt, unglücklich, unterlegen, peinlich berührt, resigniert, unentschlossen, ängstlich oder überfordert), dann ist dieser Gedanke HINDERLICH, denn schlechte Gefühle führen zu »schlechten« Handlungen. Schlechte Handlungen, Untätigkeit und

Vermeidungsverhalten wie Frustessen, zu wenig zu trinken, zu lange wach zu bleiben oder übermäßiger Sport werden dich auf dem Weg zu deinem Ziel aufhalten oder sein Erreichen ganz verhindern.

Ein Hinweis zur Verwendung der Anführungszeichen bei den Wörtern gut und schlecht: In Wahrheit gibt es keine guten oder schlechten Gedanken und Gefühle. Alle Gedanken, Gefühle und die Handlungen, die daraus resultieren, sind Teil unseres wunderbar chaotischen und fantastisch seltsamen Lebens als Menschen. Manche Gedanken, Gefühle und Handlungen helfen dir jedoch dabei, deine Ziele zu erreichen, und andere nicht. Deshalb benutze ich in diesem Buch die Begriffe hilfreich und hinderlich.

Wie du die Zwei-Schritte-Methode richtig anwendest

Obwohl die Zwei-Schritte-Methode im Prinzip eine sehr einfache Tagebuchübung ist, die zu mehr Selbsterkenntnis führt, gibt es dennoch bei jedem Schritt einige Feinheiten. Diese möchte ich hier kurz erklären, bevor du sie im nächsten Kapitel zum ersten Mal anwenden wirst. Verliere dich aber nicht in ihnen – wenn es dir schwerfällt, Selbsterkenntnis zu erlangen, denke daran, dass es immer darum geht, deine Gedanken wahrzunehmen und zu entscheiden, ob sie hilfreich sind.

So nutzt du die Zwei-Schritte-Methode erfolgreich:

1. Stelle dir eine direkte und eindeutige Frage.
2. Schreibe alles auf, was dir dazu einfällt.
3. Schreibe die Wörter »Ich glaube« vor jeden Satz.
4. Lies dir jeden Satz durch und achte darauf, welche Gefühle in dir ausgelöst werden.
5. Prüfe, ob sich das Gefühl für diesen Gedanken gut oder schlecht anfühlt.
6. Schreibe »hinderlich« neben jeden Gedanken, der sich schlecht anfühlt, und »hilfreich« neben jeden Gedanken, der sich gut anfühlt.
7. Lass dein Gehirn den Rest erledigen.

Stelle dir eine direkte und eindeutige Frage

Dein Gehirn beantwortet gerne Fragen. Du kannst dir diese Eigenschaft mithilfe der Zwei-Schritte-Methode zunutze machen. Diese Besonderheit deines Gehirns ist ein lebender Beweis für die Evolution: Diejenigen unserer Vorfahren, die Probleme lösen – heißt, Fragen beantworten – konnten, haben überlebt. Bei uns modernen Menschen ist dieser Charakterzug so stark ausgeprägt, dass wir ihn instinktiv ausleben.

Funfact: Die Werbung macht sich diesen Drang häufig zunutze und erregt deine Aufmerksamkeit, indem sie am Anfang einer Anzeige eine Frage stellt. Ist dir das schon mal aufgefallen? (Merkst du, dass du die Frage beantworten willst? Es funktioniert.) Eine Frage wird dein Gehirn aktivieren und deine Gedanken anregen.

Noch ein Profitipp: Beginne deine Frage mit »Was denke ich über …?« und versuche, dabei so direkt, genau und urteilsfrei wie möglich zu sein. Eine Frage wie »Was denke ich über die Anzahl an Kalorien, die ich heute zu mir genommen habe?« wird zum Beispiel zu einer deutlich besseren Selbsterkenntnis führen als »Was stimmt nicht mit mir?«. Im Verlauf dieses Buchs werde ich dir verschiedene Stichwörter und Ideen für dein Tagebuch anbieten, die du genauso verwenden oder für dich anpassen kannst. Selbst die Handlung, eine Frage auszuwählen, ist eine Möglichkeit, deine Selbstwahrnehmung zu schulen.

Schreibe alles auf, was dir dazu einfällt

Die eigenen Gedanken ungefiltert aufzuschreiben, ist deutlich schwieriger, als es klingt. Teilweise, weil Gedanken so schnelllebig sind (60 000 Gedanken am Tag bedeuten 42 Gedanken ca. pro jede Minute), aber auch, weil du dich wahrscheinlich zu einem gewissen Grad selbst zensieren willst. Der Impuls, eine bereinigte Version deiner Gedanken aufschreiben zu wollen, ist total normal und kann überwunden werden, sobald er dir bewusst wird. Viele von uns wollen (zumindest unbewusst) keine negativen Gedanken denken, machen sich Sorgen, dass jemand anderes unsere Gedanken liest, oder glauben, dass die Gedanken durch das Aufschreiben irgendwie »realer« werden. Tatsächlich hat das Aufschreiben der Gedanken einen gegenteiligen Effekt. Es wird dir helfen, ihnen nicht länger ausgeliefert zu sein und dein Vertrauen in dich selbst stärken. Wenn du eine urteilsfreie Tagebuchroutine etablierst, legt das die Grundlage für deine Selbsterkenntnis und wird dir dabei helfen, deine Gedanken langfristig zu verändern. Wenn dieser Schritt aus irgendeinem Grund schwierig für dich ist – manche von uns blockieren sofort innerlich, wenn sie vor einem weißen Blatt Papier sitzen –, setze dir ein erreichbares Ziel, zum Beispiel nur einen oder zwei Gedanken zu finden. Und falls du dir Sorgen um deine Privatsphäre machst, kannst du die Tagebuchseiten schreddern, wenn du fertig bist, oder sie in einem passwortgeschützten Dokument auf deinem Computer speichern.

Ergänze die Wörter »Ich glaube« vor jedem Satz

Die einfache Handlung, »Ich glaube« vor jeden Gedanken zu schreiben, ist der erste Schritt in Richtung Veränderung, weil dein Gehirn so versteht, dass es sich um Gedanken und nicht um Tatsachen handelt. Vielleicht musst du die Sätze auf einer neuen Seite noch mal schreiben oder dir direkt Platz für diesen Zusatz lassen, wenn du loslegst. Ich persönlich schreibe gerne jeden Gedanken in eine neue Zeile in meinem Tagebuch und setze »Ich glaube« dann davor, wenn ich fertig bin. Alternativ kannst du dir »Ich glaube« auch nur vorsagen, wenn du den nächsten Schritt absolvierst. Solange du dir die Zeit und den Raum nimmst, anzuerkennen, dass jeder Satz ein *Gedanke* ist und keine unumstößliche Tatsache, führst du diesen Schritt richtig aus.

Lies dir jeden Satz durch und achte darauf, welche Gefühle ausgelöst werden

Deine Gedanken sind kleine elektrische Impulse in deinem Gehirn, die eine chemische Reaktion in deinem Körper auslösen – deine Gefühle. Manche dieser Reaktionen sind heftiger und deutlich spürbar, andere sind eher leise und schwierig zu bemerken. Nimm dir Zeit. Konzentriere dich und spüre in deinen Körper hinein. Es fühlt sich vielleicht ein wenig wie Meditieren an, aber das Ziel ist nicht, sich ruhig zu fühlen oder sich nur auf den Atem zu konzentrieren, sondern zu identifizieren, *was auch immer* du fühlst (und wo), ohne es verändern zu wollen. Wie bei den Gedanken musst du wahrscheinlich auch bei deinen Gefühlen üben, sie nicht zu ignorieren oder zu unterdrücken. Bei diesem Schritt führe ich gerne einen sanften Körperscan durch und frage mich, wie sich meine Brust anfühlt, mein Hals, meine Finger oder Zehen. Jedes deiner Gefühle ist einzigartig, und manche lassen sich anfänglich vielleicht nur schwer benennen. Denke daran, dass dies kein Test ist, niemand bewertet deine Gefühle oder deine Bezeichnung für sie. Mit der Zeit und etwas Übung wird dieser Schritt immer einfacher werden.

Prüfe, ob sich das Gefühl für diesen Gedanken gut oder schlecht anfühlt

Für diesen Schritt musst du deine Gefühle nicht zwingend genau unterscheiden, sondern sie nur in »gut« oder »schlecht« einteilen. Da wir wissen, dass ein gutes Gefühl zu guten Handlungen führt, während schlechte Gefühle zu Vermeidungsverhalten oder Untätigkeit führen, müssen wir uns nicht damit aufhalten, die Unterschiede zwischen »gereizt« und »genervt« herauszufinden. Falls du dich wirklich mal nicht entscheiden kannst, ob ein Gefühl gut oder schlecht ist, überspringe den Satz und nimm ihn dir später noch einmal vor oder lass ihn erst mal so stehen. Kleiner Tipp: Wenn du dich selbst dafür runtermachst, dass du das alles nicht kannst, dann fühlt es sich *schlecht* an, ist also nicht hilfreich.

Schreibe HINDERLICH neben jeden Gedanken, der sich schlecht anfühlt, und HILFREICH neben jeden Gedanken, der sich gut anfühlt

Ich kann es nicht genug betonen: Dieser Schritt birgt das größte Potenzial, Veränderung herbeizuführen. Ich werde diese Methoden in Kapitel 2 und 4 noch genauer erklären, aber hier kommt schon mal eine Übersicht darüber, wie unser Gehirn mit Veränderungen umgeht. Wenn deinem Gehirn etwas Neues begegnet (wie die Erkenntnis, dass ein alter Gedanke hinderlich ist), ist es aufmerksamer, falls es sich irgendwie anpassen muss. Zusätzlich aktiviert das Aufschreiben des Wortes *hinderlich* dein Gehirn mehr als das bloße Denken des Wortes, wodurch dein Gehirn zusätzlich aufmerksamer wird. Als finaler Vorteil stärkt dein Gefühl der Erleichterung oder Gewissheit diese neue Idee in deinem Gehirn, wenn du einen Gedanken als hinderlich kategorisierst. Das einfache Aufschreiben eines Wortes sorgt so dafür, dass sich dein wundervolles Gehirn der Aufgabe annimmt, ohne dass du noch etwas dafür tun musst.

Lass dein Gehirn den Rest erledigen

Für jene von uns, die sich als Kontrollfreaks bezeichnen (und damit meine ich definitiv auch mich selbst), ist dieser letzte Schritt der schwierigste. Ich finde es lobenswert, dass du für jeden Schritt in diesem Prozess die Verantwortung übernehmen willst, doch die Zwei-Schritte-Methode funktioniert gerade deshalb wie von Zauberhand, weil dein Gehirn von Natur aus im Hintergrund arbeitet. Wenn du bestimmte Gedanken als HINDERLICH bezeichnest, machst du dir eine der Superkräfte deines Gehirns zunutze: die Metakognition – du kannst über deine eigenen Gedanken nachdenken. Die Metakognition wiederum aktiviert die zweite Superkraft deines Gehirns: die Neuroplastizität – die Fähigkeit, jederzeit neue Gedanken zu denken. (In Kapitel 2 werden wir auf beide noch genauer eingehen.) Kurz gesagt: Dein Gehirn ist in der Lage, mithilfe einfacher Anweisungen neue Gedanken zu formen und alte abzulegen. Tritt der gewünschte Effekt sofort ein? Bei manchen Gedanken ja, bei anderen musst du geduldig und hartnäckig sein.

Die Zwei-Schritte-Methode für andere Ziele nutzen

Stelle dir die Zwei-Schritte-Methode am besten als eine Art Kompass vor, der dich sicher zu deinem angestrebten Ziel führt. Im Verlauf dieses Buchs werden wir die Zwei-Schritte-Methode dazu nutzen, deine Gedanken in Bezug auf die Themen *Gewichtsverlust* (Kapitel 2, 3 und 4), Selbstliebe (Kapitel 5 und 6) und die Akzeptanz der durch die Wechseljahre ausgelösten Veränderungen (Kapitel 7 und 8) zu finden und sie als hilfreich oder als hinderlich einzuordnen. Du kannst die Zwei-Schritte-Methode auch dafür verwenden, Selbstwahrnehmung in *jedem* anderen Bereich deines Lebens zu erreichen, wenn du auf eine Sache achtest: Bevor du mit dem Tagebuchschreiben beginnst, solltest du dein angestrebtes Ziel klar vor Augen haben – entweder für eine konkrete unmittelbare Situation oder auf das große Ganze bezogen.
Und zwar aus diesem Grund: Stellen wir uns vor, du bist zufrieden mit deiner Anstellung, träumst aber schon immer davon, selbstständig zu sein. Wenn du dich jetzt mit deinem Tagebuch hinsetzt, fällt dir vielleicht auf, dass du viele widersprüchliche Gedanken zu der Frage hast, ob du bei deinem Job bleiben oder dich selbstständig machen sollst. Wenn du dir nicht vorher überlegst, was das Ziel sein soll, wirst du nicht wissen, ob der Satz »Ich mag meinen Job« hilfreich oder hinderlich ist, weil er sich sowohl gut als auch schlecht anfühlt, je nachdem, wie du ihn betrachtest.
Wenn dein Ziel ist, bis zur Rente in deiner Firma angestellt zu bleiben, fühlt sich »Ich mag meinen Job« ruhig und verlässlich an (ein gutes Gefühl, also hilfreich dabei, dein Ziel einer langen Anstellung zu erreichen). Aber wenn dein gesetztes Ziel ist, bis zum Ende des Jahres selbstständig zu sein, fühlt sich »Ich mag meinen Job« wie ein Gewicht an, das dich zurückhält (ein schlechtes Gefühl, also hinderlich dabei, dir den Traum der Selbstständigkeit zu erfüllen).
Derselbe Gedanke führt in verschiedene Richtungen, je nachdem, wo du hinwillst. Deshalb stelle sicher, dass du dein Ziel kennst.

Bist du ein rationaler Mensch oder ein Gefühlsmensch?

Ich benutze Sätze wie »Es gibt zwei Arten von Menschen auf der Welt …« wirklich ungern, und ich entschuldige mich jetzt schon mal, weil ich dich trotzdem in eine der beiden Kategorien einordnen werde: rationaler Mensch oder Gefühlsmensch. Meiner Erfahrung als Lifecoachin nach fühlen sich die meisten Frauen bewusst oder unbewusst einer dieser beiden Kategorien zugehörig. Doch ganz egal, welche Bezeichnung deiner selbst dir passend erscheint (und auch wenn scheinbar beide Zuordnungen passen oder keine), es hat keine Auswirkungen darauf, dass du die Zwei-Schritte-Methode erfolgreich anwenden kannst, um dein Ziel zu erreichen.

Eine Denkerin ist eine Person, die ihre Gedanken genau wahrnehmen und untersuchen kann, weil diese für sie (nicht immer, aber meistens) relativ klar hörbar sind.

Eine Fühlerin ist präsenter in ihrem Körper, also eine Person, die normalerweise intuitiv und oft ohne Worte weiß, wie sie sich innerlich fühlt. Das heißt nicht, dass sie ihre Gefühle manchmal nicht unterdrückt oder sich gegen sie sträubt, sondern nur, dass sie sie deutlich in ihrem Körper spürt.

Mein Leben lang habe ich mich für eine Fühlerin gehalten – meine Gefühle stehen mir immer ins Gesicht geschrieben: Ich kann schnell weinen, lachen oder wütend werden. Zudem hatte ich als Fitnesstrainerin und Ausdauersportlerin immer das Gefühl, meine Körpersignale gut wahrnehmen zu können. Doch als ich mich auf die Suche nach meinen Gedanken und den von ihnen ausgelösten Gefühlen machte, war ich sehr überrascht, dass ich von dem körperlichen Teil meiner Gefühle nahezu abgekoppelt war. Was ich bis dahin immer für Gefühle gehalten hatte, waren eher *Reaktionen.*

Wenn wir also weinen oder schreien oder aus Wut einen Teller quer durch den Raum werfen, ist das ein Beweis dafür, dass unsere

Gefühle genauso funktionieren, wie sie sollen (das ist ihr biologischer Zweck). Das ist allerdings kein Beweis dafür, dass wir das Gefühl verarbeiten oder auch nur richtig wahrnehmen. Ich war ziemlich oft wütend, ohne das Gefühl auch nur ansatzweise in meinem Körper wahrzunehmen.

Ich würde mich als Denkerin bezeichnen, und es kann gut sein, dass besonders die Fühlerinnen unter euch bemerken, dass ich dazu tendiere, den ersten Schritt der Zwei-Schritte-Methode als deutlich einfacher darzustellen als den zweiten. Nehmt das bitte weder persönlich noch zu Herzen. Das ist einfach ein Resultat aus der Art und Weise, wie mein Gehirn am besten funktioniert, und ich will euch ermutigen, für euch selbst herauszufinden, wie diese Methode für euch am besten funktioniert.

Die Wahrheit ist, dass wir aus biologischer Sicht alle sowohl Denkerin als auch Fühlerin sind – wir haben alle ein funktionierendes Gehirn und Hormonsystem, auch wenn deins vielleicht vor ein paar Herausforderungen steht. Wahrscheinlich wirst du dich aber durch deine Vorlieben oder die Prägung durch deine Ursprungsfamilie eher der einen oder der anderen Kategorie zuordnen.

Lass uns die Reise beginnen

Jetzt, da du die Grundlagen der Zwei-Schritte-Methode kennst, werden wir sie anwenden. Vielleicht hast du den Gedanken (oder das Gefühl), dass du »noch nicht bereit« bist, aber das ist kein Hindernis. Im Grunde sind beide Schritte der Zwei-Schritte-Methode einfach *Fertigkeiten*, das heißt, wenn du sie noch nicht beherrschst (wovon ich ausgehe, so etwas lernt man nicht in der Schule), kannst du sie noch lernen, so wie du Stricken, Backen oder Fliegen lernst.

Damit meine ich, dass du sie üben wirst.

In den folgenden Kapiteln wirst du dein Tagebuch oder ein Stück Papier, wenn du nur das hast, und einen Stift zücken und drauflosschreiben. Am Anfang wird es sich seltsam, nutzlos und ziellos anfühlen. Das ist ganz normal, deshalb machen wir es gemeinsam. Ich werde dir meine Tagebucheinträge zeigen (mit tiefen Einblicken in mein chaotisches menschliches Gehirn mit all seinen hinderlichen Gedanken), und dann arbeiten wir an deinen.

Also nimm dir dein Tagebuch und los gehts.

Kompakt: Was du in diesem Kapitel gelernt hast

- In den Wechseljahren verändern sich die Abläufe in deinem Körper, inklusive deiner Fähigkeit, abzunehmen.
- Dein Gehirn ist der Ausgangspunkt für Veränderungen in deinem Körper.
- Die Zwei-Schritte-Methode ist einfach und besteht wirklich nur aus zwei Schritten: Finde deine Gedanken und entscheide, ob sie hilfreich sind.
- Deine Gedanken sind der Auslöser für deine Gefühle, die wiederum dein Verhalten beeinflussen, was zu bestimmten Ergebnissen in deinem Leben führt.
- Nur positiv zu denken, reicht nicht, die Gedanken müssen gute Gefühle erzeugen, um zu guten Handlungen zu führen.
- Die Zwei-Schritte-Methode verhilft dir zu mehr Selbsterkenntnis, was hilfreicher ist, als nur einzelne Probleme zu lösen oder dir ein gutes Gefühl zu geben.
- Stelle dir selbst eine Frage und beantworte sie in deinem Tagebuch, um deine Gedanken besser wahrzunehmen.
- Frage dich, wie du dich bei dem Gedanken fühlst, um herauszufinden, ob der Gedanke hilfreich oder hinderlich ist.
- Wahrscheinlich kannst du entweder deine Gedanken oder deine Gefühle besser wahrnehmen. Beide Möglichkeiten sind gut, die Fähigkeit für das andere erarbeitest du dir mit der Zeit.

Teil zwei:

Mit der 5-0-Methode Gewicht verlieren

2. Östrogen, Kalorien und unsere Falschannahmen dazu

In den Wechseljahren und danach anders abnehmen

Der Gewichtsverlust in der Zeit der Wechseljahre oder danach hat einen schlechten Ruf, da weltweit unter uns Frauen diskutiert wird, es sei »unmöglich« oder »nicht so leicht wie früher«. Ich kann dir versichern: Es geht, wenn auch anders, als du es vielleicht gewohnt bist. Die Voraussetzungen für eine langfristige Gewichtsabnahme haben sich verändert, genau wie die Hormone in deinem Körper. Um genau zu sein, *aufgrund* der Hormone in deinem Körper.

Jahrelang dachtest du, Östrogen hätte dir nur deine Periode beschert, dabei war es hinter den Kulissen dafür zuständig,

- deine Muskeln bei der Erholung vom Sport zu unterstützen,
- deine Knochen stark und fest zu halten,
- deine Haare wachsen zu lassen (deshalb werden sie jetzt auch dünner und fallen aus, außerdem brauchen sich viele Frauen in den Wechseljahren nicht mehr die Beine zu rasieren),
- deine Stimmung und deine körperlichen Reaktionen auf Stress zu regulieren,
- Fett so in deinem Körper zu verteilen, dass die Geburt und Ernährung von Babys möglich ist.

Mit einem geänderten Östrogenspiegel wie in den Wechseljahren funktionieren die bekannten Abnehmmethoden nun einfach nicht mehr. Das »Kalorien rein – Kalorien raus«-Schema oder die »weniger essen und mehr bewegen«-Methode führen jetzt wahrscheinlich eher dazu, dass du zunimmst, statt abzunehmen.

Weniger Essen stresst deinen Körper!

Beim Thema Stress denkst du wahrscheinlich an eine anstrengende Zeit auf der Arbeit mit einer schwierigen Chefin oder an die endlose Belastung, die die Pflege von Angehörigen mit sich bringt. Wahrscheinlich denkst du, dass Stress von einer bestimmten Situation oder den äußeren Umständen ausgelöst wird, auf die du keinen Einfluss hast. Ich vermute, dass du genau weißt, wie sich Stress in deinem Körper anfühlt: flauer Magen, ein Spannungsgefühl in der Brust, verspannte Schultern, zusammengepresster Kiefer und ein Gedankenkarussell, das sich einfach nicht anhalten lässt.

Wahrscheinlich weißt du auch bereits, dass Stress schlecht für die Gesundheit ist und dass er zu einer Gewichtszunahme führt (insbesondere zu einer viszeralen Fetteinlagerung an Bauch und Rumpf), die wiederum zu Bluthochdruck, Herz-Kreislauf-Erkrankungen und anderen ernst zu nehmenden Krankheiten führen kann.

Aber weißt du, was ebenfalls Stress in deinem Körper erzeugt, inklusive der Stressreaktion des Zunehmens? Nicht genug zu essen. Und weißt du, wer oft zu wenig isst? Die meisten Frauen in den Wechseljahren. Jahre der sozialen Konditionierung haben dazu geführt, dass wir glauben, wir müssten weniger essen, um abzunehmen, selbst wenn wir schon relativ wenig essen. Wenn ich die verrückteste Sache aus meinem Abnehmprogramm benennen sollte, wäre es diese: Wahrscheinlich isst du nicht genug, und das führt dazu, dass du weiter *zunimmst.*

Vielleicht ist das das Seltsamste, das du je gehört hast.

Die ganze Welt, inklusive aller Fitnesstrainerinnen, erzählt uns, dass wir zu viel essen und ein Kaloriendefizit erreichen müssen, um abzunehmen. Und das, weil man nur mit mindestens 3500 Kalorien weniger pro Woche 0,5 kg Gewicht verlieren kann und bla, bla, bla. Doch niemand redet darüber, was passiert, wenn man eh schon zu wenig isst. Deshalb will ich das veranschaulichen.

Sagen wir mal, du bist ungefähr in meinem Alter (während ich dieses Buch schreibe, bin ich Anfang fünfzig), du hast eine durchschnittliche Größe von 162 cm, wiegst ungefähr 73 kg und machst circa eine Stunde Sport am Tag. Wenn du Google fragst, liegt dein Grundumsatz – die Anzahl Kalorien, die du verbrennst, weil du einfach nur existierst (ein Zustand, der quasi unerreichbar ist, weil allein das Aufstehen morgens schon Kalorien verbrennt) – bei ungefähr 1400 Kalorien. Wenn du ganz normale Dinge machst wie arbeiten, essen, einem Hobby nachgehen, deine Katze füttern oder im Garten werkeln, verbrennst du wahrscheinlich mindestens 1700 Kalorien am Tag. Wenn du eine Stunde Sport dazurechnest mit einem Verbrauch von 300 bis 400 Kalorien, solltest du täglich ungefähr 2100 Kalorien zu dir nehmen, um dein aktuelles Gewicht zu halten.

Aber wahrscheinlich nimmst du 1200 Kalorien oder noch weniger zu dir, oder? Weil deine Fitness-App dir sagt, das sei eine gute Zahl, und weil viele von uns diese Zahl als goldenen Standard kennen. Wenn du das so liest, denkst du wahrscheinlich, dass das Defizit von 900 Kalorien eigentlich dazu führen müsste, dass dein Gewicht wie von selbst von dir abfällt.

Aber so funktioniert ein Körper in den Wechseljahren nicht.

Vielleicht hat es so funktioniert, als du jünger warst (und das ist ein großes Vielleicht) – jetzt jedenfalls nicht mehr. Jetzt findet dein Körper diese Unterversorgung stressig, und wir wissen schon, was passiert, wenn dein Körper gestresst ist. Er lagert Fett ein.

Östrogene – die heimlichen Chefs

Hier kommt ein kurzer und sehr vereinfachter Überblick über die Abläufe in deinem Körper während der Wechseljahre: Dein Körper produziert mehr als 70 Hormone (von denen wir bisher wissen, es können noch mehr sein), die für alle grundlegenden Körperfunktionen zuständig sind. Jedes Hormon, das etwas in Gang setzt, hat einen Gegenspieler, der es wieder stoppt. Zum Beispiel gibt es ein Hormon, das deinem Gehirn Bescheid sagt, wenn du Hunger hast (»anfangen zu essen«), und ein Hormon, das Bescheid sagt, wenn du satt bist (»aufhören zu essen«).

Seit der Pubertät spielt Östrogen eine zentrale Rolle bei der Regulierung der Menstruation. Aber es ist auch für andere wichtige Aufgaben zuständig: Es hat deine Körpertemperatur und deinen Schlafrhythmus reguliert, dein Gehirn und deine kognitiven Funktionen geschützt, deine Stimmung beeinflusst, dein Herz und deine Knochen gesund erhalten und (am wichtigsten für uns) die Wirkung von Cortisol, dem Stresshormon, geschwächt.

Cortisol hat einen schlechten Ruf, dabei erfüllt es wichtige Funktionen, zum Beispiel wirkt es entzündungshemmend. Cortisol ist das »Start«-Hormon für schnelle Energie, wenn du sie brauchst, zum Beispiel in Situationen, in denen deine Chefin deine Zeit und Konzentration fordert, in denen du dich um andere kümmerst oder in denen du zu wenig isst, um Gewicht zu verlieren. Dann erhöht das Cortisol deinen Blutdruck und speist Zucker in deinen Blutkreislauf. Die Aufgabe von Östrogen ist anschließend, den Blutzucker zu regulieren und den Blutdruck zu senken und so wieder ein physiologisches Gleichgewicht (Homöostase) herzustellen.

Wenn du während der Wechseljahre chronisch zu wenig isst, und kein Östrogen übrig hast, das dem ständigen Anstieg des Cortisols entgegenwirkt, bleibt dein Körper im gestressten Zustand mit erhöhtem Blutdruck und unkontrolliertem Blutzuckerlevel, was wiederum zu Fetteinlagerungen führt. Kein Wunder also, dass ein Gewichtsverlust in unserem Alter so schwierig ist. Alles, was dir dein Leben lang über »weniger essen und mehr bewegen« beigebracht wurde, ist plötzlich völlig falsch. Das bedeutet, dass sich alles, was ich dir gleich erzähle, erst mal widersprüchlich anhören wird.

Was die 5-0-Methode ist

Um während der Wechseljahre abzunehmen, musst du weder auf Lebensmittel verzichten, die du gern magst, noch den ganzen Tag Sport machen. Durch meine langjährige Erfahrung mit Klientinnen vor Ort und online – und nicht zuletzt durch mein eigenes Erleben – kann ich sagen: Es braucht eigentlich nur fünf Dinge, auf die du täglich achten musst, um dieses Ziel zu erreichen – mehr nicht. Und eines Tages wirst du sagen: »Ach, ich wusste gar nicht dass abzunehmen in meinem Alter so leicht ist.«

1. Iss die richtige Anzahl an Kalorien, die wahrscheinlich nicht geringer ist als die, die du bisher zu dir genommen hast.
2. Trink die richtige Menge Wasser, das sind 30–40 ml pro Kilogramm Körpergewicht.
3. Schlafe ausreichend, d. h., gehe jeden Abend zur selben Zeit ins Bett und stehe jeden Morgen zur selben Zeit auf, ohne dich darüber aufzuregen, wie viel du tatsächlich geschlafen hast.
4. Bewege dich so viel, dass du für den Rest deines Lebens jeden Tag dieselbe Anstrengung aufbringen könntest, was mit Sicherheit nicht mehr ist, als du bisher gemacht hast.
5. Sortiere deine Gedanken mithilfe der Zwei-Schritte-Methode (die wir uns im Verlauf des Buchs noch genauer ansehen werden).

Die 5-0-Methode als Diät und gehirnstärkende Maßnahme

Die fünf Punkte kommen dir wahrscheinlich bekannt vor und du bezweifelst ihre Effektivität. Wie oft hast du schon damit begonnen, deine Kalorien zu zählen, jeden Tag Sport zu machen und mehr zu trinken, nur um nach ein paar Wochen oder Monaten in alte Muster zurückzufallen?

Ich verrate dir das Geheimnis: Du bist absolut in der Lage, deinen Körper zu verändern, indem du die oben beschriebenen Dinge *tust*, aber die Veränderung wird nicht von Dauer sein, bis du lernst, das zu *denken*, was sich für dich gut *anfühlt* und was dir wirklich guttut. Das heißt im Umkehrschluss, dass du, und das meine ich wirklich liebevoll, aktuell hinderliche Gedanken hast, die dich zurückhalten, deinen Fortschritt verhindern oder sogar ganz blockieren, statt dich auf direktem Weg ans Ziel zu bringen.

Die 5-0-Methode ist so viel mehr als der allzu gewohnte »Kalorien rein, Kalorien raus«-Quatsch, den du schon Hunderte Male gehört und ausprobiert hast. Sie ist definitiv kein Rezept für mehr Willenskraft, die eh eine sehr unzuverlässige Ressource ist. Die Methode verspricht Diät-Freiheit, radikales Selbstvertrauen und Selbsterkenntnis ohne Wertung. Ja, auch wenn du dabei Kalorien zählst.

Die zu dir passende Anzahl Kalorien definieren

Im Internet findest du zahlreiche Kalorienrechner, doch jeder von ihnen gibt dir eine andere ideale Kalorienzahl an, die wiederum deutlich von der Zahl aus deiner Kalorien-App abweichen kann. Onlinerechner fragen dich nach deiner Größe, deinem Gewicht, Alter und Aktivitätslevel, weil das natürlich alles wichtige Variablen sind, aber es gibt auch noch andere Parameter, die das Ergebnis beeinflussen – etwa wie viel Wasser du täglich trinkst, wie gut du schläfst oder wie viel Stress du im Alltag hast.

Statt von der »richtigen Anzahl Kalorien« zu sprechen, also von einer festen objektiven Zahl, die man mit hundertprozentiger Sicherheit für jede Frau berechnen kann, betrachte dich selbst lieber als dein eigenes einzigartiges Experiment. Dein Körper weiß genau, wie viel Energie er aufnehmen und dabei trotzdem Gewicht verlieren kann. Er wird dir sehr deutlich mitteilen (mit sinkenden Zahlen auf der Waage über Wochen und Monate), wenn du die für *dich* richtige Kalorienanzahl gefunden hast. Ich zeige dir, wie du diese Zahl berechnen kannst. Und ich möchte dich ausdrücklich ermutigen, auf deinen Körper zu hören und die Ergebnisse über die Zeit hinweg zu beobachten.

Hier kommt eine einfache Faustregel für den Anfang – es sei aber direkt darauf hingewiesen, dass das nicht die einzig wahre Faustregel ist. Bitte recherchiere dazu auf jeden Fall noch im Internet und hole dir Expertenrat ein: Nimm dein aktuelles Gewicht, multipliziere es mit 2,2 und hänge eine Null hintendran. Wenn du zum Beispiel 80 kg wiegst, liegt dein tägliches Kalorienziel nach dieser Faustregel bei 1760 Kalorien (Grundumsatz im Ruhezustand!).

Es gibt allerdings für jeden Kalorienrechner ein paar Einschränkungen, und auch die oben genannte schnelle Rechnung muss für bestimmte Größen, Altersgruppen und Aktivitätslevel ein wenig angepasst werden. Sei also kritisch und überlege genau, welchen Zahlen du trauen und welcher App du glauben möchtest, und hole dir auch hier fachlichen Rat, wenn du hier unsicher bist.

Warum ist mein Kalorienziel so hoch angesetzt? Und muss ich wirklich so viel essen?

Wahrscheinlich stellst du dir gerade diese beiden Fragen, und wenn du ein paar Seiten weiterliest, wirst du verstehen, dass sie auf Gedanken (Meinungen!) beruhen, die auf dem Weg zu deinem Ziel eher hinderlich sein werden. Aber lass uns in der Zwischenzeit schauen, wie das Kalorienziel mit dem Gewichtsverlust zusammenhängt.

Dein Kalorienziel ist »so hoch«, weil es bereits die Kalorien mit einrechnet, die du beim Sport verbrennst. Fast jede kommerzielle Abnehm-App auf dem Markt schreibt dir ein sehr niedriges Kalorienziel vor und fügt dann im Laufe deiner Sporttage Kalorien hinzu. Bei Frauen über fünfzig funktioniert diese »essen, um Sport zu machen, und Sport machen, um zu essen«-Methode aber einfach nicht. Dein Körper mit all seinen sich verändernden Hormonen ist nicht so einfach gestrickt, wie die »Kalorien rein, Kalorien raus«-Rechnung vermuten lässt. Mehr Sport führt eher zu einer Gewichtszunahme als zu einer Gewichtsabnahme.

Die kurze Antwort auf die Frage, ob du wirklich »so viel« essen musst, lautet: Ja, du solltest das Kalorienziel +/– 25 Kalorien auf Dauer täglich einhalten, und zwar konsequent. Die längere, differenziertere Antwort lautet: Wenn du über einen längeren Zeitraum deutlich zu wenig (oder zu viel) gegessen hast, solltest du dich dem Ziel langsam nähern, um deinem Körper und Kopf genug Zeit zu geben, sich darauf einzustellen. Ich schlage vor, dass du in den ersten paar Wochen täglich etwa 50 Kalorien mehr (oder weniger, je nachdem, in welche Richtung du dich bewegen musst) zu dir nimmst, danach einige Wochen lang 100 pro Tag weniger und so weiter, bis du das Ziel erreicht hast.

Jetzt kommen unsere Gedanken ins Spiel

Dein Gehirn ist der schnellste und leistungsstärkste Supercomputer der Welt, auch wenn es manchmal vorkommt, dass du ein Zimmer betrittst und vergessen hast, was du dort eigentlich wolltest, oder wenn du ab und zu deine Finger zum Zählen benutzt. In jeder Minute, an jedem Tag nimmt dein Gehirn Tausende (wahrscheinlich Millionen, vielleicht sogar Hunderte Millionen) Eindrücke, Gerüche, Geräusche, Geschmacksnuancen und Texturen wahr und verarbeitet diese Wahrnehmungen zu dem, was du als Welt kennst. Realität.

Dies geschieht schneller als ein Wimpernschlag, da dein Gehirn Vergleiche und Kategorisierungen vornimmt. Das bedeutet, dass dein Gehirn etwas wahrnimmt und mit einer internen Checkliste von allem je Wahrgenommenen abgleicht, bevor es entscheidet, was die Wahrnehmung bedeutet, und sie in einen *Gedanken* verwandelt.

Dein Gehirn geht jede einzelne deiner vergangenen Erfahrungen durch (zum Beispiel, was deine Mutter dir immer wieder gesagt hat, was du nebenbei im Fernsehen oder auf Social Media aufgeschnappt oder auf Plakaten oder in Zeitschriften gelesen oder von deinen Freundinnen gehört hast), vergleicht sie mit der aktuellen Wahrnehmung oder stellt sie ihr gegenüber.

Auf dem Weg durch deine vergangenen Erfahrungen wird diese aktuelle Wahrnehmung in allgemeine und spezifische Kategorien sortiert, weil sie manchen vergangenen Erfahrungen ähnelt und anderen nicht.

Zum Beispiel wird das, was man landläufig als »Rettungsringe« bezeichnet, sowohl in die allgemeine Kategorie »unangenehm« sortiert, in der sich auch betretenes Schweigen, harte Plastikmöbel, Kleidung mit kratzigem Wollanteil und viele andere Dinge befinden, als auch in die spezifische Kategorie »Dinge, die ich nicht gerne an meinem Körper bemerke, während ich mich auf der Arbeit in einer Besprechung befinde«.

Du hast viele Jahre lang Menschen über Rettungsringe reden hören und unzählige Anzeigen und Bilder gesehen, auf denen sie zu sehen sind. Selbst wenn du diese Repräsentationen bewusst als »Schlankheitswahn« verurteilst, ist dein Gehirn darauf eingestellt, die Haut über dem Bund deiner Jeans als Rettungsringe wahrzunehmen, einfach weil du diesem Konzept wiederholt ausgesetzt warst.

Wenn du etwas zum ersten Mal wahrnimmst, Werbung für ein Abnehmprodukt zum Beispiel, knüpfen bestimmte Neuronen in deinem Gehirn auf einer Art Straße Verbindungen miteinander, was sehr viel Energie verbraucht. Sobald dein Gehirn diese Energie dafür verwendet, Vergleiche und Kategorisierungen vorzunehmen, wird es denselben Gedanken einfach immer wieder denken. Das liegt an seinem biologischen Bedürfnis, effizient und so unverändert wie möglich zu bleiben und dadurch Energie zu sparen.

Du bist nicht so rational, wie du denkst (und das ist okay!)

Einerseits ist dein Gehirn das brillanteste und mächtigste Objekt auf der Welt, andererseits ... na ja, dein Gehirn ist ein Stück Fleisch, durch das Strom fließt. Manchmal scheint es unlogisch zu handeln, es sei denn, man betrachtet es von einem biologischen Standpunkt aus. Dein Gehirn als Teil eines biologischen Organismus (deines Körpers) hat mehrere biologische Verpflichtungen, die du dir als angeborene oder sogar instinktive Eigenschaften vorstellen kannst, die unserer Spezies seit Jahrtausenden das Überleben sichern.

Dein Körper (und damit auch dein Gehirn) will überleben. Das heißt nicht, dass du automatisch daran denkst, dich anzuschnallen oder dir nach dem Schneiden von rohem Fleisch die Hände zu waschen, sondern eher, dass dein Gehirn sparsam mit seinen Ressourcen umgeht, um auf jeden Fall zu überleben. Das bedeutet für dich: Wenn dein Körper Energie verbraucht (zum Beispiel durch ein intensives Training oder eine zu geringe Kalorienzufuhr), werden die höheren Funktionen deines Gehirns wie logisches Denken und das Treffen von rationalen Entscheidungen – die viel Energie benötigen – als »überflüssig« eingestuft und abgeschaltet oder zumindest deutlich verlangsamt, um Energie für wichtigere Funktionen wie Herz und Lunge zu bewahren. Funfact: Dein Körper wird in einer Notfallsituation auch deine Verdauung verlangsamen oder ganz stoppen, weil es sehr viel Energie verbraucht, Nahrung zu verdauen. Wenn du also zu wenig isst oder zu viel Sport treibst, kannst du versehentlich deine Verdauung verlangsamen und deine Gehirnfunktion beeinträchtigen.

Dein Körper ist für die Fortpflanzung gemacht. Aus diesem Grund werden dein Körper und deine Gedanken von den Hormonen bestimmt, die die Fortpflanzung regulieren. Das hast du in deinem Leben sicher schon einmal erlebt. Erinnerst du dich an deine Jugend, als du die Gedanken an den Kuchen im Pausenraum nicht aus dem Kopf bekommen hast, kurz bevor du deine Periode bekommen hast? Genau, das ist das *bio*logische Verhalten deines Gehirns (im Gegensatz zum logischen Verhalten).

Dein Körper und dein Gehirn wollen so unverändert wie möglich bleiben, um Energie zu sparen. Das liegt daran, dass sie langfristig denken und die ihnen zur Verfügung stehende Energie gleichmäßig über deine Lebenszeit verbrauchen wollen, wie eine sparsame Person mit einem festgelegten Einkommen, die nicht mehr als unbedingt nötig ausgeben möchte. Etwas zu ändern (deine Gedanken oder dein Gewicht zum Beispiel) verbraucht mehr Energie, als so zu bleiben, wie man ist, deshalb ist Veränderung so schwierig.

Dein Köper und dein Gehirn sind beide in der Lage, sich wenn nötig anzupassen. Das machen sie, damit sie am Ende unverändert bleiben und so Energie sparen können.

Wie macht sich das in deinem täglichen Leben bemerkbar? Dein Gehirn läuft größtenteils auf Autopilot und denkt immer wieder dieselben Gedanken. Das ist die meiste Zeit über sehr hilfreich, besonders wenn du so etwas machst wie spazieren gehen, Zähne putzen, bestimmte Aufgaben in deinem Job erledigen oder ein

Buch lesen. Stelle dir vor, du müsstest jedes Mal jeden Buchstaben jedes Wortes entziffern, wenn du einen Satz lesen willst. Oder wenn du bewusst darüber nachdenken müsstest, deinen Fuß anzuheben und dein Bein nach vorne zu bewegen und den Arm mitzuschwingen und den Kopf hochzuhalten, wenn du nur einen Raum durchqueren willst. Das wäre ermüdend und deine Energieressourcen wären so schnell erschöpft, dass du wahrscheinlich durchgehend essen müsstest (wie viele Tiere mit kleinerem Gehirn in der Wildnis).

Deine Gedanken sind keine Tatsachen – auch wenn es so scheint

Alles, was wir uns bisher angesehen haben (von den Wahrnehmungen, die sich im Laufe deines Lebens gebildet haben, bis hin zu den biologischen Verpflichtungen, die den Laden schmeißen), deutet darauf hin, dass deine Gedanken unzuverlässig, oft unlogisch und voreingenommen sind, auch wenn du es nicht bemerkst. Aber das ist okay. So ist dein Gehirn eben. Das heißt nicht, dass du nicht schlau, fähig, logisch oder ehrlich wärst. Es heißt einfach, dass du ein Mensch mit Menschengehirn bist. Es heißt auch, dass du nicht alles glauben musst, was dein Gehirn dir mitteilt.

Lass uns noch mal den Gedanken »Ich habe Rettungsringe« anschauen. Sobald dein Supercomputergehirn die gesamte Datenbank an Wahrnehmungen durchgegangen und bei dem Ergebnis »Rettungsringe« gelandet ist, hat es auch entschieden, dass dieser Gedanke *wahr* ist. Selbst wenn dir dieser Gedanke aufgefallen wäre und du dich darüber gewundert hättest, hätte dein Gehirn dir all die Beweise gezeigt, die es beim Vergleichen und Kategorisieren gesammelt hat. Zeitschriftenartikel, Fotos, Werbung, deine Freundinnen, wie sie sich über ihre Körper beschweren, und mehr würden die Realität deiner Rettungsringe belegen.

Genau so soll dein Gehirn übrigens funktionieren. Man nennt das *Bestätigungsfehler*, und alle Gehirne machen sie. Dein Gehirn stimmt sich gerne selbst zu und denkt immer, es hätte recht, deshalb interpretiert es neue Informationen immer so, dass sie alles bestätigen, was es eh schon dachte. Daraus resultiert, dass deine Gedanken *immer* von Vorurteilen und Meinungen durchzogen sind, die sich teilweise schon in deiner Kindheit gebildet haben, und dass alle Gedanken sich wie Tatsachen anhören, weil dein Gehirn sich selbst zustimmen möchte.

Du weißt bestimmt, was eine Tatsache ist, aber ich werde den Begriff noch mal im Gegensatz zu deinen Gedanken (die *keine Tatsachen sind*) definieren. Eine Tatsache ist etwas, das als wahr oder falsch bewiesen werden kann. Zum Beispiel kann die Aussage »Ich habe grüne Augen« von Außenstehenden bestätigt werden (auch wenn es immer jemanden gibt, der sagt »Na ja, sie sind eher graugrün in bestimmtem Licht und blau-grün in einem anderen ...«), weil ich tatsächlich grüne Augen habe. Wenn ich natürlich braune Augen hätte, könnte meine Aussage widerlegt werden, denn die Farbe meiner Augen ist eine *Tatsache.*

Wie wir (aus Versehen) auf dem ausgetretenen WEG bleiben

Kommen wir zum eigentlichen Problem: Dein Gehirn wird dir deine unlogischen, irrationalen und hinderlichen Gedanken nicht so eindeutig präsentieren, dass du sie einfach verstehen und verarbeiten kannst. Nein, die Gedanken in deinem Kopf, manchmal selbst die ausgesprochenen, werden sich wie Tatsachen anfühlen, wie etwas, das du einfach glaubst. Aber manche deiner Gedanken sind nicht gut. Eher wirklich hinderlich.

Der Begriff WEG (Wirklich Einengende Gedanken) ist ein cleveres Wortspiel, aber auch eine einfache Veranschaulichung dafür, wie dein Gehirn tatsächlich funktioniert. Gedanken, die bei ihrem Auftauchen nicht angezweifelt werden, wie die meisten von ihnen, werden durch Wiederholung automatisiert und formen einen neuronalen Pfad, oder eben einen Weg. Doch »einengend« sagt noch nicht genau das aus, was gemeint ist, darum wirst du statt »einengend« »hinderlich« lesen.

Wenn du neue Gedanken denkst, gibt es Neuronen in deinem Gehirn, die sich mit anderen auf einer Art Pfad verbinden, was viel Energie erfordert. Wenn es keinen Widerstand gegen den Gedanken gibt, wird dein Gehirn ihn häufig wiederholen, quasi auf dem ausgetretenen WEG bleiben, weil es biologisch auf Effizienz ausgerichtet ist oder so gut wie möglich gleich bleibt, um Energie zu sparen. Denke daran, die Natur ist faul und will Energie sparen für den Fall, dass sie später einmal noch welche braucht.

Wenn du den Gedanken immer wieder denkst, wird er immer weniger Energie verbrauchen und sich automatisieren, sodass er aus deinem »Vorderkopf«, wo du ihn hören kannst, in deinen »Hinterkopf«, also in dein Unterbewusstsein, wandert, wo er weiterhin in Dauerschleife läuft, von dir aber nicht mehr wahrgenommen wird. Mit der Zeit formt der Gedanke eine Art ausgetretene Nervenbahn, so wie ein Trampelpfad entsteht, wenn man in hohem Gras immer wieder dieselbe Strecke läuft.

Wenn du noch ganz am Anfang dieser Arbeit stehst, fühlt es sich vielleicht etwas überwältigend an, wie viele hinderliche Gedanken du findest. Ja, du hast hinderliche Gedanken, die sich in deinem Unterbewusstsein ständig wiederholen, aber das ist ganz normal. Ich verspreche dir, dass du nicht alle von ihnen finden und auslöschen musst, um ein sehr erfüllendes und produktives Leben mit deinem Zielgewicht zu leben. Sobald du dir deiner Gedanken bewusst bist (was du mit der Zwei-Schritte-Methode erreichen wirst), werden sich dein Leben und deine Gedanken auf magische Weise verändern.

Beispiel: Wie ich mir selbst Gedanken über mein Kalorienziel gemacht habe

Da ich keinen Zugang zu deinem Tagebuch habe, um zu demonstrieren, wie du die Zwei-Schritte-Methode auf deine Gedanken anwenden kannst, werde ich dir meine Gedanken zeigen, um zu illustrieren, wie automatisiert sie sind. Ich möchte aktuell kein Gewicht verlieren, aber als ich mein Gehirn gefragt habe: »Was denkst du darüber, xxxx Kalorien am Tag zu essen?«, flog der Stift nur so über die Seite. Es kamen superviele Gedanken zu dieser Zahl, zu meinem Körper, meinem Gewicht und zu der Effektivität einer Methode, die allem widerspricht, was ich mein Leben lang verinnerlicht habe – obwohl es *meine* Methode ist. Und *ich* sie schon effektiv zum Abnehmen angewendet habe.

Dein Gehirn wird dir keine Tatsachen präsentieren, sondern *Meinungen*, die sich wie Tatsachen anhören.

Meine Gedanken fühlten sich außerdem nicht nur *wahr* an, sondern auch unangenehm. Deine niedergeschriebenen Gedanken tun das, was alle Gedanken tun – sie erzeugen Gefühle. Und es ist wahrscheinlich, dass es keine guten Gefühle sind. (Denke daran, darum geht es. Wir wollen unsere Gedanken bewusst wahrnehmen und so darüber entscheiden, wie hilfreich sie sind. Hinderliche Gedanken erzeugen unangenehme Gefühle. Du kannst dich also darauf einstellen, beim Tagebuchschreiben hinderliche Gedanken zu finden und dich unwohl zu fühlen.)

Während ich meine Gedanken aufschrieb, spüre ich, wie mein Herz schneller schlug und meine Hände feucht wurden. Mein Bauch rumorte und meine Arme und Beine fühlten sich zappelig an. Ich wollte mit dem Schreiben aufhören und irgendetwas anderes machen. Wenn dir das auch passiert, keine Sorge. Bleibe so lange dran, wie du kannst, auch wenn es nur ein paar Sätze sind. Ich übe das schon seit einer Weile und konnte siebzehn Gedanken aufschreiben.

Hier ist mein absolut ungefilterter und unbearbeiteter Tagebucheintrag:

Reflexionsfrage: Was denke ich darüber, xxxx Kalorien am Tag zu essen?

ICH KANN NICHT SO VIEL ESSEN.

ICH WERDE SO FETT.

DAS KANN AUF KEINEN FALL FUNKTIONIEREN.

WAS SOLL ICH ESSEN?

ICH WERDE ZU VOLLGESTOPFT SEIN.

DAS WIRD NICHT FUNKTIONIEREN.

ES GIBT KEINE MÖGLICHKEIT, DIE FUNKTIONIERT.

ICH KANN MIR SO VIEL ESSEN GAR NICHT VORSTELLEN.

DAS IST DOCH BESCHEUERT.

MIR WIRD SCHLECHT, WENN ICH DARAN DENKE.

ICH KANN DAS NICHT.

ICH WILL NICHT SO VIEL ESSEN.

DAS KANN NICHT FUNKTIONIEREN.

ICH SOLLTE MIR DAS NICHT ANTUN.

WENN ICH SO VIEL ESSE, WERDE ICH NIEMALS GEWICHT VERLIEREN.

DAS IST VIEL ZU VIEL.

Bevor wir weitermachen, will ich kurz ein paar formale Tipps geben, wie du beim Schreiben das beste Ergebnis erzielst.

- Ich schreibe kurze Sätze, was nicht meinem normalen Denk- und Schreibmuster entspricht. Im »echten Leben« sind meine Gedanken oft lang, mit komplexer Struktur und lebhaften visuellen (und manchmal auditiven) Elementen (ja, ich rede mit mir selbst). Da ich aber weiß, dass ich am Ende auf der Suche nach bestimmten Informationen bin (ist der Gedanke hilfreich oder nicht?), passe ich mein Schreiben dahingehend an.
- Ich schreibe einen Satz (oder Teilsatz) pro Zeile. Das mache ich, weil ich weiß, dass Schritt zwei kommen wird. Ich möchte neben jedem Satz Platz für den Zusatz lassen, dass es sich um einen Gedanken handelt, ein Feld für die Identifizierung des Gefühls und eine Bemerkung darüber, ob es hilfreich ist oder nicht.
- Ich filtere meine Wortwahl nicht, die Sätze kommen so aufs Papier, wie sie in meinem Kopf erscheinen. Als mein Kopf das Wort *fett* ausgegeben hat, habe ich es aufgeschrieben, auch wenn ich es nie öffentlich oder zu einer anderen Person sagen würde.

Sind das wirklich nur Gedanken?

Als nächsten Schritt setze ich die Wörter »Ich glaube« vor jeden Satz und nehme mir für jeden einzelnen Satz einen Moment Zeit, um zu realisieren, dass er nur ein Gedanke ist. Wenn du das machst, wirst du feststellen, dass dein Gehirn noch weiter denkt, dass es dir Beweise für deine Gedanken präsentiert, Sorgen über die Zukunft äußert und Geschichten erzählt aus einer Zeit in deinem Leben, als diese eine Sache passiert ist. Versuche, dich nicht davon ablenken zu lassen, aber falls es doch mal geschieht, ist es nicht schlimm, das passiert uns allen. Es wird noch mehr Gedanken geben, die du dir anschauen kannst (wir denken 60 000 bis 80 000Gedanken am Tag), also versuche einfach, dich so gut es geht auf die Gedanken auf dem Blatt vor dir zu konzentrieren.

Ich glaube, ich kann nicht so viel essen.

Ich glaube, ich werde so fett.

Ich glaube, das kann auf keinen Fall funktionieren.

Ich glaube, ich weiß nicht, was ich essen soll. (Hier habe ich aus einer Frage eine Aussage gemacht, mehr dazu gleich.)

Ich glaube, ich werde zu vollgestopft sein.

Ich glaube, das wird nicht funktionieren.

Ich glaube, es gibt keine Möglichkeit, die funktioniert.

Ich glaube, ich kann mir so viel Essen gar nicht vorstellen.

Ich glaube, das ist doch bescheuert.

Ich glaube, mir wird schlecht, wenn ich daran denke.

Ich glaube, ich kann das nicht.

Ich glaube, ich will nicht so viel essen.

Ich glaube, das kann nicht funktionieren.

Ich glaube, ich sollte mir das nicht antun. (Wieder habe ich eine Frage zu einer Aussage gemacht.)

Ich glaube, wenn ich so viel esse, werde ich niemals Gewicht verlieren.

Ich glaube, das ist viel zu viel.

Bemerkst du schon, wie sich deine Gedanken bereits zu verändern beginnen? Allein die Formulierung »Ich glaube« vor jeden Satz zu stellen, gibt deinem Gehirn verschiedene Optionen, als wären die Worte vielleicht (nur vielleicht) keine feststehenden Tatsachen. Manche Sätze klingen aber immer noch irgendwie wahr, die nehmen wir uns vor, wenn wir die Gedanken in **hilfreich** und **hinderlich** unterteilen.

Fragen sind keine hilfreichen Antworten

Wenn dein Gehirn als Antwort auf die Ausgangsfrage mit einer Gegenfrage reagiert, solltest du diese umformulieren, um Selbsterkenntnis zu erreichen. Erinnerst du dich daran, dass dein Gehirn jede Frage beantworten will? Es nimmt Fragen als Probleme wahr und macht sich deshalb sofort auf die Suche nach einer Lösung. Aber wenn du in dein Tagebuch schreibst, bist du nicht auf der Suche nach einer Lösung (oder einem besseren Gefühl), du willst nur herausfinden, was dein Gehirn denkt. Sobald du die Frage zu einer Aussage umformulierst, wird dein Gehirn eher in der Lage sein, sie als einen Gedanken und nicht als ein Problem zu sehen.

Wie fühlst du dich bei diesen Gedanken?

Es ist an der Zeit, jeden Gedanken einem kleinen Test zu unterziehen, um herauszufinden, ob er dir beim Erreichen deines Abnehmziels hilft oder nicht. Dafür fragst du dich, wie du dich bei jedem Gedanken fühlst – denn Gedanken, die gute Gefühle erzeugen, führen zu guten Ergebnissen, und Gedanken, die schlechte Gefühle erzeugen, führen zu schlechten Ergebnissen. (Ich wiederhole mich, weil ich selbst echt lange gebraucht habe, um das wirklich zu verstehen, und vielleicht geht es dir genauso.) Im nächsten Schritt wollen wir uns die Gedanken bewusst machen, die sich schlecht anfühlen.

Gehen wir die Liste Satz für Satz durch und fragen uns jeweils: »Wie fühle ich mich, wenn ich sage …?«

Die Antwort kann ein einfaches »gut« oder »schlecht« sein. Wenn du ein bestimmtes Gefühl direkt benennen kannst, ist das großartig. Achte wie schon beim vorherigen Schritt darauf, dass du nicht noch mehr Gedanken über diese Gedanken und jetzt auch noch über deine Gefühle denkst. Du musst dich dafür konzentrieren. Vielleicht fühlt es sich schwierig an, doch das ist ganz normal. Und mit etwas Übung wirst du besser darin werden.

Hier kommt wieder mein Tagebucheintrag.

Ich glaube, ICH KANN NICHT SO VIEL ESSEN. [SCHLECHT/ENTSETZT]

Ich glaube, ICH WERDE SO FETT. [SCHLECHT/WAHR/BESORGT]

Ich glaube, DAS KANN AUF KEINEN FALL FUNKTIONIEREN. [SCHLECHT/SKEPTISCH]

Ich glaube ICH WEISS NICHT, WAS ICH ESSEN SOLL. [SCHLECHT/BESORGT]

Ich glaube, ICH WERDE ZU VOLLGESTOPFT SEIN. [SCHLECHT/BESORGT]

Ich glaube, DAS WIRD NICHT FUNKTIONIEREN. [SCHLECHT/SKEPTISCH]

Ich glaube, ES GIBT KEINE MÖGLICHKEIT, DIE FUNKTIONIERT. [SCHLECHT/SKEPTISCH]

Ich glaube, ICH KANN MIR SO VIEL ESSEN GAR NICHT VORSTELLEN. [SCHLECHT/UNBEKANNTES GEFÜHL]

Ich glaube, DAS IST DOCH BESCHEUERT. [SCHLECHT/WAHR]

Ich glaube, MIR WIRD SCHLECHT, WENN ICH DARAN DENKE. [SCHLECHT/ENTSETZT]

Ich glaube, ICH KANN DAS NICHT. [SCHLECHT/NIEDERGESCHLAGEN]

Ich glaube, ICH WILL NICHT SO VIEL ESSEN. [SCHLECHT/WAHR]

Ich glaube, DAS KANN NICHT FUNKTIONIEREN. [SCHLECHT/SKEPTISCH]

Ich glaube, ICH SOLLTE MIR DAS NICHT ANTUN. [SCHLECHT/MUTLOS]

Ich glaube, WENN ICH SO VIEL ESSE, WERDE ICH NIEMALS GEWICHT VERLIEREN. [SCHLECHT/WAHR/UNBEKANNTES GEFÜHL]

Ich glaube, DAS IST VIEL ZU VIEL. [SCHLECHT/WAHR/ABLEHNEND]

Auf diese Dinge solltest du bei diesem Teil des Prozesses achten:

- Denke daran, dass deine Gefühle von deinen Gedanken erzeugt werden, nicht von der Sache, an die du denkst. Ich meine das so: Wenn du den Satz »Ich glaube, das kann auf keinen Fall funktionieren« denkst und bemerkst, dass du skeptisch bist, mache dir klar, dass die Skepsis nicht von der Kalorienzahl oder dem Programm oder deiner Abnehmfähigkeit ausgelöst wird. Sie ist einfach ein Produkt deiner Gedanken. Gedanken erzeugen Gefühle.
- Du musst nicht für jeden Gedanken ein spezifisches Gefühl definieren, damit diese Methode funktioniert. Ich bin mir bei einigen Sätzen nicht sicher gewesen, was ich gefühlt habe, aber ich habe gespürt, wie mein Mund sich verzogen hat und sich meine Schultern angespannt haben. Das reicht an Informationen, um das Gefühl als schlecht zu erkennen.
- Manche deiner Gedanken – vielleicht sogar alle – fühlen sich noch erstaunlich wahr an, was erst mal wichtiger erscheint als die Frage, ob sie hilfreich sind oder nicht. So geht es uns allen. Lass uns also dieses Gefühl erforschen.

Das Wesen der Wahrheit und die Metakognition

Ganz ehrlich: **Die Wahrheit ist, was auch immer du als Wahrheit definierst.** Natürlich gibt es Tatsachen auf der Welt – du existierst, die Schwerkraft ist eine Krümmung der vierdimensionalen Raumzeit, du hast eine Masse, die von einem bestimmten Instrument gemessen werden kann, und so weiter – aber wir denken so selten in Fakten, dass man fast sagen kann, wir tun es nie. Unsere Gedanken sind Meinungen, die auf der Wahrnehmung von Dingen basieren, die wir in unserem Leben gesehen und gehört haben. Und das heißt, wie du weiter oben in diesem Kapitel gelernt hast, dass deine Gedanken sich als wahr *und* als falsch erweisen können.

Dein Gehirn hält immer das für wahr, was du gerade denkst (und wahrscheinlich schon seit Jahren denkst, ganz automatisch und effizient), denn das verbraucht am wenigsten Energie. Aber du bist ein Mensch mit der Macht der Metakognition: **Du kannst**

über deine Gedanken nachdenken. Und das wiederum heißt, dass du deinen automatischen Gedanken nicht hilflos ausgeliefert bist. Metakognition ermöglicht dir, dein Leben dauerhaft zu verändern. Anstatt einfach zu akzeptieren, was dein Gehirn dir automatisch anbietet, kannst du die Superkraft der Metakognition nutzen und *entscheiden*, was deine Wahrheit ist.

»Ich will mich nicht selbst belügen«, und deine andere Superkraft

Das klingt jetzt schnell und einfach, oder? Überlege dir, was du glauben willst, und – *zack* – verändert sich dein Leben und alles ist so, wie du es dir wünschst. Ja, *ne*.

Dein Gehirn hat bestimmte Schutzmechanismen, die sicherstellen, dass du deine Meinung nicht einfach schnell ändern kannst (was Extraenergie kosten würde), und den stärksten spürst du vielleicht gerade: Unbehagen.

Du denkst gerade an etwas Neues – vielleicht sogar an eine Menge neuer Sachen, über die Gewichtsreduzierung, die Funktionsweise deines Gehirns, die Natur der Wahrheit, den Einfluss, den du auf deine Einstellung und dein Leben hast –, und es fühlt sich gleichzeitig aufregend und furchtbar an, oder? Dein Magen rumort ein bisschen? Vielleicht kämpfst du mit dem Bedürfnis, dein Smartphone in die Hand zu nehmen und in deine E-Mails zu schauen oder eine schnelle Runde Homescapes zu spielen? Das ist nur dein Gehirn, das Energie sparen und sich nicht verändern will. Das ist natürlich und erwartbar, was aber nicht heißt, dass es sich gut anfühlt.

Wenn du in dich hineinhorchst, bemerkst du vielleicht sogar, wie dein Gehirn dir vorhält, dass du dich nicht selbst belügen sollst, deshalb will ich dir kurz versichern, dass du das nicht tust. Du willst dich nicht davon überzeugen, dass das Gras blau und der Himmel grün ist. Du änderst einfach nur deine Einstellung, und das ist bestimmt nicht das erste Mal in deinem Leben.

In meiner Kindheit mochte ich keinen Reis. Ich weiß nicht, ob es am Fertigreis lag, oder vielleicht war meine Mutter einfach keine besonders gute Köchin. Oder es lag daran, dass wir Reis nur in einem bestimmten Gericht gegessen haben, das meine Mutter »Reis Spezial« nannte und das aus Reis mit gekochten Tomaten und Hackfleisch bestand (was für mich immer noch ekelig klingt). Wie dem auch sei, selbst mit dreißig war ich noch davon dass ich keinen Reis mag. Und wie das so oft mit Meinungen ist (die eigentlich nur Gedanken sind), hielt ich das einfach für wahr. Eine Tatsache.

Bis ich eines Tages Reis mochte.

Ich erinnere mich nicht mehr an das genaue Gericht oder den Grund dafür, dass sich meine Meinung änderte, aber so war es. Mittlerweile liebe ich Reis. Er gehört zu meinen Lieblingsspeisen und steht mehrmals in der Woche auf dem Speiseplan.

Habe ich mich also selbst belogen, als ich dachte, ich würde keinen Reis mögen? Oder belüge ich mich jetzt, da ich Reis mag?

Weder noch.

Es ist ganz einfach: Ich hatte in Bezug auf das Essen von Reis einen Gedanken, den ich für wahr hielt, und jetzt habe ich einen anderen Gedanken, den ich auch für wahr halte. Keiner von beiden ist »wahr« im allgemeinen Sinn, aber beide sind/waren wahr, weil ich *entschied* – in diesem Fall unbewusst, aber es ist trotzdem eine Entscheidung meines Gehirns –, dass sie wahr sind/waren.

So wie ich meine Meinung über Reis ändern konnte, kannst du deine Meinung zu deinem Gewicht, deinem Kalorienziel, deinem Körper, deiner Bewegungsroutine, den Wechseljahren oder deinem Leben ändern.

Tatsächlich ist es eine deiner Superkräfte, deine Meinung ändern zu können. Neben der Fähigkeit der Metakognition (die Fähigkeit, über deine Gedanken nachzudenken) besitzt du auch die Fähigkeit der Neuroplastizität – das bedeutet, dass dein Gehirn neue neuronale Pfade formen kann. Und du kannst diesen Prozess der Neuverknüpfung kontrollieren, indem du absichtlich neue Gedanken denkst.

Was bringen dir also diese beiden Superkräfte, Metakognition und Neuroplastizität? Gemeinsam bilden sie die Basis der Zwei-

Schritte-Methode und helfen dir dabei, deine Gedanken zu finden und sie als hilfreich oder hinderlich zu kategorisieren.

»Fake it till you make it«

Im Großen und Ganzen bringt dich dein Gehirn (mit seinen automatischen Gedanken) ganz gut durch den Tag. Wir bemerken eigentlich nur, dass dieser Weg uns nicht weiterbringt, wenn wir ein bestimmtes Ziel erreichen wollen und dafür unsere Gewohnheiten verändern müssen. Du hast genug Willenskraft, um über kurze Zeit deine automatischen Gedanken zu ignorieren und wesentliche Veränderungen in deinem Leben herbeizuführen. Kurzfristige Veränderungen wie Crash-Diäten bringen dich jedoch nicht an dein langfristiges Ziel, und deine automatischen Gedanken ändern sich nur selten von selbst. An diesem Punkt raten dir andere oft »Fake it till you make it« (auf Deutsch »Tu einfach so, bis du dein Ziel erreichst«), was sich erst mal gut anhört – ich meine, ein sich reimender Motivationsspruch ist immer gut –, dabei ist diese Methode im besten Fall unzuverlässig.

Manche Befürworter der »Fake it till you make it«-Philosophie bringen gerne Neuroplastizität als Grund dafür an, dass die Methode funktioniert, doch einen neuen Gedanken einfach immer zu wiederholen, verändert *nicht* dein Gehirn. Was fehlt? Die emotionale Resonanz, also dass sich ein neuer Gedanke gut anfühlen muss, damit er »hängen bleibt« und einen neuen neuronalen Pfad bildet.

Viele Gedanken sind hinderlich, dein Gehirn weiß es nur noch nicht

Nachdem du dir einen Moment Zeit genommen hast, die von den Gedanken ausgelösten Gefühle zu identifizieren, solltest du die Liste noch einmal durchgehen und jeden Satz als entweder HILFREICH oder HINDERLICH kategorisieren (denke daran, ein gutes

Gefühl spricht für einen hilfreichen Gedanken und ein schlechtes für einen hinderlichen).

Ich glaube, ich kann nicht so viel essen. [schlecht/entsetzt] hinderlich

Ich glaube, ich werde so fett. [schlecht/wahr/besorgt] hinderlich

Ich glaube, das kann auf keinen Fall funktionieren. [schlecht/skeptisch] hinderlich

Ich glaube, ich weiss nicht, was ich essen soll. [schlecht/besorgt] hinderlich

Ich glaube, ich werde zu vollgestopft sein. [schlecht/besorgt] hinderlich

Ich glaube, da wird nicht funktionieren. [schlecht/skeptisch] hinderlich

Ich glaube, es gibt keine Möglichkeit, die funktioniert. [schlecht/skeptisch] hinderlich

Ich glaube, ich kann mir so viel Essen gar nicht vorstellen. [schlecht/unbekanntes Gefühl] hinderlich

Ich glaube, das ist doch bescheuert. [schlecht/wahr] hinderlich

Ich glaube, mir wird schlecht, wenn ich daran denke. [schlecht/entsetzt] hinderlich

Ich glaube, ich kann das nicht. [schlecht/niedergeschlagen] hinderlich

Ich glaube, ich will nicht so viel essen. [Schlecht/Wahr] hinderlich

Ich glaube, das kann nicht funktionieren. [schlecht/skeptisch] hinderlich

Ich glaube, ich sollte mir das nicht antun. [schlecht/mutlos] hinderlich

Ich glaube, wenn ich so viel esse, werde ich niemals Gewicht verlieren. [schlecht/wahr/unbekanntes Gefühl] hinderlich

Ich glaube, das ist viel zu viel. [schlecht/wahr/ablehnend] hinderlich

An diesem Punkt denkst du vielleicht: *Meine Güte, Pahla, ich habe diese Liste jetzt schon mehrfach durchgearbeitet, ist das wirklich nötig?* Mit einem Wort: Ja. Denn so machst du dir die Superkraft der Neuroplastizität zunutze.

Dein Gehirn will vor allem überleben, weshalb es immer Energie sparen möchte. Also ist laut deinem Gehirn jeder Gedanke, der dich am Leben hält, hilfreich. Natürlich ist es deinem Gehirn ganz egal, was du denkst oder wie schlecht du dich dabei fühlst, solange diese unfassbar niedrige Mindestanforderung erfüllt wird.

Dein Gehirn hat jeden Gedanken, den du je gedacht hast, als »hilfreich« kategorisiert, und jetzt ist es dein Job – mithilfe deiner Superkraft der Metakognition –, einige der Gedanken neu einzuordnen.

Ist dir eigentlich aufgefallen, dass alle Gedanken, die ich zum Thema »die richtige Anzahl Kalorien« hatte, hinderlich waren? Das wird dir auch passieren. Man nennt das den »Negativitätsbias«. Wir haben das alle. Es ist sehr viel wahrscheinlicher, dass du automatisch hinderliche Gedanken hast als hilfreiche.

Forscherinnen haben herausgefunden, dass Menschen eher schlechte Nachrichten wahrnehmen als gute, häufiger schreckliche Ergebnisse erwarten als schöne und negative Stimuli als wichtiger wahrnehmen (und sich länger mit ihnen beschäftigen) als positive. Hirnscan-Studien zeigen einen stärkeren Anstieg der Gehirnaktivität, wenn Menschen negative Bilder betrachten. Das spricht dafür, dass wir *wortwörtlich* mehr über negative Dinge oder Sachverhalte nachdenken als über positive. Forscher haben außerdem herausgefunden, dass wir uns negative Informationen länger merken und bei unseren Entscheidungen stärker berücksichtigen. Auch wenn dieser Negativitätsbias unseren Ahnen dabei geholfen hat, harte Winter und Raubtierangriffe zu überleben, verursacht er heutzutage eher Angststörungen und Depressionen (Falls du hier weiterlesen möchtest: Den Link zu einer interessanten Hirnscan-Studie, publiziert von Oxford Academic, findest du im Anhang auf Seite 260.)

Lass dich von deinem Gehirn nicht in die Irre führen

Alles, was du bisher gelernt hast, hört sich erst mal toll an, doch sobald du dich hinsetzt und dir deine eigenen Gedanken ansiehst, wirst du schockiert sein, wie viele schreckliche Gedanken du hast. Meine Güte, bist du gut darin, dich selbst fertigzumachen. Du bist ganz schön gemein zu dir selbst. Kaum zu glauben, dass du es so weit gebracht hast, mit all den furchtbaren Gedanken, die du hast. BÄH.

Räusper

Was ich hier demonstriere, ist etwas, das ich »Gedanken über deine Gedanken« nenne. Das kann zu einem echten Problem werden, wenn du gerade erst mit dem Tagebuchschreiben anfängst (bis es dir auffällt und du die Zwei-Schritte-Methode auf *diese* Gedanken anwendest und merkst, dass sie hinderlich sind).

Kommen wir noch mal auf die angeborenen Verhaltensweisen des Gehirns zurück, die ich weiter oben schon erwähnt habe, und betrachten sie gemeinsam, damit dieses Problem gelöst wird: (1) Problemlösung als evolutionäre Fähigkeit und (2) Negativitätsbias. Dein Gehirn kann sehr gut Probleme lösen, doch dadurch sieht es auch überall Probleme. Das wäre super, wenn du nicht auch einen Negativitätsbias hättest, der dazu führt, dass du *alles* für ein Problem hältst. Wie zeigt sich das in deinem Alltag (und dem aller Menschen)? In Form von Urteilen.

Du bist eine Heldin im Verurteilen. Du verurteilst deine Nachbarn dafür, wie oft (oder selten) sie den Rasen mähen. Du verurteilst deinen Partner oder deine Partnerin dafür, dass er oder sie selbst die einfachsten Packungen wie ein wildes Tier aufreißt (das ist bei uns wirklich so, mein Mann glaubt nicht an Scheren). Du verurteilst den Angestellten in der Apotheke für seine 1980er-Jahre-Frisur, auch wenn die wirklich nicht mehr in ist. Du verurteilst alle und jeden und am allermeisten dich selbst. Du verurteilst dich sogar dafür, dass du so viel urteilst.

Dabei ist es so: Du sollst so sein. Das ist einfach in der Biologie begründet, die alles, was ihr im Weg steht, unterbuttert und dann in den Autopiloten schaltet. Aber deine Superkraft der Metakognition wird dich retten, indem du über die Gedanken nachdenkst, die du über deine Gedanken hast.

Sei deine eigene mitfühlende Beobachterin

Wenn die Zwei-Schritte-Methode der Schlüssel ist, der in jede Tür passt, ist mitfühlendes Beobachten die Lasermaschine, die den Schlüssel herstellt. Oder vielleicht ist es der Schlüsselmacher, der Schlüssel und Schlösser kennt, herstellt und sie in all ihren Details versteht. Denn das Problem mit unseren Gedanken ist, dass wir so viele davon haben und sie alle wie wild in unserem Kopf herumflitzen. Wenn wir sie aufschreiben, können wir sie vielleicht etwas beeinflussen, aber selbst in dem Moment, in dem wir sie in unserem Tagebuch bearbeiten, stecken wir noch *in* ihnen, glauben, dass sie wahr sind, und fühlen die mit ihnen verknüpften unangenehmen Gefühle.

Um deine Gefühle mitfühlend beobachten zu können, musst du einen Schritt aus ihnen *heraus* machen. Das bedeutet, wahrzunehmen, dass die Gedanken nur Sätze sind, die aus Wörtern bestehen – Tinte auf Papier oder Pixel auf einem Bildschirm. Das bedeutet, sich an einen urteilsfreien Ort zu begeben und andere Blickwinkel zuzulassen.

Eine mitfühlende Beobachterin deiner Gedanken zu sein, ist weniger eine Einstellungssache als eine Tätigkeit, *beobachten* aus einem bestimmten Gefühl heraus: Mitgefühl. Du kannst es jederzeit anwenden, indem du einen Gedanken denkst, der dir selbst Mitgefühl entgegenbringt. (Denke daran, deine Gedanken erzeugen deine Gefühle, und diese führen zu Handlungen.)

Mir fällt das am leichtesten, wenn ich mir meine Gedanken als kleine Kinder vorstelle. Ich habe einige Jahre als Kindergärtnerin gearbeitet, weshalb es mir leichtfällt, mir die Verletzlichkeit und Unvernunft der Kindheit vorzustellen. Wenn ich einen gedanklichen Tobsuchtsanfall bekomme wie *Ich werde nie, nie, nie, nie, nie, NIE das bekommen, was ich will, das ist unfair, alle hassen mich, und zwar diesmal wirklich, ich gebe einfach auf*, stelle ich mir vor, wie ich mich hinknie, meinem unvernünftigen Gehirn in die Augen blicke und sage: »Erzähl mir, was los ist«, während mir gleichzeitig bewusst ist, dass Kinder so denken und sich so verhalten. Sie wissen es nicht besser. Und dein Gehirn auch nicht.

Ein weiterer zuverlässiger Trick ist, mir meine Gedanken als kleine flauschige Tiere wie meinen Hund und meine Katze vorzustellen. Im Grunde genommen sind sie wilde Tiere, die gerade mal so weit domestiziert sind, dass sie manchmal auf mich hören, und gleichzeitig viel zu sehr domestiziert sind, um in der Wildnis zu überleben. Wie kleine Kinder sind sie hilflos und manchmal stur, können sich aber nicht verbal ausdrücken. Ganz im Ernst, wenn du dir deine Gedanken als stur, unreif und etwas dumm vorstellst, bist du auf dem richtigen Weg.

Der effektivste Weg, meinen Gedanken als mitfühlende Beobachterin zu begegnen, ist, zu verstehen, wie und warum mein Gehirn arbeitet. Deshalb habe ich dir zu Beginn des Buchs so viele Informationen zur Kognitions- und Verhaltenswissenschaft mitgegeben. Sie bilden die Grundlage dafür, dass du dich zurücklehnen und sagen kannst: »Ah, natürlich denke ich XYZ, das machen Gehirne halt so.«

Zu wissen, dass dein Gehirn nach negativen Gedanken sucht, sie absichtlich erzeugt, sie für wahr halten will und sie dir aus

Gründen der biologischen Effizienz immer wieder präsentiert, ist der Schlüssel dazu, deine Gedanken als das wahrzunehmen, was sie sind: *einfach nur Gedanken.*

Du bist dran: Übe, deine Gedanken wahrzunehmen

Wenn dies das erste Mal ist, dass du Tagebuch schreibst, bist du vielleicht etwas überfordert. Das ist verständlich, und deshalb machen wir jetzt eine kurze Pause, um diese neue Fähigkeit zu üben, bevor wir versuchen, sie zu verinnerlichen. Nimm dir ein Stück Papier und einen Stift oder öffne ein neues Dokument auf deinem Computer.

Wenn du noch nicht viel Erfahrung beim Tagebuchschreiben hast (selbst wenn du das hast, diese Methode ist anders als das, was du bisher kennst), wird der erste Versuch wahrscheinlich nicht so erfolgreich ausfallen. Das ist zu erwarten. Schraube deine Ansprüche am besten weit herunter und sei dann stolz auf dich, wenn du sie übertriffst.

Lass uns *einen Gedanken* finden. Hier kommt die Frage: **Was denke ich über das Tagebuchschreiben?**

1. Schreibe die erste Sache auf, die dir in den Sinn kommt, egal, ob es damit zu tun hat, ein »guter« Gedanke ist oder die Frage beantwortet. *Zack.* Da ist dein Gedanke. (Denke daran: Alles ist ein Gedanke, also was auch immer gerade in deinem Kopf gewesen ist, ist ein Gedanke.)
2. Schreibe als Nächstes »Ich glaube« davor. Erkennst du den Gedanken als Gedanken? Vielleicht weißt du, dass es eine Meinung ist, aber mache dir jetzt einmal so richtig bewusst, dass dieser von dir aufgeschriebene Satz ein Gedanke ist. Er ist optional. Dein Gehirn hat ihn dir präsentiert, und du kannst selbst entscheiden, ob du ihn glauben willst, selbst wenn es vielleicht viele Beweise dafür gibt.

Wie fühlst du dich, während du diesen Gedanken denkst (nur diesen einen, nicht alle weiteren, die dir davor oder danach gekommen sind)? Gut oder schlecht? Eher gut? Eher schlecht? Oder fühlst du gar nichts? Im letztgenannten Fall bleibe dran, bis du dich entscheiden kannst. Es gibt keine richtige oder falsche Antwort.

3. Wenn das Gefühl gut ist, schreibe das Wort *hilfreich* neben den Satz. Ist das Gefühl unangenehm, schreibe das Wort *hinderlich* auf. Denke einen Moment darüber nach, was das bedeutet. Unangenehme Gedanken helfen dir nicht dabei, das Tagebuchschreiben zu lernen. Jedes Mal, wenn du diese Gedanken denkst, wirst du dich ausbremsen. Hast du aber einen Gedanken gefunden, der sich gut anfühlt, merke ihn dir. Er wird dich dahin bringen, wo du hinwillst.

Zum Weiterdenken

Selbst nachdem du verstanden hast, dass hinderliche Gedanken *nur Gedanken* sind, kann sich diese Methode überfordernd anfühlen, weshalb ich dir den folgenden (möglicherweise) hilfreichen Gedanken mitgeben möchte. Stelle ihn dir als Rettungsring vor, an dem du dich in Momenten, in denen du in hinderlichen Gedanken ertrinkst, festklammern kannst. Warum bezeichne ich ihn als (möglicherweise) hilfreich? Weil nur du (mithilfe der Zwei-Schritte-Methode) herausfinden kannst, ob der Gedanke für dich hilfreich ist.

Hier ist er: *Ich kann neue Gedanken denken.*

Ist dieser Gedanke hilfreich?

Zufälligerweise liebe ich diesen Gedanken, weshalb er für mich sehr hilfreich ist. Wenn ich »Ich kann …« über irgendetwas denke, entspannen sich meine Schultern, mein Herz fühlt sich leichter an und mein Kopf klarer. Und warum ist das so? Nun, eigentlich ist es eine ganz einfache Sache:

Dieser Gedanke erzeugt ein gutes Gefühl in mir (ruhige Zuversicht, eins meiner Lieblingsgefühle), deshalb ist er ein guter, hilfreicher Gedanke.

Aber was ist mit dir?

Sprich den Gedanken laut aus und nimm dir Zeit, dem Gefühl in deinem Körper nachzuspüren. Es ist nicht schlimm, wenn du das Gefühl nicht benennen kannst, prüfe nur, ob es sich gut oder schlecht anfühlt.

Wenn es sich gut anfühlt, ist der Gedanke hilfreich.

Und wenn nicht, kategorisiere ihn als HINDERLICH und lass ihn gehen.

Kompakt: Was du in diesem Kapitel gelernt hast

- Ein veränderter Östrogenspiegel beeinflusst die Gewichtsabnahme, sodass »weniger essen und mehr Sport machen« jetzt ein Problem und nicht die Lösung ist.
- Um dein Gewicht zu reduzieren, solltest du täglich die richtige Anzahl Kalorien essen, genug Wasser trinken, genug schlafen, mäßig Sport treiben und deine Gedanken zu diesen Aufgaben untersuchen.
- Die meisten deiner Gedanken sind automatisch und biologisch bedingt, was bedeutet, dass sie in der Regel unlogisch, hartnäckig und unveränderlich sind.
- Die Zwei-Schritte-Methode, die sich deiner Superkräfte Metakognition und Neuroplastizität bedient, kann dir dabei helfen, Gedanken zu ändern, neue Gedanken zu denken und dich an dein Ziel zu bringen.
- Die Zwei-Schritte-Methode beinhaltet erstens, deine Gedanken zu finden, und zweitens, zu entscheiden, ob sie hilfreich sind, indem du sie aufschreibst und dich fragst, wie du dich dabei fühlst.
- Wahrscheinlich hast du mehr hinderliche als hilfreiche Gedanken, aber das ist okay, weil du lernen kannst, ganz bewusst hilfreiche Gedanken zu denken.
- Wenn du deine Gedanken mitfühlend beobachtest, kannst du dich von ihnen distanzieren, was es leichter macht, sie als hilfreich oder hinderlich zu kategorisieren.

3. Weniger bewegen, mehr schlafen, genug Wasser trinken

Vielleicht fragst du dich, warum es in einem Buch über das Abnehmen so lange dauert, bis wir zum Thema Sport kommen. Oder warum ich Sport in ein Kapitel mit Schlaf und Wassertrinken stecke, als wäre er nicht so wichtig. Alle fünf Gewohnheiten, die du dir mit der 5-0-Methode aneignest, sind untrennbar miteinander verbunden, und dein Erfolg hängt davon ab, dass du alle fünf Gewohnheiten konsequent einhältst. Zwei davon (deine Einstellung und die richtige Anzahl Kalorien) sind ausschlaggebend dafür, dass du Gewicht *verlierst*. Sport, Schlaf und Wasser hingegen stehen eher mit einer Gewichts*zunahme* in Zusammenhang, oder zumindest hindern sie dich am Abnehmen. Wenn du als Frau in den Wechseljahren zu viel Sport machst, zu wenig schläfst und/ oder zu wenig Wasser trinkst, könnte das der Grund sein, warum du dieses Buch liest.

Sport und Gewichtsabnahme

Sport ist so, so, so gut für dich, aber um ehrlich zu sein, hat er wenig mit dem Abnehmen zu tun. Lass uns also zunächst einmal mit ein paar Mythen aufräumen.

Sport führt nicht zum Gewichtsverlust. Theoretisch, wenn du aktuell *gar keinen* Sport machst und an Kalorien *genau* deinen Erhaltungsbedarf abdeckst, könntest du Gewicht verlieren, indem du täglich ein entspanntes 20-minütiges Work-out einschiebst. Diese Voraussetzungen sind im echten Leben allerdings so selten gegeben, dass ich einfach mal behaupte, dass es nie so läuft. Die meisten von uns denken, dass wir »weniger essen und mehr Sport machen« müssen. Dafür machen wir dann täglich eine Stunde Sport und reduzieren unsere Kalorien auf 1200 oder weniger, doch am Ende führt das nur zu einem großen Energiedefizit und bringt überhaupt nichts. Oder wir machen das Gegenteil und belohnen uns für unsere Anstrengungen mit kalorienreichen Leckereien. So oder so ignorieren wir die Komplexität unseres Körpers und seiner Systeme. Die Gewichtsabnahme hängt nicht von einer einzelnen Maßnahme ab, sondern wird durch einen ganzheitlichen Ansatz erreicht, der verschiedene Aspekte beinhaltet (wie die fünf Komponenten der 5-0-Methode).

Sport verbrennt kein Fett. Ja, streng genommen kann Sport Fett verbrennen, doch dein Körper benutzt weitaus häufiger andere Energiereserven, um Aktivität zu ermöglichen. Wenn du Kalorien zu dir nimmst, kann dein Körper einen Teil davon direkt in nutzbare Energie umwandeln (Blutzucker). Normalerweise wird die meiste Energie jedoch für später eingelagert in Form von Glykogen (ein Mehrfachzucker, der in deiner Leber und deinen Muskeln gelagert und stets aufgefüllt wird) oder Fett (das unter deiner Haut oder an deinem Bauch langfristig eingelagert wird). Um eingelagertes Fett in nutzbare Energie umzuwandeln, wird mehr Sauerstoff benötigt, weshalb dein Körper mit hoher Wahrscheinlichkeit zuerst deine Blutzucker- und Glykogenreserven anzapft, um deinen Energiebedarf während des Sports oder im Alltag zu decken. Es wird behauptet, dass man die Glykogenspeicher leeren und so den Körper dazu »zwingen« kann, Fett zu verbrennen, wenn man hungrig Sport macht oder lange genug durchhält, aber selbst dann hat der Körper die Option, zum Beispiel Muskelzellen abzubauen und so Energie zu gewinnen. Dein Körper wählt also den Brennstoff auf Grundlage seines eigenen komplexen Betriebssystems, das die Wissenschaftlerinnen nicht vollständig verstehen.

Sit-ups verbrennen kein Bauchfett, Übungen für den Oberkörper verbrennen kein Fett am Rücken und straffen auch nicht deine Arme. Auch wenn du nichts anderes aus diesem Buch mitnimmst, merke dir das: Dein Körper ist etwas schlauer als dein

Gehirn und viel schlauer als das Internet. Schon bevor du den Sinn dahinter verstehst, wirst du dazu verleitet, deinen Körper akribisch auf Fehler zu untersuchen. Doch dein Körper konzentriert sich auf seine Gesamtheit und wählt den Weg, der dich lebendig, gesund und funktional erhält. Stelle dir vor, dein Körper würde, so wie wir, seine Einzelteile isolieren – deine Lungen würden den Sauerstoff nicht mit deinen Füßen teilen, dein Herz würde alles Blut für sich behalten, deine Beine würden rennen, während deine Arme stillhalten, und dein Gehirn hätte keinerlei Einfluss auf das Ganze. Auch wenn du lieber deiner Idealvorstellung entsprechen würdest, ist dein Körper viel schlauer. Das Fett nur an einer Körperstelle einzulagern, ist ein rein ästhetisches Problem (den Zusammenhang von Bauchfett und Herzkrankheiten mal außen vor gelassen), und schlaffe Haut hat keine gefährlichen Nebeneffekte. Dein Körper lagert Fett an bestimmten Stellen und baut es wieder ab, bedingt von ganz individuellen genetischen Faktoren und Umwelteinflüssen, von denen nur die wenigsten von dir verändert werden können. Lange Rede, kurzer Sinn: Du solltest Sport machen, weil es generell gut für die Gesundheit ist, und nicht, weil du ein bestimmtes Aussehen erreichen willst.

Wenn du gerne Sport machst, wird dir das nicht gefallen

Sport ist nicht nur nicht so effektiv, wie du glaubst, er kann in den Wechseljahren auch dazu führen, dass du zunimmst, wie bei mir. In den letzten gut fünfzehn Jahren bin ich Zehntausende Kilometer gelaufen und habe an mehr als 100 Läufen teilgenommen, mit Strecken von 5 bis 110 km. Ich bin keine besonders schnelle Läuferin, aber ich habe ein Rennen als schnellste Frau gewonnen (und das sogar auf die 100-km-Distanz) und einige Medaillen als eine der drei schnellsten in meiner Altersgruppe. Ein unvergessliches Erlebnis war die Qualifikation für den Boston-Marathon – einer der wenigen Läufe weltweit, für den man sich nicht einfach anmelden kann, sondern für den man sich mit einer bestimmten Bestzeit qualifizieren muss. Ich laufe zum Spaß. Ich laufe zum Vergnügen. Ich laufe mit meinem Mann und meinen Kindern, als Familienaktivität. Ich laufe, wenn ich glücklich oder traurig bin oder wenn mich etwas beschäftigt, das ich nicht anders lösen kann. Ich bin einen Marathon im strömenden Regen und Sturm gelaufen und einen Ultramarathon bei knapp 40 °C. Ich liebe das Laufen. Ich liebe es *wirklich*, und ich habe einen Großteil der letzten zwanzig Jahre viel Zeit, Energie und Geld in diesen Sport investiert. Kurz gesagt: Laufen ist mein Leben beziehungsweise *ist* mein Leben *gewesen*, bis die Wechseljahre mich dazu gezwungen haben, es aufzugeben.

Wir haben in Kapitel 2 gelernt, dass Östrogen uns dabei hilft, uns nach dem Sport zu erholen. Die genauen Mechanismen sind noch nicht erforscht, aber für alle, die Sport lieben, gehören zu den Auswirkungen des Östrogenmangels Muskelkater, Müdigkeit, ein erhöhtes Verletzungsrisiko, ein Burn-out und ungewollte Fetteinlagerungen. Als Östrogen uns in der Erholungsphase noch unterstützt hat, haben wir nach Herzenslust trainieren können. Natürlich haben wir uns zwischendurch erholen müssen, doch haben wir uns meist recht schnell regeneriert. Nur nach Tagen mit größten Anstrengungen hast du nicht gleich am nächsten Tag wieder fest im Sattel gesessen (oder in den Sportklamotten gesteckt). Und selbst nach einer intensiven Anstrengung hast du dich zwei Tage später wieder wie neu gefühlt. Doch jetzt, da das Östrogen dich im Stich gelassen hat, können dir deine Work-outs (in der gewohnten Intensität und Länge) mehr schaden als nutzen.

Ich bin weder Wissenschaftlerin noch Ärztin, weshalb eine genaue Erklärung, wie sich der veränderte Hormonspiegel auf die sportliche Leistungsfähigkeit auswirkt, den Rahmen dieses Buchs sprengen würde. Ich will aber eine grobe Übersicht darüber geben, wie der Körper während der Wechseljahre und danach auf Sport reagiert: Während du Sport machst, beschädigst du deine Muskeln mit Hunderten Mikroverletzungen. Das ist normal, und dein Körper ist in der Lage, diese Schäden nicht nur zu verkraften, sondern sich selbst so zu reparieren, dass er anschließend stärker ist als zuvor.

Als Erstes benachrichtigt dein Immunsystem deinen Körper mithilfe eines Entzündungsalarms über die Verletzungen. Einer der Notfallhelfer ist das Hormon Cortisol. Wie wir schon im letzten Kapitel gelernt haben, ist Cortisol gut für dich (wenn es passend dosiert ist und korrekt arbeitet) und fungiert als Entzündungshemmer, während es zusätzlich deinen Blutzuckerspiegel und deinen Blutdruck hebt, um dein Energielevel konstant zu halten.

Dann aber wird es in der Wissenschaft etwas unklar. Einige Studien – siehe Quellen im Anhang ab Seite 259 – zeigen einen Zusammenhang zwischen einem niedrigen Östrogenspiegel und einer langsameren Muskelregeneration, wobei die genauen Mechanismen und die Wechselwirkung der beiden Hormone sowohl unklar als auch noch zu wenig erforscht sind. Bekannt ist, dass Frauen in den Wechseljahren länger brauchen, um sich von einer sportlichen Betätigung zu erholen, und gleichzeitig ein größeres Risiko für eine Insulinresistenz haben (wahrscheinlich aufgrund desselben hormonellen Austauschs – Cortisol erhöht den Blutzucker, und ohne Östrogen, das zum Ausgleich beiträgt, bleibt der Blutzucker hoch und wird schließlich resistent gegen Insulin) sowie für einen beschleunigten Muskelabbau. Auch dies ist möglicherweise das Ergebnis eines verringerten Östrogenspiegels, der den erhöhten Cortisolspiegel nicht ausgleicht, der Muskelgewebe abbaut, um den Blutzucker hochzuhalten.

Als Nächstes kommt es zu einer chronischen Stressreaktion – die du wahrscheinlich schon am eigenen Leib erfahren hast, wenn du weiterhin so viel Sport gemacht hast wie vor den Wechseljahren –, die Symptome wie Fetteinlagerungen an Bauch und Oberkörper, Hirnnebel, Erschöpfung, Verdauungsprobleme, Angstzustände und Schlafstörungen mit sich bringt. Ja, durch zu viel Sport.

Selbst wenn du Sport hasst, wirkt sich das auf dich aus

Das chronische Stresssyndrom wird nicht nur durch übermäßige Bewegung ausgelöst, sondern auch durch die hormonellen Veränderungen selbst, was bedeutet, dass sich die Symptome *verschlimmern* können, wenn du dich überhaupt nicht bewegst. Leider stehen mit dem allgegenwärtigen Bewegungsmangel nicht nur die bereits erwähnten Probleme wie Bauchfett, Gereiztheit, Konzentrationsprobleme und eine langsame Verdauung in Zusammenhang, sondern auch ernst zu nehmende Faktoren wie Herz-Kreislauf-Erkrankungen (auch ohne Übergewicht), Gelenkprobleme und ein gestörtes Immunsystem.

Du kannst zwar ohne Sport Gewicht verlieren, weil die wichtigsten Faktoren für eine Gewichtsabnahme sind, dass du (1) daran glaubst und (2) ein leichtes Kaloriendefizit über längere Zeit aufrechterhältst, aber das heißt nicht, dass das der beste Weg ist. Dein Körper ist dazu da, bewegt zu werden, er will sich bewegen, und er funktioniert am besten, wenn er regelmäßig bewegt wird. Die durch Bewegungsmangel ausgelösten Gesundheitsrisiken sind gut erforscht und sollten ernst genommen werden.

Sich moderat bewegen

Welches Maß an Sport ist *genau richtig*, damit du während der Wechseljahre und danach abnimmst? Welches Sportpensum für dich passend ist, hängt von dir ab. »In Maßen« steht nicht für eine bestimmte Anzahl von Minuten oder eine bestimmte Pulsfrequenz, nicht einmal für ein bestimmtes Work-out, das dir eine Abnehmgarantie gibt. In Maßen Sport zu treiben, liegt allein in deiner Verantwortung und basiert auf deinem Alter, deiner sportlichen Vorgeschichte und deinem aktuellen Fitnesslevel oder Verletzungsgrad. Je nach Tagesform kann ein Work-out für dich anstrengend sein oder nicht, je nachdem, was du kurz vorher gegessen, wie viel du getrunken oder geschlafen hast und wie dein mentales Stresslevel aktuell ist. Am besten stellst du dir Mäßigung nicht als starren objektiven Standard vor, sondern als Skala, die sich täglich verändern kann (und das auch tut).

Wie du dein persönliches »Maß« findest

Ich will dir einen Leitfaden an die Hand geben und dich dazu ermutigen, mit deinem Sportpensum zu experimentieren und dich an langfristigen Ergebnissen zu orientieren. Damit meine ich nicht nur die auf der Waage, sondern auch, wie viel Energie du im Alltag hast, ob du dich verletzt (oder noch besser, dass du keine Verletzungen hast) und wie viel Spaß dir Sport macht.

Meine Empfehlung zum Einstieg: Bewege dich jeden Tag 23 Minuten.

Warum so eine krumme Zahl? Nun, erstens kommst du mit 23 Minuten am Tag, sieben Tage die Woche, auf die 150 Minuten moderate Bewegung pro Woche, die unter anderem von der Weltgesundheitsorganisation (WHO) empfohlen werden. Außerdem habe ich festgestellt, dass 20 bis 25 Minuten der ideale Wert sind.

Natürlich gibt es keine Einheitsgröße, wenn es um Sport, Gewichtsabnahme oder deinen Körper geht. Deshalb kommen hier ein paar Parameter, die du im Kopf behalten solltest.

- Falls du aktuell verletzt bist oder dich gerade von einer Verletzung erholst, sollte deine einzige Aktivität die Physiotherapie sein. Physiotherapeutische Übungen sind speziell dafür da, muskuläres Ungleichgewicht und problematische Bewegungsmuster zu korrigieren. Mit deinen »normalen Übungen« kannst du ungewollt die Muster verstärken, die du eigentlich ändern willst. Außerdem könnte ein zusätzliches Work-out zu viel für dich sein, was deinen Erfolg beim Abnehmen schmälern könnte. Denke daran, dass zu viel Bewegung zu einer Gewichtszunahme statt zu einer Gewichtsabnahme führt.
- Wenn du aktuell deutlich mehr Sport machst als die angegebenen 23 Minuten, ohne dass du verletzt, launisch oder ausgebrannt bist, *kann* es sein, dass dein Körper mit längeren Einheiten zurechtkommt. Reduziere dein Pensum auf ungefähr

60 Prozent und behalte die Signale deines Körpers sowie dein Gewicht genau im Auge.

- Wenn du aktuell gar keinen Sport treibst, werden 23 Minuten für den Anfang wahrscheinlich viel zu viel sein und deinen Körper direkt in eine chronische Stressreaktion befördern. Beginne mit maximal fünf Minuten bewusstem Sport und steigere dich alle paar Wochen um ein bis zwei Minuten.

Ob du im genau richtigen Maß Sport treibst, erkennst du daran, dass es sich so anfühlt, als könntest du *genau das Work-out* (Dauer, Intensität und Größe der Gewichte, wenn du welche benutzt) *jeden Tag für den Rest deines Lebens machen.* Wenn du das Gefühl hast, »dich richtig anzustrengen«, »das Brennen zu spüren« oder »hart zu arbeiten«, dann machst du wahrscheinlich zu viel.

»Ich will nicht meine gesamte Fitness verlieren, nur damit ich Gewicht verliere.«

Diese Sorge haben viele athletische Frauen in den Wechseljahren, doch leider sieht die ungeschminkte unbequeme Wahrheit so aus: Du *verlierst* Muskelmasse, wenn du zu viel Sport machst. Ein chronisch erhöhter Cortisolpegel verstärkt den Abbau deiner Muskeln (Muskelschwund), drosselt die Proteinbiosynthese, die neues Muskelgewebe aufbauen würde, und hemmt die Ausschüttung der Hormone, die für das Muskelwachstum zuständig sind. Dementsprechend ist der beste Weg, deine Fitness zu erhalten oder sogar zu steigern, die richtige Menge Sport zu treiben, was wahrscheinlich weniger (bezogen auf die Länge oder Intensität, wenn nicht beides) ist, als du es gewohnt bist.

Ist der Cortisolspiegel nicht mehr so hoch, baut dein Körper immer noch gerne Muskeln auf (wenn auch durch die längere Erholungszeit in den Wechseljahren langsamer als früher). Du musst also nicht für immer auf schwere Gewichte und lange Läufe verzichten, du kannst immer noch sportliche Leistung erbringen. Es geht nur darum, *anders* zu trainieren, um so fit zu bleiben, wie du es möchtest.

»Das reicht nicht« und andere ausgetretene WEGe zum Thema Sport

Ich habe dir gerade eine Menge Informationen zugemutet, die vermutlich in direktem Gegensatz zu allem stehen, was du jemals darüber gehört hast, wie Bewegung funktioniert und wie du Gewicht verlierst. Deshalb ist es jetzt an der Zeit, deine WEGe (beziehungsweise *meine* WEGe) zu ergründen, damit du nach vorne schauen und dein Zielgewicht erreichen kannst.

Ich habe beim Tagebuchschreiben zehn relevante Gedanken definiert. Unten findest du eine bearbeitete Version meines Tagebucheintrags (ich erkläre später, warum ich den Eintrag bearbeitet habe).

Reflexionsfrage: Was denke ich darüber, 23 Minuten am Tag Sport zu machen, um Gewicht zu verlieren?

ICH HASSE ES.

DAS REICHT NICHT.

OHNE MEHR AUSDAUERSPORT KANN ICH KEIN GEWICHT VERLIEREN.

ICH VERBRENNE NICHT GENÜGEND KALORIEN.

DAS WIRD NIE FUNKTIONIEREN.

DAS KANN NICHT FUNKTIONIEREN.

DAS MUSS FALSCH SEIN.

ICH KANN DAS NICHT.

ICH MUSS MEHR MACHEN.

ICH WILL MEHR MACHEN.

Mir war direkt klar, dass diese Gedanken hinderlich sein würden, weil ich beim Aufschreiben so wütend wurde. Während des Schreibens habe ich mich mehrfach dabei ertappt, wie ich in eine Schimpftirade abgedriftet bin und über das Gefühl der Wut geschrieben habe und wie verraten ich mich fühle und warum die Wechseljahre echt mies sind. Und dann habe ich mich selbst dafür verurteilt, diese Gedanken zu haben.

Es kann gut sein, dass du auch manchmal in so ein Loch fällst, und das ist völlig in Ordnung. Das gehört zum Lernprozess dazu, und es ist eine gute Übung, wenn du es bemerkst. Ich habe mich dann aber gezügelt und mich wieder auf das Thema konzentriert. Ich empfehle dir, auch darauf zu achten, ob und wann du in deinem Tagebuch »meckerst«. Das Ergebnis der Zwei-Schritte-Methode soll Selbsterkenntnis sein (zu wissen, was wir denken), und das erreichst du am besten, wenn du dich auf ein Thema fokussierst.

Unser Gehirn steckt Ideen gerne in Schubladen (wie ich in Kapitel 2 schon beschrieben habe, sortieren wir unsere Eindrücke durchgehend, weil wir so viel auf einmal wahrnehmen), und es gibt kein Limit dafür, wie viele Gedanken in eine Schimpftirade gestopft werden können. Ich stelle mir das so vor, als würde mein Gehirn in einem riesigen Supermarkt einkaufen. Ich betrete den Laden mit dem Gedanken »Ich brauche nur Shampoo«, doch plötzlich fällt mir ein, dass ich noch die Sofakissen ersetzen will und das Druckerpapier ausgeht. Das ist wie mein Gehirn, das bei »Was denke ich darüber, 23 Minuten am Tag Sport zu machen?« einsteigt und am Ende bei »Was zur Hölle stimmt nicht mit mir und meinem Leben, was mache ich hier eigentlich?« herauskommt.

Statt deinem Gehirn die Kreditkarte in die Hand zu drücken und es den Einkaufswagen füllen zu lassen, versuche, dich so gut es geht daran zu erinnern, warum du hier bist (Selbsterkenntnis) und wie du deine Aufgabe erledigst (mithilfe einer Methode).

Das sind Gedanken, keine Tatsachen

Der nächste Schritt der Methode ist, deine Gedanken als Gedanken wahrzunehmen. Nur am Rande erwähnt: Ich persönlich finde diesen Teil am schwierigsten, weil die Gedanken ein Gefühl der Wut hervorrufen. Je wütender ich werde, desto wahrer kommen mir meine Gedanken vor. Aber es sind trotzdem nur Gedanken, deshalb lass uns »Ich glaube« vor jeden Satz schreiben, als Erinnerung.

Ich glaube, ich hasse es.

Ich glaube, das reicht nicht.

Ich glaube, ohne mehr Ausdauersport kann ich kein Gewicht verlieren.

Ich glaube, ich verbrenne nicht genügend Kalorien.

Ich glaube, das wird nie funktionieren.

Ich glaube, das kann nicht funktionieren.

Ich glaube, das muss falsch sein.

Ich glaube, ich kann das nicht.

Ich glaube, ich muss mehr machen.

Ich glaube, ich will mehr machen.

Wie fühlen sich diese Gedanken an?

Übrigens fällt es mir auch schwer, das spezifische Gefühl für jeden Satz zu benennen, wenn das Gesamtgefühl beim Schreiben die Wut ist. Für mich fühlt sich Wut oft wie eine unruhige Energie an, und ich will am liebsten aufspringen und sie durch Bewegung loswerden. Denke daran, deine Gefühle bestimmen dein Handeln, und das ist der Beweis. Es kann dir einiges abverlangen, konzentriert bei der Sache zu bleiben.

Falls du es mal – zum Beispiel in der Lernphase hier, am Anfang deiner Tagebuchpraxis – nicht schaffst, alle Schritte der Zwei-Schritte-Methode zu durchlaufen, ist das nicht schlimm. Es ist nie zu spät, zu einem anderen Zeitpunkt da weiterzumachen, wo du aufgehört hast. Manchmal ist eine Pause sogar hilfreich, da sie Distanz zu deinen Gedanken, den von ihnen ausgelösten Gefühlen und deiner Selbsterkenntnis schafft.

Ich glaube, ich hasse es. [schlecht/wütend]

Ich glaube, das reicht nicht. [schlecht/besorgt]

Ich glaube, ohne mehr Ausdauersport kann ich kein Gewicht verlieren. [schlecht/erregt]

Ich glaube, ich verbrenne nicht genug Kalorien. [schlecht/besorgt]

Ich glaube, das wird nie funktionieren. [schlecht/resigniert]

Ich glaube, das kann nicht funktionieren. [schlecht/uneinsichtig]

Ich glaube, das muss falsch sein. [schlecht/drängend]

Ich glaube, ich kann das nicht. [schlecht/hoffnungslos]

Ich glaube, ich muss mehr machen. [schlecht/drängend]

Ich glaube, ich will mehr machen. [schlecht/sehnsüchtig]

Undefinierbare Sorgen

Von den zehn Gedanken, die ich zum Thema »23 Minuten Sport täglich« hatte, sind fünf etwas, das ich »undefinierbare Sorgen« nenne – eine bestimmte Art von hinderlichen Gedanken, deren spezifische Eigenschaft vor allem ein Fehlen von Genauigkeit ist. Zum Beispiel Gedanken, die Wörter oder Phrasen wie »zu viel«,

»zu wenig«, »nicht genug«, »mehr«, »weniger«, »nicht gut genug«, »zu wenige«, »genug«, »zu viele« oder eine andere unspezifische Mengenangabe beinhalten.

Interessanterweise sind die von diesen Gedanken ausgelösten Gefühle oft auch undefinierbar. Du spürst vage Angst, Stress oder eine andere Art von Unwohlsein, die du nicht bestimmen kannst. Besonders bei Gedanken, die ein Gefühl der Dringlichkeit auslösen (zum Beispiel die Sätze »Das muss falsch sein« und »Ich muss mehr tun« aus meinem Tagebucheintrag), wirst du das Bedürfnis haben, einfach *irgendetwas* zu unternehmen, selbst wenn du nicht weißt, was.

Oberflächlich betrachtet können undefinierbare Sorgen hilfreich klingen, weil sie dich zu einer Handlung animieren wollen, von der du denkst, dass sie dir beim Erreichen deines Ziels hilft, zum Beispiel »mehr« Ausdauersport zumachen oder »weniger« Kalorien zu essen. Doch weil sie so unspezifisch sind, erzeugen sie fast immer ein Gefühl des Unwohlseins, was sie ganz eindeutig als hinderlich definiert.

Sind diese Gedanken hilfreich oder hinderlich?

Jetzt stehen wir hier, am Ende einer weiteren Tagebucheinheit, mit einer weiteren Liste an Gedanken, die schlechte Gefühle in uns verursachen, also lass uns unserem Gehirn verdeutlichen, dass all diese Gedanken hinderlich sind.

Ich glaube, ich hasse es. [schlecht/wütend] hinderlich

Ich glaube, das reicht nicht. [schlecht/besorgt] hinderlich

Ich glaube, ohne mehr Ausdauersport kann ich kein Gewicht verlieren. [schlecht/erregt] hinderlich

Ich glaube, ich verbrenne nicht genügend Kalorien. [schlecht/besorgt] hinderlich

Ich glaube, das wird nie funktionieren. [schlecht/resigniert] hinderlich

Ich glaube, das kann nicht funktionieren. [schlecht/uneinsichtig] hinderlich

Ich glaube, das muss falsch sein. [schlecht/drängend] hinderlich

Ich glaube, ich kann das nicht. [schlecht/hoffnungslos] hinderlich

Ich glaube, ich muss mehr machen. [schlecht/drängend] hinderlich

Ich glaube, ich will mehr machen. [schlecht/sehnsüchtig] hinderlich

Du bist dran: Übe die Zwei-Schritte-Methode

Wie schon in Kapitel 2 will ich die Übung kurz und einfach gestalten, sodass du sie ausprobieren kannst, ohne direkt überfordert zu sein. Du bist auf der Suche nach nur **einem Gedanken,** und hier ist die Frage: **Was denke ich darüber, meine Gewohnheiten zu verändern?**

Schreibe den ersten Gedanken auf, der dir in den Sinn kommt – egal, was es ist, das ist dein Gedanke. Nimm dir einen Moment Zeit, ihn genau anzusehen und dir bewusst zu machen, dass es nur ein Gedanke ist, schreibe dann »Ich glaube« davor.

Sage dir den Gedanken vor, entweder laut oder in deinem Kopf, und spüre in deinen Körper hinein, wie du dich dabei fühlst. Schlägt dein Herz schneller als sonst, ist deine Kehle eng geworden? Sind deine Arme oder Beine zappelig? Wenn du das Gefühl, das der Gedanke ausgelöst hat, benennen kannst, ist das super, aber es reicht auch, das Gefühl als **gut** oder **schlecht** einzuordnen.

Wenn das Gefühl gut ist, schreibe das Wort HILFREICH neben deinen Gedanken. Wenn das Gefühl schlecht ist, das Wort HINDERLICH. Mache dir noch einmal klar, warum du das machst: Du hast ein Ziel, für das du deine Gewohnheiten ändern musst. Wenn sich deine Gedanken dazu aber schlecht anfühlen, wird es dir schwerfallen, etwas zu verändern. Dieser Gedanke ist also HINDERLICH für das Erreichen deines Ziels.

Zum Weiterdenken

Denke daran, dass deine automatischen Gedanken wahrscheinlich eher hinderlich als hilfreich sind. Es ist nicht schlimm, beim Tagebuchschreiben nur hinderliche Gedanken zu finden. Das Ziel des Tagebuchschreibens ist, deine Selbstwahrnehmung zu schulen, nicht, deine Probleme zu lösen oder dich besser zu fühlen. Zum Glück gehört zur Selbsterkenntnis auch, hilfreiche Gedanken wahrzunehmen, und das geht am besten, wenn du dich ab und zu auf die Suche nach neuen hilfreichen Gedanken begibst. Teste sie am besten mit der Zwei-Schritte-Methode, um sicherzugehen, dass sie gute Gefühle in dir hervorrufen, und setze dich ihnen bewusst aus.

Hier kommt ein (möglicherweise) hilfreicher Gedanke über mögliche Veränderungen an deinen Sportgewohnheiten: **Ich treibe genau die richtige Menge Sport, um mein Ziel zu erreichen.**

Dieser Gedanke fühlt sich für mich aus zwei Gründen besonders hilfreich an: Erstens versichert er mir, dass ich es richtig mache (Ich liebe es, Regeln zu befolgen, besonders, wenn ich sie selbst aufstelle), und zweitens erinnert er mich daran, dass ich ein bestimmtes Ziel habe, das ich erreichen will (und ich erreiche gerne meine Ziele). Das Gefühl, das in mir entsteht, wenn ich mir den Gedanken »Ich treibe genau die richtige Menge Sport, um mein Ziel zu erreichen« vorsage, ist *ruhige Gewissheit.*

Ist dir aufgefallen, dass dieser (möglicherweise) hilfreiche Gedanke nicht das Wort »genug« beinhaltet? Statt unserem

Gehirn die Möglichkeit zu geben, in »undefinierbaren« Begriffen zu denken, beinhaltet dieser Satz eine Genauigkeit, die auf viele Menschen beruhigend wirkt. Löst dieser Satz ein Gefühl der Selbstsicherheit in *dir* aus? Oder bist du skeptisch? Spüre in deinen Körper hinein und achte auf deine Reaktion. Der Gedanke ist nur dann hilfreich, wenn er sich *für dich gut anfühlt.*

Schlaf und Gewichtsabnahme in den Wechseljahren

Wie schläfst du so, seitdem du dich in den Wechseljahren befindest? Ziemlich schlecht? Eine der häufigsten Beschwerden von Frauen in den Wechseljahren sind die scheinbar plötzlich beginnenden Schlafstörungen durch Hitzewallungen, nächtliche Schweißausbrüche, Schlaflosigkeit und Sorgenspiralen. Wenn du Schlafstörungen hast, wirst du vielleicht nicht gerne hören, dass genügend Schlaf einer der fünf Punkte der 5-0-Methode ist.

Fangen wir mit den guten Neuigkeiten an: Du musst für einen Gewichtsverlust nicht zwingend gut schlafen, und du wirst dein aktuelles Gewicht nicht beibehalten, nur weil guter Schlaf in deinen Vierzigern auf der Strecke geblieben ist. Erholungsphasen sind wichtig, um abnehmen zu können, aber wie bei den anderen Punkten der 5-0-Methode darfst du selbst herausfinden, wie viel Schlaf genug *für dich* ist, statt allgemeine Tipps zu befolgen.

Cortisol beeinträchtigt auch den Schlaf

Hormone sind so cool. Wie sie miteinander interagieren, um unsere Körperprozesse zu steuern, fasziniert mich immer wieder. Cortisol zum Beispiel, das »Starthormon«, das deinen Blutdruck und Blutzucker steigen lässt und dir Energie gibt, wenn du gerade eher wenig davon hast. Wie wir schon besprochen haben, hast du vielleicht zu wenig Energie, weil du zu wenige Kalorien isst oder gerade zu intensiv trainiert hast, weshalb Cortisol ausgeschüttet wird, damit du den Tag überstehst.

Aber Cortisol hat auch noch eine andere Aufgabe, die du als Frau in den Wechseljahren bemerkst: Es hilft bei der Regulation deines Schlaf-Wach-Rhythmus. Dein Körper produziert regelmäßig Cortisol (nicht nur aufgrund von Stress, sondern weil dein Körper zu manchen Zeitpunkten natürlicherweise mehr Energie braucht), was bedeutet, dass dein Cortisolspiegel morgens höher sein sollte als abends.

Du kannst dir vielleicht vorstellen, wie dein Schlaf davon beeinflusst wird, wenn du einen chronisch erhöhten Cortisolspiegel hast, der auf eine Kombination aus niedrigem Östrogenspiegel, Unterernährung und/oder übermäßigem Sport – oder vielleicht aus allen drei Faktoren – zurückzuführen ist. Wenn dein Cortisolspiegel abends so hoch ist, wie er eigentlich morgens sein sollte, ist es kein Wunder, dass du nicht ein- und durchschlafen kannst. Und was macht dein Körper am nächsten Morgen, wenn du aufgrund des Schlafmangels ganz schlapp bist, um Energie zu generieren? Er schüttet noch mehr Cortisol aus. Ein richtiger Teufelskreis.

Aus der Abnehmperspektive wird es noch »interessanter« (Achtung: Sarkasmus), weil Schlafmangel nicht nur das Cortisol beeinflusst, sondern auch andere Hormone, die für Faktoren wie Hunger, Sättigung und Blutzuckerregulierung zuständig sind. Kann dein Körper sich nachts nicht durch Schlaf erholen, will er den Energiebedarf decken, indem die Hungersignale gesteigert und das Sättigungsgefühl verringert werden. Das führt dazu, dass du mehr isst und dich weniger satt fühlst, während dein Blutzucker hoch bleibt, was langfristig zu einer Insulinresistenz führen kann.

Und dann gibt es noch den Nachtschweiß

Da wir gerade bei Teufelskreisen sind, lass uns über den Zusammenhang von Schlafmangel und Thermoregulation sprechen (oder eher über ihre Abwesenheit, die nächtliche Schweißausbrüche verursacht). Die genauen Gründe für Hitzewallungen im Schlaf sind unbekannt, stehen jedoch in engem Zusammenhang mit den Hormonschwankungen während der Wechseljahre. Aus welchem Grund auch immer kann dein Körper seine Temperatur plötzlich nicht mehr so gut regulieren, und – *zack* – brennen dein Kopf und dein Hals, und dein Körper ist schweißbedeckt.

Nachtschweiß ist unangenehm und führt dazu, dass du zur Schlafenszeit hellwach bist. In extremen Fällen führen diese Thermoregulationsprobleme zu Schlaflosigkeit. Und weißt du, was durch den Schlafmangel ausgelöst wird? Deine Körpertemperatur steigt an und kann sich nicht stabilisieren, was zu noch mehr nächtlichen Schweißausbrüchen führt. Was zu mehr Schlafmangel führt. Was soll frau in den Wechseljahren da machen?

Die Antwort der 5-0-Methode: Kontrolliere, was du kannst, und lass deinen Körper den Rest erledigen

Frage ich Google, wie viele Stunden Schlaf erwachsene Frauen (und Männer) jede Nacht brauchen, steht in jedem Artikel »zwischen sieben und neun Stunden Schlaf, um optimal funktionieren zu können«. Das scheint eine unumstößliche Tatsache zu sein, die ich nicht bestreiten möchte. Ich will dich allerdings dazu ermutigen, diese Information eher als Orientierung statt als feststehende Regel zu sehen, genau wie die Kalorienkalkulation aus Kapitel 2 und die Sportempfehlungen am Anfang dieses Kapitels.

Vielleicht bekommst du aktuell keine sieben bis neun Stunden guten Schlaf, aus verschiedenen Gründen, nicht zuletzt aufgrund der Wirklich Einengenden/Hinderlichen Gedanken, der WEGe, die wir uns gleich ansehen werden. Auch wenn es sich vielleicht so anfühlt, als könntest du nichts verändern, gibt es Strategien, mit deren Hilfe du sowohl die Quantität als auch die Qualität deines Schlafs verbessern kannst. Diese hier ist mein Favorit: **Gehe jeden Abend um dieselbe Zeit ins Bett, stehe morgens um dieselbe Zeit auf und mache dir keine Gedanken darüber, wie viele Stunden du dazwischen tatsächlich geschlafen hast.**

Bezweifelst du die Wirkung dieses Ratschlags? Wunderbar, das heißt, dass du wirklich hinderliche Gedanken hast. Warum soll das wunderbar sein? Na ja, die WEGe sind nicht wunderbar, aber deine wachsende Fähigkeit, sie zu erkennen, ist wunderbar. Die meisten von uns beginnen diese Reise in dem Glauben, dass wir uns einfach zwingen können, positive Gedanken zu denken und unsere Ziele durch pure Willenskraft zu erreichen. Aber du verstehst langsam, dass du auf den falschen WEGen bist, und je schneller du sie findest und als hinderlich kategorisierst, desto schneller erreichst du dein Ziel. Das ist wunderbar.

Schlaf-WEGe

Tatsächlich liebe ich es, zu schlafen. Es fällt mir leicht, dem Schlaf Vorrang einzuräumen, und ich habe eine feste Routine vor dem Einschlafen und nach dem Aufstehen. Als ich mich auf das Tagebuchschreiben zu diesem Thema vorbereitet habe, nahm ich an, dass ich keine hinderlichen Gedanken zum Thema Schlaf haben würde. Und doch spürte ich dabei einen kleinen Zweifel an mir nagen.

Wie aufregend. Vielleicht würde ich doch WEGe finden. Also habe ich mich ans Schreiben gemacht, offen und neugierig darauf, was seinen Weg auf die Seite finden würde.

Reflexionsfrage: Was denke ich darüber, acht Stunden zu schlafen?

DAS FÜHLT SICH WUNDERBAR AN.

ICH LIEBE ES, ZU SCHLAFEN.

SCHLAF IST WUNDERVOLL.

ACHT STUNDEN SCHLAF TUN MIR GUT.

DAS IST MEIN NORMALER RHYTHMUS.

Ich werde mich nicht lange damit aufhalten, den Prozess der Zwei-Schritte-Methode hier aufzuzeigen, weil du direkt sehen kannst, dass das alles hilfreiche Gedanken sind.

ICH GLAUBE, DAS FÜHLT SICH WUNDERBAR AN. [ERHOLT/GUT] HILFREICH

ICH GLAUBE, ICH LIEBE ES, ZU SCHLAFEN. [ZUFRIEDEN/GUT] HILFREICH

ICH GLAUBE, SCHLAF IST WUNDERVOLL. [UNSPEZIFISCH/GUT] HILFREICH

ICH GLAUBE, ACHT STUNDEN SCHLAF TUN MIR GUT. [GESUND/GUT] HILFREICH

ICH GLAUBE, DAS IST MEIN NORMALER RHYTHMUS. [ZUFRIEDEN/GUT] HILFREICH

Was für eine schöne Überraschung, dass ich direkt eine ganze Handvoll hilfreicher Gedanken gefunden hatte! Auch wenn ich sie hier schnell abhandele, habe ich mir dennoch die Zeit genommen, sie anzusehen. Automatische hilfreiche Gedanken sind ein Geschenk des Gehirns, und es tut gut, sich genauso lange (oder länger) mit ihnen zu beschäftigen wie mit hinderlichen Gedanken. »Ich glaube« vor jeden dieser Gedanken zu schreiben, hilft dabei, den Gedanken als Option wahrzunehmen, für die du dich aktiv entscheiden kannst. Schlaf fühlt sich für dich nicht wunderbar an, weil das eine Eigenschaft von Schlaf ist, sondern weil du es so empfindest. Und jeden Gedanken als hilfreich zu kategorisieren, wird deinem Gehirn vermitteln, dass du diese Gedanken bitteschön häufiger denken willst.

Wenn ich nicht diesen kleinen Zweifel verspürt hätte, wären diese fünf Sätze das Ende meiner Tagebuchsitzung gewesen. Aber weil ich diese vagen Zweifel hatte, wollte ich noch eine andere Perspektive ausprobieren.

Die erste Frage ist nicht immer die richtige – du darfst mehrere stellen

Du wirst die Nutzung deines Tagebuchs mit der Zeit an deine persönlichen Vorlieben anpassen. Eins meiner Ziele in diesem Buch ist, dass du *deinen* Weg findest. Auch wenn ich dir sehr spezifische, detaillierte und festgelegte Anweisungen gebe, wie du dein Tagebuch führen sollst – es ist dein Tagebuch. Du erstellst es, es geht um dich, ist für dich. Habe Spaß damit, spiele damit und bleibe neugierig. Und denke daran, dass es immer einen anderen Weg gibt, mehr Selbsterkenntnis zu erreichen.

Du kannst dir immer wieder andere Fragen stellen – es gibt keine falschen Fragen. Manchmal löst eine Frage vielleicht eine schmerzhafte Reaktion in dir aus, die sich so wahr anfühlt, dass du nicht dagegen ankommst. Oder du stellst eine Frage, auf die dein Gehirn nur »Ich weiß es nicht« antworten kann, oder du findest keine hinderlichen Gedanken, die dich von deinem Ziel abhalten. In diesen Situationen fühlst du dich vielleicht, als sei das »schlechtes Tagebuchschreiben«, doch ich will dich dazu ermutigen, das als hinderlichen Gedanken wahrzunehmen. Die besten Schreibeinheiten sind die, die du zu Ende bringst.

In diesem Fall brauchte meine Schreibeinheit zwei Fragen, neben der ersten auch die nächste, mithilfe derer ich die hinderlichen Gedanken fand, die im Hintergrund lauerten. Da du mittlerweile vertrauter mit der Zwei-Schritte-Methode bist, gehen wir hier jetzt schneller durch. Aber blättere bei Bedarf gerne noch mal zurück zu Kapitel 1.

Reflexionsfrage: Was denke ich darüber, jede Nacht acht Stunden zu schlafen?

ICH KANN NICHT DURCHSCHLAFEN.

ICH MUSS MIT BLOSSOM AUFSTEHEN. (Blossom ist mein alter, halb-inkontinenter Hund.)

MIR WIRD ZU WARM.

ICH KANN DAS NICHT.

ICH MUSS JEDE NACHT AUF DIE TOILETTE.

MANCHMAL IST DAS SCHWIERIG.

ICH SCHLAFE NIE DURCH.

ICH HABE SO OFT NÄCHTLICHE SCHWEISSAUSBRÜCHE.

ICH WERDE NIE WIEDER EINE NACHT DURCHSCHLAFEN.

Da haben wir es ja. Ich habe neun relevante Gedanken gefunden, und während ich sie aufgeschrieben habe, habe ich die ganze Zeit genickt und mir zugestimmt. »Ja. Genau. Das ist so wahr. Mensch, ich habe *wirklich* sehr oft nächtliche Schweißausbrüche in letzter Zeit.« Deshalb bin ich die Liste sorgsam durchgegangen und ich habe »Ich glaube« vor jeden Satz geschrieben und mir wirklich die Zeit genommen, die Gedanken als Gedanken wahrzunehmen. Ich habe mir ins Gedächtnis gerufen, dass es Meinungen sind. Es sind Sätze, die weder wahr noch falsch sind, sondern nur die Interpretation meiner Wahrnehmungen durch mein Gehirn. Es sind nur Geschichten, die ich mir erzähle, das heißt, sie sind optional.

Ich glaube, ich kann nicht durchschlafen.

Ich glaube, ich muss mit Blossom aufstehen.

Ich glaube, mir wird zu warm.

Ich glaube, ich kann das nicht.

Ich glaube, ich muss jede Nacht auf die Toilette.

Ich glaube, manchmal ist das schwierig.

Ich glaube, ich schlafe nie durch.

Ich glaube, ich habe so oft nächtliche Schweißausbrüche.

Ich glaube, ich werde nie wieder eine Nacht durchschlafen.

Als ich jeden Satz als Gedanken (statt als Tatsache) wahrgenommen habe, konnte ich in meinen Körper hineinspüren und dort die entstandenen Gefühle wahrnehmen.

Ich glaube, ich kann nicht durchschlafen. [schlecht/niedergeschlagen]

Ich glaube, ich muss mit Blossom aufstehen. [schlecht/genervt]

Ich glaube, mir wird zu warm. [schlecht/frustriert]

Ich glaube, ich kann das nicht. [schlecht/hoffnungslos]

Ich glaube, ich muss jede Nacht auf die Toilette. [schlecht/belastet]

Ich glaube, manchmal ist das schwierig. [schlecht/weinerlich]

Ich glaube, ich schlafe nie durch. [schlecht/empört]

Ich glaube, ich habe so oft nächtliche Schweißausbrüche. [schlecht/frustriert]

Ich glaube, ich werde nie wieder eine Nacht durchschlafen. [schlecht/zum Scheitern verurteilt]

Als letzten Schritt habe ich jeden Gedanken, der ein schlechtes Gefühl in mir ausgelöst hat, als hinderlich kategorisiert und mich daran erinnert, dass diese Gedanken weder wahr noch eine Tatsache sind, weil es nur Meinungen und Interpretationen sind.

ICH GLAUBE, ICH KANN NICHT DURCHSCHLAFEN. [SCHLECHT/NIEDERGESCHLAGEN] HINDERLICH

ICH GLAUBE, ICH MUSS MIT BLOSSOM AUFSTEHEN. [SCHLECHT/GENERVT] HINDERLICH

ICH GLAUBE, MIR WIRD ZU WARM. [SCHLECHT/FRUSTRIERT] HINDERLICH

ICH GLAUBE, ICH KANN DAS NICHT. [SCHLECHT/HOFFNUNGSLOS] HINDERLICH

ICH GLAUBE, ICH MUSS JEDE NACHT AUF DIE TOILETTE. [SCHLECHT/BELASTET] HINDERLICH

ICH GLAUBE, MANCHMAL IST DAS SCHWIERIG. [SCHLECHT/WEINERLICH] HINDERLICH

ICH GLAUBE, ICH SCHLAFE NIE DURCH. [SCHLECHT/EMPÖRT] HINDERLICH

ICH GLAUBE, ICH HABE SO OFT NÄCHTLICHE SCHWEISSAUSBRÜCHE. [SCHLECHT/FRUSTRIERT] HINDERLICH

ICH GLAUBE, ICH WERDE NIE WIEDER EINE NACHT DURCHSCHLAFEN. [SCHLECHT/ZUM SCHEITERN VERURTEILT] HINDERLICH

Alles-oder-nichts-Denken

Eine der Fähigkeiten, die du beim Tagebuchschreiben entwickeln wirst, ist das Wahrnehmen von besonders hinderlichen Gedanken wie undefinierbare Sorgen, also nicht zielgerichtete Sorgen. Hast du die Sorgen im letzten Beispiel wahrgenommen? Wenn nicht, macht das nichts, du schreibst hier ja keinen Test. Es gibt zwei: »Mir wird *zu* warm« und »Ich habe *so oft* Nachtschweiß.«

Das Alles-oder-nichts-Denken bezeichnet eine besondere Form hinderlicher Gedanken, die durch spezielle Wörter wie *alle, immer, für immer, nichts* oder *niemals* charakterisiert werden. Von den neun von mir gefundenen Gedanken beinhalten drei Alles-oder-nichts-Denken: »Ich muss jede Nacht aufs Klo«, »Ich schlafe nie durch« und »Ich werde nie wieder eine Nacht durchschlafen«. Sobald ich aber die verräterischen Wörter gesehen habe, habe ich diese Gedanken direkt als hinderlich einstufen können. Ich habe gleichzeitig die Gefühle identifiziert, die diese Gedanken ausgelöst haben – eine gute Übung.
Kognitive Verhaltenstherapeuten nennen diese Kategorien von hinderlichen Gedanken *Kognitive Verzerrung* oder *Denkfehler.*

Sprache ist wichtig

Der Unterschied in der Formulierung »Was denke ich darüber, (wenn jemand) acht Stunden Schlaf bekommt?« und »Was denke ich über acht Stunden Schlaf jede Nacht?« ist so subtil, dass die Unterschiede zwischen meinen Antworten fast unglaubwürdig scheinen, oder? Warum sollte die eine Frage nur hilfreiche Gedanken hervorbringen und die andere nur hinderliche? Das Gehirn ist ein wunderbares und geheimnisvolles Wesen, und es reagiert auf bestimmte Nuancen der Sprache aufgrund deiner einzigartigen Lebenserfahrungen.

Meines Erachtens klingt die erste Frage (mit den hilfreichen Antworten) so, als würde ich über das Konzept nachdenken, dass jemand acht Stunden schläft, während die zweite (mit den hinderlichen Antworten) eher eine Frage darüber ist, ob ich persönlich in der Lage bin, so lange zu schlafen. Dein Gehirn wird auch solche Eigenheiten haben, also formuliere dir eigene Fragen, wenn sich die von mir vorgeschlagenen Reflexionsfragen für dich nicht passend anfühlen.

Du bist dran: Finde deine Gedanken über deine Gedanken

Nimm dir ein Blatt Papier (das von letztem Mal reicht völlig) und einen Stift und finde **einen Gedanken** zu dieser Frage: **Was denke ich darüber, meine Gedanken finden zu wollen?**

Vielleicht ist es eine Metaebene, aber versuche trotzdem, einen Gedanken (auch wenn er sich gerade wie eine Tatsache anfühlt) über das Finden deiner Gedanken aufzuschreiben. Schreibe anschließend »Ich glaube« davor, während du die Idee zulässt, dass dieser Satz keine Tatsache ist.

Wie fühlst du dich bei diesem Gedanken? Spüre in deinen Körper hinein, statt nur den Gedanken über deine Gedanken zuzuhören. Wenn du dich gut fühlst, schreibe HILFREICH neben den Gedanken. Wenn du dich schlecht fühlst, schreibe HINDERLICH daneben und nimm dir einen Moment, um zu verarbeiten, was das heißt: Dein Gedanke über das Finden deiner Gedanken wird dir nicht dabei helfen, deine Gedanken zu finden.

Zum Weiterdenken

Was Frauen in den Wechseljahren und hilfreiche Gedanken zum Thema Schlaf angeht, habe ich festgestellt, dass du lieber nicht das Ziel haben solltest, dass der Gedanken sich großartig, wunderbar oder auch nur »sehr gut« anfühlt. Stattdessen ist es hilfreicher, eine neutrale Formulierung zu benutzen, die einfach nur anerkennt, dass du schläfst. Meine Empfehlung für einen (möglicherweise) hilfreichen Gedanken ist deshalb: **Ich habe einen Schlafrhythmus**.

Denn das hast du. Dein aktueller Schlafrhythmus mag unregelmäßig und von frustrierenden Wachphasen geprägt sein, aber er ist immer noch ein Rhythmus. Nach genau so einer Art von Spagat zwischen grundlegendem Wahrheitsgehalt (wenn auch nur durch Verschweigen bestimmter Tatsachen) und dezenter Ambition suchen wir auf dem Weg zu einem hilfreichen Gedanken. Und natürlich nach einem guten Gefühl.

Für mich fühlt sich der Gedanke »Ich habe einen Schlafrhythmus« beruhigend und erdend an, wie eine Entscheidung, die ich getroffen habe und über die ich fortan nicht mehr nachdenken muss. Er erinnert mich daran, dass ich die Kontrolle über meinen Zeitplan habe, und ich ignoriere dabei dankenswerterweise, dass ich die feineren Details, zum Beispiel, wie viel ich dann tatsächlich schlafe, nicht beeinflussen kann.

Nimm dir einen Moment Zeit und spüre in dich hinein, wie sich dieser Gedanke für dich anfühlt. Löst er Ungläubigkeit in dir aus? Gewissheit? Oder etwas dazwischen? Wenn sich der Gedanke gut anfühlt, ist er **hilfreich**, wenn er sich schlecht anfühlt, kategorisiere ihn als HINDERLICH und lass ihn hinter dir.

Trink genug Wasser, um Gewicht zu verlieren

Jede Zelle deines Körpers benötigt Wasser für die komplexen und wunderbaren Prozesse, die in ihr ablaufen. Aber bevor wir uns diese WEGe anschauen, lass uns gemeinsam herausfinden, wie und warum das Trinken einer ausreichenden Menge Wasser für dein Ziel Gewichtsverlust wichtig ist.

Dein Körper speichert Wasser nicht so wie Energie – du kannst wochenlang ohne Nahrung überleben, aber du stirbst nach drei Tagen ohne Flüssigkeit. Darüber hinaus kann sich dein Körper an viele verschiedene Bedingungen anpassen, ob das starke Hitze oder Kälte ist, nährstoffarme oder spärliche Nahrung, Unterschiede in Bezug auf Höhenmeter und Luftfeuchtigkeit sowie an verschiedene Aktivitätslevel, bei denen Muskelmasse auf- oder abgebaut wird. Die einzige Sache, an die er sich nicht gewöhnen kann, ist Dehydrierung.

Statt sich an den Flüssigkeitsmangel anzupassen, wird dein Körper einfach Prozesse abschalten, die er unwichtig findet wie übergeordnete Gehirnfunktionen (Entscheidungen treffen) und deine Verdauung. Ja, ich will damit sagen, dass sowohl dein Gehirn als auch dein Körper Verstopfung bekommen, wenn du nicht genügend Wasser trinkst.

Wasser hilft dir nicht beim Abnehmen, weil es dich satt macht oder deinen Appetit unterdrückt (zwei sehr geläufige Mythen, die ich täglich zu hören bekomme und denen ich jedes Mal vehement widerspreche). Aber es hilft dir bei der Gewichtsreduktion, indem es deinem Körper ermöglicht, deinen Energiestoffwechsel effizient zu betreiben. Dadurch verdaust du Nahrung schnell, Energie und Nährstoffe gelangen effektiv dahin, wo sie gebraucht werden, und du scheidest regelmäßig entsprechende Mengen wieder aus.

Darüber hinaus wird eine ausreichende Menge Wasser deine Haare weicher machen, deine Haut und Lippen mit genug Feuchtigkeit versorgen, sodass du keine Cremes und Lotionen brauchst, und das Schwindelgefühl beim Aufstehen verschwinden lassen. Wusstest du, dass das von der Dehydrierung kommt? Trink genug, und du wirst den Unterschied merken.

Wie viel Wasser ist genug?

Es gibt eine superleichte Formel, mit der du die passende Menge Flüssigkeit für deinen Körper errechnest: **Trink 30–40 ml Wasser pro Kilogramm Körpergewicht**.

Äääähm … Pahla, das ist ganz schön viel Wasser.

Ich weiß, das mag sich erst mal nach unglaublich viel anhören, weil wir alle unser Leben lang gelernt haben, dass wir zwei Liter am Tag anpeilen sollen. Was auch großartig ist, wenn du 50 kg wiegst. Aber der Rest von uns sollte sich entsprechend umstellen, um die richtige Menge Wasser für die Bedürfnisse unseres Körpers zu trinken.

Die folgenden Punkte solltest du im Hinterkopf behalten, wenn du dein tägliches Ziel für die Wasseraufnahme erreichen willst:

- Halte dich an die Anweisungen deiner Ärztin, wenn du eine Erkrankung hast, bei der du deine Flüssigkeitsaufnahme regulieren musst.

- Wenn du zu viel auf einmal trinkst, wirst du alles wieder herauslassen müssen. Stelle dir vor, du überflutest eine Pflanze, die wochenlang nicht gegossen worden ist – der Boden kann das Wasser nicht auf einmal aufnehmen, also sickert es auf den Boden des Behälters und wird mit der Zeit langsam absorbiert. Leider hast du keinen Behälter, um deine überforderten Nieren wieder aufzufüllen, also trink langsam über den Tag verteilt. Ich empfehle dir, Wasser zu deinen oder zumindest grob im Zeitraum deiner Mahlzeiten zu trinken, da das Wasser so von etwas aufgesogen wird und die Verdauung deiner Nahrung erleichtert.
- Wässriges Essen wie Suppe, Trauben oder Wassermelone und andere Flüssigkeiten wie Kaffee, Tee, Limo oder Saft hydrieren deinen Körper auch und können zum Erreichen deines Tagesziels beitragen. Für das beste Ergebnis empfehle ich aber, dein Tagesziel erst mal nur mit Wasser zu erreichen und in deinen Körper hineinzuspüren, was sich dadurch verändert. Manche Frauen erreichen ihr Ziel, indem sie alles dazuzählen, und andere (ich zum Beispiel) müssen es mit dem Wasser sehr genau nehmen.
- Wenn du aktuell deutlich weniger trinkst, als dir das Ziel vorgibt, wird dein Körper einige Zeit brauchen, um sich daran zu gewöhnen (und das zusätzliche Wasser wird sich in den ersten Tagen und eventuell Wochen als Mehrgewicht auf der Waage bemerkbar machen). Füge alle zwei bis drei Wochen 250 ml zu deinem täglichen Wasserkonsum hinzu, bis du dein Ziel erreichst. Wahrscheinlich musst anfänglich trotzdem häufiger ins Bad, aber eine langsame Steigerung kann diese Unannehmlichkeit reduzieren.

Wasser-WEGe

Ich erinnere mich noch lebhaft an meine guten Vorsätze für das Jahr 1981 – ich war damals elf Jahre alt. Ganz oben auf der Liste: »Mehr Wasser trinken«. (Andere Vorsätze: »Netter zu Menschen sein« und »Nicht so viele Kekse essen«.)

Ich weiß nicht, wie viel Wasser ich damals getrunken habe oder wo ich aufgeschnappt hatte, dass ich mehr trinken müsste. Ich weiß aber, dass ich schon damals viele wirklich hinderliche Gedanken zu meiner (angeblichen) Trinkunfähigkeit hatte, und es würden noch viele weitere dazukommen. Innerhalb eines Monats gab ich meinen Vorsatz auf und hielt mich – dank meiner effizienten automatischen Gedanken – für einen hoffnungslosen Fall.

Tatsächlich waren diese WEGe so allgegenwärtig und anhaltend, dass ich in meinen Tagebüchern nur ein paar Jahre zurückblättern musste, um einen Eintrag zum Erreichen meiner Trinkziele zu finden. Hier sind ein paar Auszüge aus meinem Tagebuch aus dieser Zeit, die vielleicht hilfreich sind, wenn du mehr Flüssigkeit zu dir nehmen willst.

Reflexionsfrage: Was denke ich darüber, x Liter Wasser am Tag zu trinken?

ICH WERDE ICH WERDE NIEMALS SO VIEL TRINKEN KÖNNEN.

ICH WERDE MICH NICHT DARAN HALTEN KÖNNEN.

ICH WERDE ANDAUERND AUF DIE TOILETTE MÜSSEN.

ICH MAG DEN GESCHMACK VON WASSER NICHT.

ES IST ZU SCHWIERIG, SO VIEL ZU TRINKEN.

DAS GANZE WASSER WIRD UNANGENEHM IN MIR GLUCKERN.

DAS IST GANZ SCHÖN VIEL WASSER.

Das Problem mit den wahren Meinungen

Wenn du Tagebuch schreibst, wirst du ab und zu auf etwas stoßen, das ich *wahre Meinungen* nenne – Gedanken, die du eindeutig als Meinungen erkennen kannst (»Ich mag den Geschmack von Wasser nicht« ist hier ein Beispiel), aber bei denen du nicht weißt, was du damit machen sollst. Ich meine, du kannst ja nicht deine Einstellung zu deinem Geschmack verändern, oder?

Genau genommen kannst du das schon. Aber wichtiger ist, dass du es nicht musst. Und bevor ich dir erkläre, woran das liegt, will ich dich daran erinnern, dass wir Tagebuch schreiben, weil wir zu mehr Selbsterkenntnis gelangen wollen, nicht, weil wir Probleme lösen oder uns besser fühlen wollen.

Wenn du auf eine wahre Meinung stößt, die offensichtlich im Widerspruch mit deinem Ziel steht, vollführt dein einflussreiches und schnelles Gehirn ein paar Schritte, die in einer Gedankenspirale münden, die du wahrscheinlich nicht bewusst wahrnimmst, die dich aber vom Tagebuchschreiben abhalten kann. Zuerst identifiziert dein Gehirn den Gedanken »Ich mag den Geschmack von Wasser nicht« als Problem – du musst Wasser trinken, um abzunehmen, aber du magst kein Wasser, also wirst du kein Gewicht verlieren können. Das ist ein Problem. Dann geht dein Gehirn nahtlos dazu über, eine Lösung für das Problem zu finden: Du wirst lernen müssen, Wasser zu mögen.

Aber du magst kein Wasser.

Dein Gehirn wird sich endlos im Kreis drehen, um dieses unlösbare Problem zu lösen, damit du dich besser fühlst, denn ein Problem nicht lösen zu können fühlt sich schrecklich an. Ein weiteres Problem. Aus diesem Grund wollen wir beim Tagebuchschreiben nur die Selbsterkenntnis schulen: Es gibt keine Probleme, nur Informationen.

Dieses Wissen, dass dein Gehirn alles als potenzielles Problem wahrnimmt und jedes dieser Probleme lösen möchte, hilft dir dabei, beim Tagebuchschreiben nach wahren Meinungen Ausschau zu halten. Zum Glück kannst du mit ihnen genauso verfahren wie mit deinen »regulären« Gedanken – indem du die Zwei-Schritte-Methode auf sie anwendest und erkennst, dass sie nur Gedanken sind.

DIESE SÄTZE SIND GEDANKEN …

Ich glaube, ich werde niemals so viel trinken können.

Ich glaube, ich werde mich nicht daran halten können.

Ich glaube, ich werde andauernd auf die Toilette müssen.

Ich glaube, ich mag den Geschmack von Wasser nicht.

Ich glaube, es ist zu schwierig, so viel zu trinken.

Ich glaube, das ganze Wasser wird unangenehm in mir gluckern.

Ich glaube, das ist ganz schön viel Wasser.

… DIE GEFÜHLE ERZEUGEN …

Nachdem du dir etwas Zeit genommen hast, wirklich zu realisieren, dass diese (sehr wahr klingenden) Sätze Gedanken sind, ist es an der Zeit, deine Gefühle zu identifizieren.

Ich glaube, ich werde niemals so viel trinken können. [schlecht/ablehnend]

Ich glaube, ich werde mich nicht daran halten können. [schlecht/wahr/beschämt]

Ich glaube, ich werde andauernd auf die Toilette müssen. [schlecht/besorgt]

Ich glaube, ich mag den Geschmack von Wasser nicht. [schlecht/angewidert]

Ich glaube, es ist zu schwierig, so viel zu trinken. [schlecht/wahr/entrüstet]

Ich glaube, das ganze Wasser wird unangenehm in mir gluckern. [schlecht/besorgt]

Ich glaube, das ist ganz schön viel Wasser. [schlecht/wahr/abweisend]

... DIE ENTWEDER HILFREICH ODER HINDERLICH SIND.

Im letzten Schritt beenden wir den Prozess, indem wir die Gedanken als HINDERLICH klassifizieren und die Konsequenz dieser Entscheidung sacken lassen. Diese Gedanken werden dir nicht dabei helfen, dein tägliches Ziel für die Wasseraufnahme oder dein Wunschgewicht zu erreichen.

Ich glaube, ich werde niemals so viel trinken können. [schlecht/ablehnend] HINDERLICH

Ich glaube, ich werde mich nicht daran halten können. [schlecht/wahr/beschämt] HINDERLICH

Ich glaube, ich werde andauernd auf die Toilette müssen. [schlecht/besorgt] HINDERLICH

Ich glaube, ich mag den Geschmack von Wasser nicht. [schlecht/angewidert] HINDERLICH

Ich glaube, es ist zu schwierig, so viel zu trinken. [schlecht/wahr/entrüstet] HINDERLICH

Ich glaube, das ganze Wasser wird unangenehm in mir gluckern. [schlecht/besorgt] HINDERLICH

Ich glaube, das ist ganz schön viel Wasser. [schlecht/wahr/abweisend] HINDERLICH

Die Zukunft vorhersagen

Es gibt eine weitere Kategorie an besonders hinderlichen Gedanken, die ich »Die Zukunft vorhersagen« nenne. Es sind Gedanken, die etwas vorhersagen (meist ein furchtbares Resultat), das möglicherweise in der Zukunft eintreten könnte. Du kannst diese Gedanken erkennen, wenn du nach den Worten *»wird«* oder *»wird nicht«* suchst. Dein Gehirn wird dir diese Gedanken nicht als Vermutungen oder Möglichkeiten präsentieren, sondern als gesicherte Ergebnisse – genau wie ich es gerade in diesem Satz getan habe.

Die Fähigkeit, vergangene Ereignisse durchforsten und damit die Zukunft vorhersagen zu können, ist sehr hilfreich, wenn es um Bereiche wie vorausschauendes Autofahren, lebensrettende Operationen oder Gespräche mit Freundinnen geht. Aber wenn es um das Erreichen deiner Ziele geht, kann diese Fähigkeit wirklich hinderliche Gedanken hervorbringen.

In Wahrheit weißt du nicht, was in der Zukunft passiert. Vielleicht wachst du nachts siebenmal auf, um auf die Toilette zu gehen, nachdem du genug Wasser getrunken hast, vielleicht auch nicht. Nimm wahr, dass das ein hinderlicher Gedanke ist, und lass dich nicht durch ihn davon abhalten, genug Wasser zu trinken.

Du bist dran: Finde Gedanken darüber, neue Dinge auszuprobieren

Hier kommt eine weitere schnelle Tagebuchaufgabe – bald bist du ein Profi und brauchst mich gar nicht mehr. Lass uns **einen Gedanken** finden, der diese Frage beantwortet: **Was denke ich darüber, neue Dinge auszuprobieren?**

Schreibe den ersten Gedanken auf, den du als Antwort auf diese Frage wahrgenommen hast, und mache dir bewusst, dass er ein *Gedanke* ist. Schreibe »Ich glaube« davor und lies ihn dir noch einmal vor. Wie fühlst du dich bei dem Gedanken – gut oder schlecht?

Wenn sich der Gedanke gut anfühlt, schreibe HILFREICH daneben und denke daran, ihn möglichst oft zu denken. Wenn er sich aber schlecht anfühlt, schreibe HINDERLICH daneben und erlaube deinem Gehirn, diesen Gedanken in seinem eigenen Tempo aus deinem Gedankenschatz zu entfernen.

Zum Weiterdenken

Mein eigener hilfreicher Gedanke zur Flüssigkeitszufuhr ist dieser: **Wenn ich genug Wasser trinke, komme ich überallhin, wohin ich will.**

Bei diesem Gedanken fühle ich mich gut. Er ist wahr, er fühlt sich glaubhaft an und er klingt nicht so, als würde ich mich ermahnen, so wie die hinderlichen Gedanken es tun, die wir uns normalerweise vorsagen, zum Beispiel »Ich muss Wasser trinken, weil es gut für mich ist« oder »Ich muss genug Wasser trinken, sonst werde ich nie Gewicht verlieren«.

Wie fühlt sich das für *dich* an? Wenn der Gedanke ein gutes Gefühl erzeugt, ist er **hilfreich**, wenn er sich schlecht anfühlt, kann er direkt in die »hinderlich«-Tonne wandern.

Kompakt: Was du in diesem Kapitel gelernt hast

- Sport ist nicht der ausschlaggebende Faktor beim Abnehmen und kann bei Frauen in den Wechseljahren sogar zu einer Gewichtszunahme führen.
- Ohne Östrogen, das das Vorhandensein von Cortisol abschwächt, kann dein Körper bei einem Sportpensum, das vor den Wechseljahren unproblematisch gewesen ist, eine chronische Stressreaktion entwickeln.
- Statt mehr zu trainieren, um Gewicht zu verlieren, solltest du die richtige Menge Sport machen, die deinem Körper eine gute Erholung ermöglicht.
- Die Hormonumstellung kann sich durch Wechseljahresbeschwerden auch auf deinen Schlaf auswirken.
- Ein geregelter Schlafrhythmus kann dir bei der Gewichtsabnahme helfen, auch wenn deine Schlafqualität nicht mehr so gut ist wie vor den Wechseljahren.
- Genug Wasser zu trinken, ist essenziell für alle Körperprozesse und hilft dir zusätzlich beim Abnehmen.
- Dein Gehirn hat bestimmte Kategorien von hinderlichen Gedanken, Gedankenfehler wie »unscharfe Sorgen«, »Alles-oder-nichts-Denken« und »Die Zukunft vorhersehen«, die du erkennen und bewusst neu kategorisieren kannst.
- Die Zwei-Schritte-Methode soll zu mehr Selbsterkenntnis führen und nicht Probleme lösen.

4. Wie du dein persönliches Zielgewicht erreichst

Wie viel willst du wiegen?

Du liest gerade ein Buch über Gewichtsabnahme und denkst wahrscheinlich viel darüber nach, wie dringend du Gewicht verlieren willst, aber weißt du auch, wie viel du genau wiegen möchtest? Ja, ich frage, ob dir eine bestimmte *Zahl* vorschwebt. Ich vermute mal, dass du eine *grobe* Idee von deinem Zielgewicht hast, aber dass diese Zahl wild in deinem Kopf herumschwirrt und sich regelmäßig verändert: »Ich will 30 kg Gewicht verlieren, aber 20 wären auch in Ordnung, oder 15, um ehrlich zu sein, wäre ich schon froh, wenn ich 5 kg Gewicht verlieren könnte.« Und wenn du eine genaue Zahl vor Augen hast, bist du dir vielleicht unsicher, ob das ein realistisches Ziel ist, ob du es erreichen kannst und ob das überhaupt eine gute Idee ist, weil du es wahrscheinlich nicht halten kannst, und was ist, wenn Leute denken, du wärst zu dünn? Ein genaues Ziel vor Augen zu haben, ist aber entscheidend, weil dein Gehirn sich nicht auf vage Ziele wie »nicht dick« oder »10 bis 20 kg leichter« konzentrieren kann.

Stelle dir vor, du willst in den Urlaub fahren, du hast dir aber kein Ziel überlegt. Wahrscheinlich könntest du keine Flugtickets kaufen, kein Hotel buchen und du wüsstest nicht, was du einpacken und wann du dir freinehmen solltest. Du würdest für immer feststecken, bevor es überhaupt losgeht. Wenn du dir aber überlegt hast, dass du gerne an Silvester in Australien wärst, um das Feuerwerk in Sydney zu sehen – das klingt doch schon ganz anders. Du weißt, dass du früh genug buchen musst, um einen bezahlbaren Flug zu bekommen, du kannst dir ein Hotel suchen, von dem aus du alles fußläufig erreichst. Wenn du weißt, wo du hinwillst, kannst du entsprechende Pläne schmieden und die Vorfreude genießen.

Denke daran, dass deine Gefühle deine Handlungen verursachen. Bist du also unsicher oder verwirrt, wirst du deinem Ziel nicht näher kommen. Wenn du dich sicher fühlst und voller Vorfreude bist, weil du weißt, wohin es geht und wie du dich dort angekommen fühlen wirst, wird dein Gehirn dich hingegen in die richtige Richtung führen.

Wie du dein Zielgewicht bestimmst

Ich habe mir früher immer zu viele Gedanken um alles gemacht. Vielleicht kennst du das? Für jede meiner Entscheidungen, selbst wenn es nur um das Abendessen ging, waren seitenlange Pro- und Kontralisten nötig. Ich habe jede noch so kleine Entscheidung endlos mit mir selbst diskutiert und mich mit meinem Geschwafel wahnsinnig gemacht. Ich glaube, viele Menschen treffen Entscheidungen auf diese Weise, auch wenn sie selbst nicht sagen würden, dass sie sich zu viele Gedanken machen. Viele von uns glauben, dass man sich vor einer Entscheidung erst lange mit verschiedenen Gedanken tragen muss, als könne man das angestrebte Ergebnis durch umfangreiches Abwägen vorherbestimmen. Doch jetzt, da ich meine Gedanken regelmäßig reflektiere (und es mir zur Aufgabe gemacht habe, andere darin zu unterstützen), bin ich anderer Meinung. Fakt ist: Niemand kann die Zukunft vorhersehen (erinnere dich, in Kapitel 3 haben wir Gedanken, die die Zukunft vorhersagen wollen, als hinderlich bezeichnet), aber du kannst sie beeinflussen, indem du dir Ziele setzt. Statt dir über Dinge den Kopf zu zerbrechen, die du *nicht wissen kannst*, kannst du dir eine Richtung überlegen, in die es gehen soll, und dann anhand der gesammelten Fakten schauen, ob es die richtige Richtung ist.

Heutzutage bin ich, was die meisten Dinge angeht, entscheidungsfreudig. Und wenn ich doch einmal unsicher bin, weiß ich, wie ich da wieder herauskomme. Hier kommt meine supereinfache Formel, um jedwede Entscheidung zu treffen (auch die für dein Zielgewicht):

1. **Entscheide dich für etwas.** Ich weiß, es klingt komisch, dass Schritt eins im Entscheidungsprozess die tatsächliche Entscheidung ist. Aber es ist wirklich so einfach. Denke daran, du entscheidest, was wahr ist, und du wirst so oder so Gedanken dazu haben. Entscheide dich also einfach. Es kann auch etwas ganz Willkürliches sein.
2. **Widme dich der Aufgabe, Gedanken über diese Entscheidung zu finden**. Du wirst Gedanken dazu haben. So ist es immer, so wird es immer sein, und diese Gedanken werden fast immer automatisiert kommen (und höchstwahrscheinlich hinderlich sein), bis du sie gefunden und als **hinderlich** oder **hilfreich** kategorisiert hast. Statt dir vorher den Kopf zu zerbrechen, konzentriere dich lieber auf die Gedanken, die *nach* der Entscheidung auftauchen, sodass du dich weiter in die angestrebte Richtung bewegen kannst.
3. **Setze dir einen Zeitpunkt in der Zukunft, zu dem du die Ergebnisse, aber nicht die Entscheidung selbst, kritisch hinterfragst.** Das ist für mich persönlich der schwierigste Punkt. Wir sind alle so daran gewöhnt, uns für unsere »falschen« Entscheidungen zu verurteilen, dabei gibt es die gar nicht. Egal, wofür du dich entscheidest und wie die Dinge sich entwickeln, du wirst daraus lernen. Setze dir also einen Zeitpunkt in der Zukunft, zu dem du die Ergebnisse urteilsfrei betrachten willst. Für fast alle körperbezogenen Ziele (wie ein Gewichtsverlust) sind vier bis sechs Wochen ein guter Zeitraum, um Daten zu sammeln. Lege während des Entscheidungsprozesses genaue Kriterien fest, die für dich einen Erfolg kennzeichnen, und versuche dann, dieses Ziel zu erreichen.

Bei den meisten Frauen läuft es meiner Erfahrung nach so ab: Sie beschließen, dass ihr Zielgewicht xx kg ist, weil diese Zahl sich im Moment verlockend und aufregend anfühlt. Es ist etwas viel, aber nicht so viel, dass sie sich nicht vorstellen können, es zu erreichen. Sie haben dieses Gewicht schon einmal erreicht – wenn auch schon seit einigen Jahren nicht mehr –, und sie sind sich sicher, dass es sich in ihrem Körper gut anfühlen wird. Sie verpflichten sich, ihre Gedanken zu dieser Zahl zu finden, und beschließen, ihre Ergebnisse in sechs Wochen kritisch zu hinterfragen.

Wenn die sechs Wochen um sind und sie nur 0,5 kg Gewicht verloren haben, sind sie niedergeschlagen und frustriert. Sie denken, sie müssten ihr Zielgewicht anpassen. Vielleicht sind xx kg realistischer. Vielleicht hat ihr Körper seinen Sollwert erreicht. Vielleicht werden sie einfach nie so viel wiegen, wie sie möchten. Vielleicht war ihre Entscheidung eine schlechte Entscheidung.

NEIN!

Die Entscheidung für ihr Zielgewicht ist in Ordnung, aber sie betrachten die falschen Ergebnisse. Es ist ein weit verbreiteter Fehler, das »Gesamtbild« mit einer »kleinen Entscheidung« gleichzusetzen, als ob sie miteinander verbunden wären. Das ist etwas, das das Gehirn automatisch tut und dessen *du* dir bewusst werden solltest, um diesen Entscheidungsprozess erfolgreich zu nutzen.

Hier ist ein viel besseres Beispiel: Du entscheidest, dass dein Zielgewicht bei 70 kg liegen soll, weil du von dieser Zahl überzeugt und begeistert bist. Dein Leitgedanke ist: »Ich nehme ab, bis ich 70 kg wiege«, und dir ist bewusst, dass das Gefühl, das dieser Gedanke in dir hervorruft, *Motivation* ist. Du nimmst dir vor, die nächsten vier Wochen lang jeden Tag fünf Gedanken zu deinem Zielgewicht zu finden und mithilfe der Zwei-Schritte-Methode zu entscheiden, ob sie hilfreich sind oder nicht. Damit willst du erreichen, nach wie vor motiviert durch deinen Leitgedanken zu sein, oder wenn nicht motiviert, dann anderweitig positiv damit verknüpft.

Nach vier Wochen nimmst du dir dein Tagebuch noch einmal vor, addierst, wie viele Gedanken du gefunden hast, und betrachtest deine Ergebnisse kritisch. Dir fällt auf, dass du, obwohl du nicht jeden Tag in dein Tagebuch geschrieben hast, trotzdem mehr als dreiundzwanzig Gedanken gefunden hast und jeder einzelne hinderlich gewesen ist. Wenn du dir deinen Leitgedanken vorsagst, fühlst du jetzt zwar keine Motivation mehr, aber *Entschlossenheit*. Das ist ein gutes Gefühl, also hast du dein Zwischenziel erreicht.

Als Nächstes entscheidest du, es etwas lockerer anzugehen und nicht mehr jeden Tag in dein Tagebuch zu schreiben, sondern nur noch fünf Tage die Woche, weil du montags und freitags eh keine Zeit hast. In den nächsten vier Wochen wirst du trotzdem zwanzig Gedanken finden. Nach diesen vier Wochen wirst du die Ergebnisse wieder kritisch unter die Lupe nehmen, um herauszufinden, ob dein Leitgedanke immer noch Motivation, Entschlossenheit oder ein anderes positives Gefühl in dir auslöst.

Ich weiß, es fühlt sich unnatürlich an, so bewusst zu denken und so einen kleinen Bruchteil von dem zu betrachten, was alles in deinem Leben passiert, als würdest du eine einzelne Zelle unter dem Mikroskop vergrößern. Das liegt daran, dass es unnatürlich ist. Dein Gehirn würde viel lieber in Kategorien denken statt in individuellen Details. Das ergibt auch Sinn, wenn du die Vielzahl an Informationen bedenkst, mit der wir täglich konfrontiert werden. Wenn dein Gehirn diese nicht schnell und manchmal unlogisch in Verbindung setzen und kategorisieren würde, könntest du nicht alles verarbeiten, was du wahrnimmst.

Das bedeutet für dich in der Praxis, dass du beim Tagebuchschreiben im Hinterkopf behalten solltest, dass du hinderliche Gedanken und Assoziationen mit bestimmten Zahlen hast, zum Beispiel das Alter, als du das letzte Mal dein Zielgewicht gehabt hast.

Wie ich selbst mit meinem Körpergewicht umgehe

Dein Zielgewicht ist eine Zahl, eine faktische und objektive Repräsentation der Masse deines Körpers im Verhältnis zur Schwerkraft, gemessen von einem standardisierten Gerät. Dein Zielgewicht ist sogar etwas, das im Gericht bewiesen werden könnte, wenn es nötig wäre. Aber dein Gewicht, sowohl dein aktuelles als auch dein Zielgewicht, ist auch ein definierendes Persönlichkeitsmerkmal, das auf deinem Führerschein steht (zumindest in manchen Ländern wie in Teilen der USA), oft Teil von Gesprächen oder Lästereien über andere Personen und Teil davon, wie wir uns in der

Öffentlichkeit oder in unseren Köpfen darstellen. Es ist eine *Tatsache*, dass wir oft über unser Gewicht *nachdenken*. Dennoch denken wir nur selten über diese *Tatsache* nach, weil wir mehr damit beschäftigt sind, was unser Gehirn von dieser Zahl hält.

Es gibt viele Studien, die belegen, dass starke Gefühle starke Erinnerungen erzeugen (aus diesem Grund wissen viele sehr genau, wo sie am 11. September 2001 gewesen sind und was sie gemacht haben), und dass unsere Gehirne durchgehend unsere Sinneseindrücke verarbeiten, also das, was wir sehen, berühren, riechen, schmecken und hören. Es ist also kein Wunder, dass du dir die Zahl auf der Waage in den Momenten intensiver Gefühle merkst, in denen du zum Beispiel herausgefunden hast, dass dein Mann dich betrügt, du eine ernst zu nehmende Krankheit hast oder (weniger dramatisch), dass dein Sohn bald heiratet.

Eine meiner ersten Erinnerungen im Zusammenhang mit meinem Gewicht stammt aus meiner Kindheit. Meine Eltern haben sich scheiden lassen, als ich in der Grundschule war, und im Sommer, bevor ich in die sechste Klasse kam, sind meine Mutter, meine Schwester und ich vom Bundesstaat Washington nach Zentralkalifornien umgezogen. Das folgende Schuljahr war turbulent, da ich in einem ungewohnten Umfeld und mit einem komplett anderen Familienmodell neue Freunde finden musste (und herausfinden musste, wer kein Freund war). Ich war mir meines Gewichts und meines Körpers schon vorher bewusst gewesen, aber in der sechsten Klasse begann mein Gehirn, mein Gewicht mit bestimmten (negativen) Ereignissen in Verbindung zu bringen – was ich heute so nicht mehr tun würde, weil ich die Ereignisse als unzusammenhängend erkenne.

In einer Zeit, in der ich ein paar Kilogramm zu viel auf der Waage hatte, bat mich eines Tages eine Freundin, ihr aufs Schulklo zu folgen, unter dem Vorwand, mir »etwas Ekeliges« zeigen zu wollen. Als ich das tat, rannte sie lachend zu den Mädchen vor der Tür, um ihnen zu sagen, was für ein Freak ich doch sei. Ich schämte mich so. Der Vorfall schien die tief in mir wohnende Angst, dass ich nicht liebenswert und etwas an mir *falsch* sei, zu bestätigen. Das intensive Gefühl in dieser Situation brannte diese Erinnerung in mein Gehirn ein, und mein Gehirn hat, wie es eben ist, die unlogische Verbindung zwischen Übergewicht und sozialer Ausgrenzung gezogen.

Der Tag meiner Hochzeit vor mittlerweile Jahrzehnten war einer der schönsten Tage meines Lebens, aber viele Momente vor und nach der Zeremonie habe ich als sehr stressig in Erinnerung. Das Ganze fand ein wenig Hals über Kopf statt – wir waren schon einige Monaten verlobt gewesen und hatten eine Winterhochzeit geplant. Aber unsere Pläne änderten sich Anfang Mai abrupt als wir beschlossen noch vor Ende des Monats zu heiraten. Zufällig am selben Tag, an dem wir unseren Abschluss machen und mein Mann in die Armee berufen werden würde. (Wir dachten uns, »es sind ja eh alle für unseren Abschluss und die Berufung in der Stadt, dann können wir auch direkt heiraten«. Ich muss immer noch lachen, wenn ich daran denke.) Und einen Tag nach unserer Hochzeit zogen wir in einen anderen Staat um, Hunderte Kilometer entfernt von allen und allem, die beziehungsweise das wir gekannt haben.

Tatsächlich habe ich bei meiner Hochzeit so wenig gewogen, wie in meiner Erwachsenenzeit noch nie zuvor und auch seitdem nie wieder. Und auch wenn ich aus rationaler Sicht lieber die vielen positiven Aspekte der Hochzeit und unseres neuen gemeinsamen Lebens mit diesem Gewicht in Verbindung bringen würde, hat sich mein Gehirn getreu seinem natürlichen Verhaltensmuster lieber auf all die negativen Emotionen der Wochen davor und danach konzentriert. Jahrelang (bis ich es mit der Zwei-Schritte-Methode aufgedeckt habe) dachte mein Gehirn, dass ein bestimmtes Gewicht Stress bedeuten würde.

2016 und 2017 war ich so fit, stark und schnell wie nie zuvor in meinem Leben. Innerhalb von anderthalb Jahren war ich bei einer Reihe von Läufen unglaublich erfolgreich – auch wenn sie mich an mein Limit gebracht haben –, darunter eines meiner längsten Rennen überhaupt (100 km) und meine schnellsten

Läufe in den Distanzen 5 km, Halbmarathon und Marathon. Den Erfolg hatte ich dem perfekten Laufgewicht und regelmäßigen Krafttraining zu verdanken. Im Mai 2017, auf dem Höhepunkt meines Erfolgs als Läuferin, wurde bei meiner Schwester Vicki Krebs im Endstadium diagnostiziert. Nur sechseinhalb Monate später ist sie verstorben. Ich war am Boden zerstört und mein Gehirn hat die unlogische, aber biologisch nachvollziehbare These aufgestellt, dass Menschen sterben, die ich liebe, wenn ich fit und stark und schnell bin. Weil Gehirne so bescheuerte Gedanken denken.

Im Nachhinein ist natürlich klar, dass keines dieser Ereignisse im Zusammenhang mit meinem Gewicht gestanden haben, und genau das will ich verdeutlichen: Dein Gehirn ist nicht logisch. Das kann es zwar sein, wenn wir bewusst Dinge denken, aber unsere automatisierten Gedanken (die unbewussten, die wir nicht hören, bis wir sie mir unserem Tagebuch unter die Lupe nehmen) sind die, die unsere Gefühle und damit unsere Handlungen und Ergebnisse bestimmen, und sie können nur das machen, was die Natur ihnen vorschreibt.

Dein Zielgewicht soll sich gut anfühlen

Ich will ganz ehrlich sein: Die tatsächliche Zahl, die du dir aussuchst, ist komplett unwichtig. (Außer, du hast dir eine ungesund niedrige Zahl ausgesucht.) Dein Zielgewicht entspricht einer Messung der Schwerkraft deines Körpers. Natürlich kannst du deinen BMI ausrechnen, deine Ärztin fragen oder Versicherungslisten googeln, die dir eine gesunde Gewichtsspanne präsentieren, aber im Endeffekt ist es deine Entscheidung.

Hier ist mein Vorschlag: **Wähle eine Zahl, die sich gut anfühlt.** Denn auch wenn dein Zielgewicht eine Zahl ist – ein nachweislicher Fakt –, hast du gerade ausreichend Beweismaterial darüber gelesen, dass dein Gehirn biologisch dafür gemacht ist, seinen Senf dazuzugeben, also ist dein Zielgewicht ein *Gedanke.*

Ja. Der Satz in deinem Kopf, wenn du an dein Zielgewicht denkst, ist ein Gedanke. Also kannst du die Zwei-Schritte-Methode auf ihn anwenden und im Idealfall einen Gedanken finden, der sich gut und hilfreich anfühlt, um dein Ziel zu erreichen. Wenn sich deine gewählte Zahl schlecht für dich anfühlt, entspringt sie keinem hilfreichen Gedanken, und du wirst dein Ziel wahrscheinlich nicht erreichen.

Wann sind deine Gedanken ein Problem?

Als Abnehm-, Fitness- und Lifecoachin habe ich schon Tausende Frauen dabei unterstützt, ihre hinderlichen Gedanken zu bezwingen und ein gesundes Gewicht zu finden. Aber manchmal sind hinderliche Gedanken Zeichen eines tiefer liegenden Problems, und du benötigst mehr Hilfe, als ich bieten kann. Wenn das der Fall ist, will ich dich auf jeden Fall dazu ermutigen, sie dir zu holen.

Meine Faustregel, wann es an der Zeit ist, professionelle Hilfe in Anspruch zu nehmen: Wenn du glaubst, sie zu brauchen. Warte nicht zu lange und versuche nicht, es »allein zu schaffen«. Deine psychische Gesundheit ist wichtig. Auf diese Anzeichen achte ich bei meinen Klientinnen:

- Anstreben eines Zielgewichts, das unter dem Standard-BMI liegt oder das empfohlene Gewicht aus Größe-Gewicht-Tabellen deutlich unterschreitet
- Deutliche Sorgen bezüglich kleinster Abweichungen vom Ziel
- Der Wunsch nach einem bestimmten Aussehen ist größer als der Wunsch nach einem guten Gefühl oder einem glücklichen Leben
- Extremes Hungern aus nicht medizinischen Gründen
- Starres Denken (es gibt nur Schwarz oder Weiß, Richtig oder Falsch) und Perfektionismus

Diese Anzeichen sind sehr subjektiv, und ich glaube nicht, dass jede Person mit Sorgen oder Befürchtungen bezüglich ihres Gewichts oder der Wahl der Nahrung automatisch eine Essstörung hat. Aber wenn du dir nicht sicher bist, kann dir ein Beratungsgespräch bei einem Profi Sicherheit schenken.

Lass uns die WEGe finden

Wir werden nun die Zwei-Schritte-Methode etwas schneller durchlaufen als im letzten Kapitel. Wenn du also dein Wissen noch einmal auffrischen möchtest, blättere gerne zurück zu Kapitel 1 ab Seite 29. Diese Tagebucheinheit ist besonders interessant für mich, weil ich aktuell kein Gewicht verlieren möchte. Deshalb habe ich mir als Beispiel das Gewicht von meinem Hochzeitstag herangezogen – so wenig habe ich seit 1996 nicht mehr gewogen. Auch wenn es aktuell nicht mein Ziel ist, weiß ich, dass mein Körper dieses Gewicht theoretisch erreichen kann, deshalb habe ich gedacht, ich hätte keine starke Abneigung dagegen. Doch mein Gehirn ist anderer Meinung gewesen und hat mir einige Gedanken präsentiert.

Und diese Gedanken erzeugen Gefühle – was alle Gedanken tun. Während ich schreibe, habe ich das dringende Bedürfnis, meine E-Mails zu prüfen, um das Rumoren in meinem Bauch und die Sorgenfalten auf meiner Stirn zu verdrängen. Ich will nicht weiterschreiben, den unangenehmen Gedanken nicht zuhören, einfach ... *aufhören.* Ich erwähne das, und werde das auch weiterhin tun, solange wir uns mit diesem Thema beschäftigen, weil ich es für dich normalisieren will. Das Tagebuchschreiben und das Aufspüren deiner hinderlichen Gedanken ist kein Spaziergang. Es fühlt sich mitunter verwirrend, unangenehm und unbequem an. Meistens gibt es keinen sofortigen Lohn für die Mühen, aber dafür langfristige Vorteile. In diesem Sinne ist Tagebuchschreiben wie Sport – es fühlt sich in dem Moment nicht immer gut an, aber anschließend bist du froh, es geschafft zu haben, und die Gesundheit wird sich auf lange Sicht verbessern. Hier kommen meine ungefilterten Tagebucheinträge, schon mit dem Ausdruck »Ich glaube« vor jedem Satz:

Reflexionsfrage: Was denke ich über das Gewicht von ...?

Ich glaube, das schaffe ich nicht.

Ich glaube, das wird nie passieren.

Ich glaube, dafür müsste ich hungern.

Ich glaube, ich werde krank aussehen.

Ich glaube, ich kann unmöglich so dünn werden.

Ich glaube, ich bin jetzt zu anders.

Ich glaube, es wird viele Kommentare zu meinem Gewicht geben.

Ich glaube, Menschen sagen mir jetzt schon, dass ich zu dünn bin.

Ich glaube, ich werde das Gewicht nicht halten können.

Ich glaube, ich werde alles wieder zunehmen.

Ich glaube, das ist zu niedrig.

Ich glaube, ich werde auf den Nachtisch verzichten müssen.

Ich glaube, das wird so schwierig.

Ich glaube, ich weiss nicht, wie ich noch weniger als jetzt essen kann.

Ich glaube, ich bin zu schwer, um so dünn zu werden.

Ich glaube, ich bin damals sehr jung gewesen.

Ich glaube, Menschen werden mir sagen, dass ich krank aussehe.

Wie es mir beim Schreiben so oft passiert, habe ich vor mich hin genickt, während diese Sätze auf die Seite flossen. Ich meine, ich *bin* jetzt anders. Ich *war* damals jung. Ich *bekomme* jetzt schon in den sozialen Medien Kommentare zu meinem Gewicht. Aber obwohl mein Gehirn darauf besteht, dass diese Gedanken wahr sind, ist das nicht mein Ziel – ich will herausfinden, ob diese Gedanken mir dabei helfen, mein (angebliches) Zielgewicht zu erreichen. Deshalb will ich als Nächstes wissen, wie ich mich bei jedem Gedanken fühle.

Ich glaube, das schaffe ich nicht. [schlecht/niedergeschlagen]

Ich glaube, das wird nie passieren. [schlecht/verächtlich]

Ich glaube, dafür müsste ich hungern. [schlecht/auf Entzug]

Ich glaube, ich werde krank aussehen. [schlecht/verlegen]

Ich glaube, ich kann unmöglich so dünn werden. [schlecht/geringschätzig]

Ich glaube, ich bin jetzt zu anders. [schlecht/wahr/traurig]

Ich glaube, es wird viele Kommentare zu meinem Gewicht geben. [schlecht/wahr/widerwillig]

Ich glaube, Menschen sagen mir jetzt schon, dass ich zu dünn bin. [schlecht/wahr/ärgerlich]

Ich glaube, ich werde das Gewicht nicht halten können. [schlecht/Niedergeschlagen]

Ich glaube, ich werde alles wieder zunehmen. [schlecht/resigniert]

Ich glaube, das ist zu niedrig. [schlecht/unbekanntes Gefühl]

Ich glaube, ich werde auf den Nachtisch verzichten müssen. [schlecht/widerwillig]

Ich glaube, das wird so schwierig. [schlecht/wahr/Niedergeschlagen]

ICH GLAUBE, ICH WEISS NICHT, WIE ICH NOCH WENIGER ALS JETZT ESSEN KANN. [SCHLECHT/TROTZIG]

ICH GLAUBE, ICH BIN ZU SCHWER, UM SO DÜNN ZU WERDEN. [SCHLECHT/UNBEKANNTES GEFÜHL]

ICH GLAUBE, ICH BIN DAMALS SEHR JUNG GEWESEN. [SCHLECHT/WAHR/WEHMÜTIG]

ICH GLAUBE, MENSCHEN WERDEN MIR SAGEN, DASS ICH KRANK AUSSEHE. [SCHLECHT/WAHR/ÄRGERLICH]

Ich denke sehr schnell, deshalb überspringe ich bei Routinehandlungen gerne mal ein, zwei Schritte. Wenn ich die Zwei-Schritte-Methode anwende, nehme ich mir ganz bewusst Zeit für jeden Schritt. Auch wenn mein Gehirn freudig nach dem Motto »Ja, ja, ja, die Gedanken sind alle hinderlich, weiter gehts« vorpreschen würde, kann ich mit »Ja, ja, ja« keine nachhaltigen Veränderungen in meinem Leben erwirken. Deshalb lass dir ruhig Zeit dabei, HINDERLICH neben jeden Gedanken zu schreiben, der ein unangenehmes Gefühl verursacht hat (unabhängig davon, ob du das Gefühl jetzt identifizieren kannst oder nicht – ich finde auch nicht immer ein passendes Wort, und die Methode hilft trotzdem).

ICH GLAUBE, DAS SCHAFFE ICH NICHT. [SCHLECHT/NIEDERGESCHLAGEN]
HINDERLICH

ICH GLAUBE, DAS WIRD NIE PASSIEREN. [SCHLECHT/VERÄCHTLICH]
HINDERLICH

ICH GLAUBE, DAFÜR MÜSSTE ICH HUNGERN. [SCHLECHT/AUF ENTZUG]
HINDERLICH

ICH GLAUBE, ICH WERDE KRANK AUSSEHEN. [SCHLECHT/VERLEGEN]
HINDERLICH

Ich glaube, ich kann unmöglich so dünn werden. [schlecht/geringschätzig] hinderlich

Ich glaube, ich bin jetzt zu anders. [schlecht/wahr/traurig] hinderlich

Ich glaube, es wird viele Kommentare zu meinem Gewicht geben. [schlecht/wahr/widerwillig] hinderlich

Ich glaube, Menschen sagen mir jetzt schon, dass ich zu dünn bin. [schlecht/wahr/ärgerlich] hinderlich

Ich glaube, ich werde das Gewicht nicht halten können. [schlecht/Niedergeschlagen] hinderlich

Ich glaube, ich werde alles wieder zunehmen. [schlecht/resigniert] hinderlich

Ich glaube, das ist zu niedrig. [schlecht/unbekanntes Gefühl] hinderlich

Ich glaube, ich werde auf den Nachtisch verzichten müssen. [schlecht/widerwillig] hinderlich

Ich glaube, das wird so schwierig. [schlecht/wahr/Niedergeschlagen] hinderlich

Ich glaube, ich weiss nicht, wie ich noch weniger als jetzt essen kann. [schlecht/trotzig] hinderlich

Ich glaube, ich bin zu schwer, um so dünn zu werden. [schlecht/unbekanntes Gefühl] hinderlich

Ich glaube, ich bin damals sehr jung gewesen. [schlecht/wahr/Wehmütig] hinderlich

Ich glaube, Menschen werden mir sagen, dass ich krank aussehe. [schlecht/wahr/ärgerlich] hinderlich

Du bist dran: schnelle Übungsrunde und noch mehr Reflexionsfragen

Du machst das echt toll. Du nimmst dir die Informationen zu Herzen und übst mit den schnellen Reflexionsfragen. Woher ich das weiß? Weil du immer noch hier bist. Wenn du diese Worte liest, bist du auf dem richtigen Weg und kommst super voran. Lass uns deshalb eine kurze Einschätzung zu deinem Fortschritt vornehmen und sehen, was du von deinen Zielen hältst. Nimm dir ein Stück Papier und einen Stift und finde **einen Gedanken** zu dieser Frage: **Was denke ich darüber, mir ein Ziel zur Gewichtsabnahme zu setzen?**

Du weißt, wie es geht – schreibe auf, was auch immer dir gerade in den Sinn kommt, auch wenn es erst mal nichts damit zu tun hat. Dieser Satz ist ein Gedanke, also schreibe »Ich glaube« davor. Lies ihn dir noch einmal vor: »Ich *glaube*«. Wie fühlst du dich, wenn du diesen Gedanken denkst? Schreibe HILFREICH daneben, wenn du dich gut fühlst, und HINDERLICH, wenn du dich schlecht fühlst.

Egal, wie lange ich darüber nachdenke, mir fällt kein Bereich im Leben ein, in dem wir bereits mit einem einzigen Tagebucheintrag zu einer vollständigen Selbsterkenntnis kommen können. Das heißt, dass du jedes Thema aus unterschiedlichen Blickwinkeln betrachten solltest, um mehr (seien wir ehrlich, wahrscheinlich hinderliche) Gedanken zu finden. Wenn du bereit bist, sind hier noch einige Vorschläge, wie du weitere Gedanken zu deinem Zielgewicht findest.

- Was denke ich über den letzten Zeitpunkt, zu dem ich xx kg gewogen habe?
- Wie wird sich das Wiegen von xx kg anfühlen?
- Was werde ich tun müssen, wenn ich xx kg wiege?
- Was werden andere Menschen über mich denken, wenn ich xxkg wiege?
- Was denke ich über Frauen, die xx kg wiegen?
- Was ist das Problem bei einem Gewicht von xx kg?

Zum Weiterdenken

Denke daran, dass du dir weder hilfreiche Gedanken in den Kopf zwingen musst noch dieser Gedanke automatisch hilfreich für dich sein muss. Denke einfach darüber nach und finde heraus, wie du dich bei diesem Gedanken fühlst: **Ich bin eine Person, die xx kg (dein Zielgewicht) wiegt.**

Ich vermute mal, dass du zunächst Ungläubigkeit verspürst, oder? Denn natürlich wiegst du aktuell nicht dein Zielgewicht, deshalb ist es ja ein Zielgewicht. Der Satz »Ich bin« ist der mächtigste in der menschlichen Sprache und verleiht allem, was darauf folgt, eine unmittelbare Bedeutung – und er muss nicht wörtlich genommen werden. Wir benutzen diesen Ausdruck, um unseren Beruf, unsere Hobbys, unsere Stimmung und andere vergängliche Gefühle wie Hunger oder Müdigkeit zu beschreiben, und doch wissen wir, dass das nicht unser ganzes Selbst umfasst. »Ich bin glücklich« bedeutet nicht, dass du nur glücklich bist oder dass du immer glücklich bist, jede Minute an jedem Tag, oder dass glücklich das Einzige ist, was du sein kannst. Es bedeutet, dass du dich glücklich *fühlst*, in diesem Moment. Was, wenn du dich wie eine Person *fühlst*, die ihr Zielgewicht erreicht hat? Wie würde sich das anfühlen? Gut? Wenn sich diese Vorstellung für dich gut anfühlt, hilft dir dieser Gedanke. (Und wenn nicht, dann ist er hinderlich und du kannst ihn vergessen). Wenn sich die Vorstellung von dir mit deinem Zielgewicht für dich gut anfühlt, ist das sogar ein wirklich hilfreicher Gedanke, weil er dein Gehirn auf Erfolg polt. Tagträume sind keine reine Zeitverschwendung.

Der Teil deines Gehirns, der dich morgens für deine Sporteinheit aus dem Bett holt, der dich deine Mahlzeiten planen und dich wiederholt zur Wasserflasche greifen lässt, wird von deiner Vorstellungskraft motiviert, weil er nicht zwischen Realität und Fantasie unterscheidet. Wenn du ein Bild von dir mit deinem Zielgewicht und einem erfüllten Leben vor Augen hast, erschaffst du damit in diesem Moment Gefühle von Zuversicht und Gewissheit, die wiederum deine Handlungen heute beeinflussen.

Wenn du dir vorstellst, du hättest dein Zielgewicht, denkt dein Gehirn, das entspreche der Realität, deshalb willst du natürlich all die Dinge tun, die eine Person mit dem Gewicht tut, zum Beispiel deine Gedanken ordnen, richtig essen, dich regelmäßig bewegen, Wasser trinken und ausreichend schlafen.

Das tägliche Wiegen

Unser Gehirn interpretiert Tatsachen in Form eines Gedankens. Wenn du auf die Waage steigst und die Zahl dort siehst, spinnt sich dein Gehirn deshalb *automatisch* eine passende Geschichte zusammen. Das machen Gehirne so. Und die Geschichte, die dir dein Gehirn über diese Zahl (oder dein Zielgewicht oder die Kilogrammanzahl, die du verlieren willst oder schon abgenommen hast, oder die Kilogrammanzahl, die irgendeine Frau auf Instagram in kürzerer Zeit verloren hat) erzählt, basiert sowohl auf deiner Wahrnehmung vergangener Situationen als auch auf Gedanken und Ideen, denen du in Form von Medien, Werbung und Interaktionen mit anderen ausgesetzt bist. Dein Gehirn schickt diese Geschichte dann auch noch durch alle möglichen biologischen Filter: am Leben bleiben, sich nicht verändern, immer das Schlimmste vermuten und Beweise dafür suchen, dass man selbst recht hat.

Kein Wunder, dass es sich furchtbar anfühlt, auf die Waage zu steigen. Du siehst die angezeigte Zahl nicht als interessante Daten, sondern wiederholst eine Vielzahl an alten, möglicherweise hinderlichen Botschaften in deinem Kopf. Dein heutiges Gewicht ist vergraben unter jedem einzelnen Gedanken, den du je über dein Gewicht gehabt hast. Deshalb willst du dich nicht jeden Tag wiegen (oder jede Woche, oder jemals). Du fühlst dich dabei, als würde eine Lawine an Gedanken und Gefühlen über dich hereinbrechen und einfach – BÄH. Und jetzt komme ich und will dir erzählen, dass der Weg zum erfolgreichen Gewichtsverlust mit **dem täglichen Wiegen** einhergeht.

Muss ich mich wirklich jeden Tag wiegen?

Nein. Musst du nicht. Genau genommen *musst* du, wenn es um Abnehmratschläge von mir oder anderen geht, nie irgendetwas. Dafür gibt es zwei gute Gründe. Erstens: Lass uns diesen Satz schnell mit der Zwei-Schritte-Methode durcharbeiten und schauen, ob er ein hilfreicher Gedanke ist. Wie fühlst du dich, wenn du sagst »Ich muss …« irgendetwas, nicht nur dich wiegen? Für mich fühlt sich das Wort *müssen* eigentlich immer schlecht an, wie Druck oder Verpflichtung oder tiefe Resignation. »Ich muss« ist also wahrscheinlich kein Ausdruck, der dich deinem Ziel näherbringt. Und zweitens kannst du selbst frei entscheiden, welche Methoden du anwenden willst, einschließlich der 5-0-Methode und der Ratschläge in diesem Buch. Schaue dir die Informationen an, entscheide, was für dich funktioniert (mithilfe der Zwei-Schritte-Methode, wenn du magst) und ignoriere den Rest.

Um zurück zur Frage zu kommen: *Ja*, ich schlage vor, dass du dich jeden Tag wiegst, weil die Waage ein Teil des Abnehmens ist, der nur so vor Möglichkeiten strotzt, deine Gedanken zu finden. Abgesehen davon kannst du selbst wählen, wie oft du dich wiegst, in Abhängigkeit von deinen aktuellen Gedanken und Gefühlen zum Thema Wiegen (mehr dazu noch ausführlicher auf den kommenden Seiten in diesem Buch). Schauen wir uns drei verschiedene Bereiche des Wiegens an, auf die du die Zwei-Schritte-Methode anwenden kannst.

1. **Der Gedanke ans Wiegen generell.** Viele Frauen empfinden den Schritt auf die Waage, erst recht jeden Tag, als überfordernd. Je nachdem, welche Gedanken sie haben, fühlen sie sich bei der Vorstellung, sich zu wiegen, wütend, defensiv, skeptisch oder einfach nur *schlecht.*
2. **Die Angst vor dem Wiegen.** Ich habe mit vielen Frauen gearbeitet, die in den Tagen oder Stunden vor dem Wiegen unter »Wiegeangst« gelitten haben. Vielleicht fühlst auch du dich gestresst und machst dir Sorgen, welche Zahl angezeigt wird.
3. **Nachdem du dein Gewicht gesehen hast.** Selbst wenn dich weder der Gedanke ans Wiegen noch das Steigen auf die Waage

abschreckt – spätestens wenn die Zahl zwischen deinen Füßen erscheint, wird dein Gehirn seine Meinung verkünden.

Warum es hilfreich ist, dich mit deinem Gewicht auseinanderzusetzen

Aufgrund deiner sozialen Konditionierung ist es sehr wahrscheinlich, dass du dein Gewicht momentan mit deinem Charakter oder deinem Wert gleichsetzt. Die meisten Menschen haben so etwas wie eine »ideale Körperform« im Kopf und alle, die sich außerhalb dieses Ideals befinden, haben wahrscheinlich wenig hilfreiche Gedanken über sich selbst. Für viele westliche Frauen manifestieren sich diese hinderlichen Gedanken in Form von Ängsten und Sorgen rund um ihr Gewicht und die Waage. Deshalb lass mich das kurz klarstellen: **Dein Gewicht sagt nichts über dich als Mensch aus**. Du bist, ganz unabhängig von deiner körperlichen Hülle, eine vollständige, liebenswerte und wertvolle Person.

Das Ziel des täglichen Wiegens und der Grund, warum ich es empfehle, ist, dass du lernst, die Zahlen als reine Informationen zu sehen. Ich möchte, dass du im Laufe der Zeit dein Gewicht als gute, hilfreiche Information betrachtest, die deinen Weg unterstützt, dein Denken verändert und am Ende das Erreichen deines Zielgewichts belegt.

Okay, Pahla ... aber wie komme ich dahin?

Um diese Einstellung gegenüber deinem Gewicht zu erreichen, wenden wir hier eine spezifische therapeutische Methode an, die sogenannte Konfrontationstherapie. Bereits Anfang bis Mitte des 20. Jahrhunderts, als die Psychologie noch in die beiden Felder Behaviorismus und Kognition unterteilt wurde, haben Verhaltensforschende mit der Gegenkonditionierung experimentiert, um ihre Patientinnen von Ängsten und Phobien zu heilen. Der Gedanke dahinter: Die Betroffenen in einem kontrollierten Umfeld wiederholt mit einem unangenehmen Reiz zu konfrontieren und sie anschließend zu belohnen, in der Hoffnung, dadurch die Phobie zu lindern oder sogar zu heilen. In der heutigen Zeit gibt es mehrere Arten von Desensibilisierungstherapien, die nicht nur eine Konfrontation beinhalten, sondern ein gleichzeitiges Anwenden somatischer und kognitiver Methoden wie Atemübungen und das Auflisten von angsteinflößenden Gedanken (Tagebuchschreiben).

Tatsächlich reicht es nicht, sich regelmäßig Dingen auszusetzen, vor denen du Angst hast oder die dir unangenehm sind, um die hinderlichen Gedanken zu verändern. Wie wir im Verlauf dieses Buchs schon herausgefunden haben, musst du dir der zu verändernden Gedanken bewusst sein und das Gehirn aktiv dazu auffordern, sie neu zu kategorisieren, damit Neuroplastizität (deine Gedanken verändern) funktioniert. Also genau das, was wir mit der Zwei-Schritte-Methode machen – deine Gedanken finden und entscheiden, ob sie hilfreich sind oder nicht.

Zeit, die WEGe zu finden

Was, wenn du so viele wirklich hinderliche Gedanken zum Thema Wiegen hast, dass du komplett verwirrt bist? Also was, wenn du hinderliche Gedanken zum Wiegen generell hast, zusätzlich zur täglichen Wiegeangst, zu denen sich dann noch ein Haufen Gedanken über die Zahlen auf der Waage gesellt?

Unter solchen Bedingungen wirst du dich wahrscheinlich nie wieder wiegen und vielleicht sogar dein Ziel eines gesunden Gewichts aus den Augen verlieren. Statt dich aber ins kalte Wasser des täglichen Wiegens zu werfen und zu hoffen, dass du schnell genug schwimmen lernst, lass uns lieber die Zwei-Schritte-Methode benutzen, um einen Startpunkt zu finden.

Reflexionsfrage: Was denke ich darüber, mich überhaupt zu wiegen?

Die erste Frage ist deutlich ungenauer formuliert, als ich es normalerweise empfehlen würde, und zwar absichtlich. Wir tasten uns erst mal an das Thema heran, indem wir herausfinden, was du generell von Waagen und dem Wiegen hältst. Stelle dir vor, du näherst dich einer Waage mit dem Vorhaben, dich daraufzustellen. Was denkst du?

Diese Frage ist mir recht leichtgefallen, da ich schon länger mit der Waage arbeite (und du kannst diesen Punkt auch erreichen, wenn du noch nicht dort angekommen bist). Ich habe vier hilfreiche Gedanken gefunden, bevor mein Gehirn die Frage zu langweilig fand. Hier kommt mein vollständiger Tagebucheintrag, der die Zwei-Schritte-Methode komplett durchlaufen hat.

ICH GLAUBE, ES IST OKAY. [GUT/AKZEPTIEREND] HILFREICH

ICH GLAUBE, DAS SIND INTERESSANTE INFORMATIONEN. [GUT/NEUGIERIG] HILFREICH

ICH GLAUBE, ICH BEHALTE GERNE DEN ÜBERBLICK. [GUT/ORGANISIERT] HILFREICH

ICH GLAUBE, ICH MAG MEIN AKTUELLES GEWICHT. [GUT/LIEBEVOLL] HILFREICH

(Falls dir das jetzt zu schnell ging und du lieber nochmals nachlesen möchtest, wie du die Zwei-Schritte-Methode verwendest, springe zu Kapitel 1, Seite 29).

PAUSIERE HIER und steige nicht auf die Waage, wenn du keine hilfreichen Gedanken gefunden hast. Deine Konfrontationstherapie beginnt damit, dass du dir vorstellst, dich einer Waage mit der Intention zu nähern, dich zu wiegen, und anschließend die Zwei-

Schritte-Methode auf deine Gedanken anwendest. Wiederhole diesen Prozess täglich (oder zumindest regelmäßig), bis du mindestens einen hilfreichen Gedanken gefunden hast.

Denke daran, dass deine Vorstellungskraft dein Gehirn auf deinen Erfolg vorbereitet, da das Gehirn nicht zwischen Realität und Fantasie unterscheiden kann. Dasselbe Prinzip gilt für die imaginäre Begegnung mit dem angsteinflößenden Objekt – du wirst sanft und in einem sicheren und kontrollierten Umfeld mit der Waage konfrontiert, was dir dabei helfen kann, dein Gehirn mit der Zeit für andere Reaktionen zu öffnen.

Gehe zur nächsten Frage über, wenn du einen oder mehrere hilfreiche Gedanken gefunden hast, denn im nächsten Schritt entscheidest du, wie oft du dich wiegen willst.

Reflexionsfrage: Was denke ich darüber, mich jeden Tag zu wiegen?

Benutze wieder deine Vorstellungskraft und stelle dir diese Frage in der Theorie. Was denke ich, wie *wäre es*, mich jeden Tag zu wiegen? (Denn du wirst noch die Möglichkeit haben, herauszufinden, wie es *ist*, sobald du damit beginnst.) Wenn du direkt hilfreiche Gedanken findest, könnte diese Übung für dich recht kurz werden, aber es ist auch nicht schlimm, wenn es etwas dauert. Geduld mit dir selbst zu haben und deinem Gehirn zu erlauben, dir seine Gedanken mitzuteilen, sind wichtige Fähigkeiten auf dem Weg zu mehr Selbsterkenntnis.

Der Anteil an hilfreichen Gedanken ist bei mir bei dieser Frage immer noch recht hoch (auch wieder, weil ich schon seit Jahren mit dieser Methode arbeite, früher waren alle Gedanken hinderlich), weshalb ich die Zwei-Schritte-Methode mittlerweile schnell durchlaufe. Fast alle meiner Gedanken zum Thema »sich täglich wiegen« sind hilfreich. Hier kommt mein vollständiger

Tagebucheintrag, der die Zwei-Schritte-Methode komplett durchlaufen hat.

Ich glaube, ICH MAG DIE INFORMATIONEN. [GUT/OFFEN/AKZEPTIEREND] HILFREICH

Ich glaube, DAS IST TEIL MEINER TÄGLICHEN ROUTINE. [GUT/WAHR/ZUFRIEDEN] HILFREICH

Ich glaube, ICH BEHALTE GERNE DEN ÜBERBLICK. [GUT/NEUGIERIG] HILFREICH

Ich glaube, ES IST IN ORDNUNG. [GUT/UNBEKANNTES GEFÜHL] HILFREICH

Ich glaube, ANDERE WERDEN DAS ZU VIEL FINDEN. [SCHLECHT/RECHTFERTIGEND] HINDERLICH

Ich glaube, DAS SIND HILFREICHE INFORMATIONEN. [GUT/AKZEPTIEREND] HILFREICH

PAUSIERE HIER und überarbeite die Frage noch einmal, wenn du keine hilfreichen Gedanken gefunden hast. Formuliere die Frage um zu »Was denke ich darüber, mich jeden zweiten Tag (oder einmal die Woche oder jede zweite Woche oder einmal im Monat oder wie oft auch immer für dich funktionieren könnte) zu wiegen?« und wende die Zwei-Schritte-Methode darauf an, bis du mindestens einen hilfreichen Gedanken findest.

MACHE WEITER mit dem nächsten Schritt, wenn du einen oder mehrere hilfreiche Gedanken gefunden hast. Deine Konfrontationstherapie beginnt damit, dass du dich in dem Intervall wiegst, das dir in der Vorstellung einen hilfreichen (oder mehrere hilfreiche) Gedanken beschert hat.

Reflexionsfrage: Was denke ich über mein heutiges Gewicht?

Sobald du beginnst, die Daten deines regelmäßigen Wiegens zu sammeln, beginnt der Spaß erst richtig. Es handelt sich um eine Mehrzweckfrage, du kannst sie vor und nach dem Wiegen anwenden, wenn du alle Gedanken finden möchtest. Das klingt vielleicht erst mal nach viel Tagebuchschreiben, aber es muss nicht länger als ein bis zwei Minuten dauern. Du musst dich nicht damit quälen, jeden einzelnen Gedanken zu finden. Wirklich, du kannst überraschend viel mit nur ein bis zwei Gedanken herausfinden.

Heute Morgen habe ich mir, bevor ich auf die Waage gestiegen bin, einen Moment Zeit genommen und ein paar Gedanken aufgeschrieben, die in meinem Kopf herumgeschwirrt sind.

MEIN GEWICHT WIRD HÖHER SEIN ALS BEIM LETZTEN WIEGEN.

ICH HABE GESTERN WAHRSCHEINLICH ZU VIEL GEGESSEN.

ICH HABE WAHRSCHEINLICH NICHT GENUG GESCHLAFEN.

Lass uns die Zwei-Schritte-Methode hier noch einmal Schritt für Schritt durchgehen und die Sorgen ansehen, die dein Gehirn vielleicht vor dem Schritt auf die Waage hat. Wenn du dir Sorgen machst, versucht dein Gehirn, die Zukunft vorherzusehen (die es natürlich nicht kennen kann), deshalb werden diese Gedanken hinderlich sein. Aber lass uns ein »Ich glaube« vor jeden Gedanken schreiben, um sie als automatische, effiziente Impulse von Elektrizität in deinem Gehirn wahrzunehmen, die sich der Biologie beugen müssen (inklusive deines Negativitätsbias und deiner Bestätigungsfehler).

Ich glaube, mein Gewicht wird höher sein als beim letzten Wiegen.

Ich glaube, ich habe gestern wahrscheinlich zu viel gegessen.

Ich glaube, ich habe wahrscheinlich nicht genug geschlafen.

Als Nächstes wollen wir herausfinden, welche Art von Gefühl bei jedem Gedanken entsteht.

Ich glaube, mein Gewicht wird höher sein als beim letzten Wiegen. [schlecht/besorgt]

Ich glaube, ich habe gestern wahrscheinlich zu viel gegessen. [schlecht/beschämt]

Ich glaube, ich habe wahrscheinlich nicht genug geschlafen. [schlecht/frustriert]

Und schließlich ist es an der Zeit, HINDERLICH neben jeden Gedanken zu schreiben, um deinem Gehirn bei der Einordnung zu helfen und es dazu zu bringen, die Gedanken seltener zu denken.

Ich glaube, mein Gewicht wird höher sein als beim letzten Wiegen. [schlecht/besorgt] HINDERLICH

Ich glaube, ich habe gestern wahrscheinlich zu viel gegessen. [schlecht/beschämt] HINDERLICH

Ich glaube, ich glaube, ich habe nicht genug geschlafen. [schlecht/frustriert] HINDERLICH

Jetzt denkst du dir vielleicht, *Pahla, ich verstehe das nicht. Du arbeitest seit Jahren an deinen Gedanken zum Thema Wiegen, warum machst du dir immer noch Sorgen, bevor du auf die Waage steigst?* Das ist eine sehr gute Frage, die ich gerne mit einem Beispiel aus meiner Zeit als Kindergärtnerin beantworten möchte.

Hinderliche Gedanken lassen sich umlenken

Vorab möchte ich etwas mit dir teilen, das sich vielleicht erst einmal wie eine »schlechte Nachricht« anhört: Dein Gehirn wird dir immer wieder hinderliche Gedanken präsentieren. Aber, und das ist die gute Nachricht, sobald du deine Gedanken erkennen kannst und als hilfreich oder nicht zu bewerten gelernt hast, werden dir die bekannten Unruhestifter immer häufiger auffallen und du kannst sie nach und nach überwinden. In meiner Vorstellung stelle ich sie mir immer als *ungezogene Kinder* vor – es muss wohl an meiner Zeit als Kindergärtnerin liegen.

Wie ich in Kapitel 2 erwähnt habe, ist der Vergleich deiner automatischen Gedanken mit kleinen Kindern sehr treffend: Sie sind unlogisch, stur und haben weder eine große Aufmerksamkeitsspanne noch ausgeprägte Sozialkompetenzen. Sie können laut und fordernd oder still und mürrisch sein. Sie werden unleidlich, wenn sie müde oder hungrig sind, und du weißt nie, wann sie dich mit einem plötzlichen Anflug liebevoller Zärtlichkeit überraschen. Außerdem, und das ist das Beste an kleinen Kindern – und auch an deinen automatischen und effizienten Gedanken –, lassen sie sich leicht ablenken.

Wenn ein kleiner Wirbelwind sein Spielzeug nicht mit anderen Kindern teilen will, musst du ihn nur sanft in Richtung eines anderen Spielzeugs lenken (am besten am anderen Ende des Raums), mit dem er sich kurz allein beschäftigen kann. Und wenn ihm das zu langweilig wird, wird er sich etwas Neues suchen.

Dieser Trick funktioniert sowohl bei deinen hinderlichen Sorgen als auch bei Kindern. Ich gestalte die Frage gerne besonders aufregend und interessant, als wäre die neue Sache, mit der wir spielen oder über die wir nachdenken wollen, soooooo viel besser als die, mit der wir uns aktuell beschäftigen.

»Wirbelwind, ich sehe, dass du Sally mit Wachsmalkreide bewirfst, aber hast du schon gesehen, dass es am anderen Tisch magische Knete gibt?« funktioniert genauso wie »Gehirn, ich stimme dir zu, dass ich heute mehr wiegen könnte, aber weißt du, dass mein Gewicht auch sinken oder gleich bleiben könnte?«.

Ja, ich habe immer noch Sorgen, auch wenn ich mein Gehirn mittlerweile darauf trainiert habe, sie als HINDERLICH zu kategorisieren, aber nach all den Jahren, in denen ich sie als das erkannt habe, was sie sind, und die Gefühle dahinter gefühlt und verstanden habe (eine sehr spannende Fertigkeit, die wir uns im nächsten Kapitel anschauen werden), *fühle* ich die Sorgen nicht mehr. Ich kann den Gedanken einfach wahrnehmen und liebevoll umlenken. Und ja, ich benutze dafür durchaus meine »Kindergärtnerinnenstimme«.

Tägliche Gewichtsschwankungen sind völlig normal

Gestern hast du 0,5 kg weniger gewogen als Vorgestern, und heute wiegst du fast 1 kg mehr als gestern – was ist da los? Liegt es daran, dass du gestern etwas Salziges gegessen hast, oder hast du zugenommen? Hast du zu viele Kalorien zu dir genommen oder nicht genug Sport getrieben? Oder, auch wenn sich das immer noch unrealistisch anhört, könnte es sein, dass du zu viel Sport gemacht und zu wenig gegessen hast? Es könnte an einem dieser Faktoren liegen, oder an keinem.

Tatsache ist, dein Körpergewicht verändert sich ständig aufgrund von Milliarden Prozessen, die tagein, tagaus in deinem Körper ablaufen, dein Leben lang. Das Gewicht, das du auf der Waage siehst, spiegelt nicht nur wider, was du gestern gegessen oder getrunken hast, sondern auch, wie viel du in letzter Zeit geschlafen hast, wie viel Stress du hast oder ob stille Entzündungen in deinem Körper schwelen, und vielleicht auch, ob Essensreste noch nicht ausgeschieden worden sind (ja, vielleicht wiegst du gerade mehr, weil du auf die Toilette musst).

Wende die Zwei-Schritte-Methode auf deine Gedanken zu diesen Schwankungen an – es ist wahrscheinlich, dass die meisten deiner Gedanken dazu nicht hilfreich sind. Wenn du mit der Zeit einen Trend nach unten erkennst, verlierst du erfolgreich Gewicht.

Reflexionsfrage: Was denke ich über mein heutiges Gewicht (nach dem Wiegen)?

Bist du bereit für Wut, Frustration, Enttäuschung, Zorn oder Hoffnungslosigkeit? Das sind einige der aufregenden Gefühle, die du in deinem Tagebuch erkunden kannst, nachdem du dich gewogen hast. Lass uns also loslegen. Ich selbst habe mich im »Archiv« (meine alten Tagebücher) auf die Suche gemacht, um einige der hinderlichen Gedanken zu teilen, die mir auf meinem Weg zu hilfreicheren begegnet sind.

Hier ist mein ungefilterter Tagebucheintrag von vor einigen Jahren, der bereits mit »Ich glaube« und den Gefühlen, die jeder Gedanke in mir ausgelöst hat, aktualisiert worden ist:

ICH GLAUBE, ICH HASSE ES. [SCHLECHT/WÜTEND]

ICH GLAUBE, ICH HABE DIE KONTROLLE VERLOREN. [SCHLECHT/HILFLOS]

ICH GLAUBE, ICH KANN DAS NICHT ERTRAGEN. [SCHLECHT/BELASTET]

ICH GLAUBE, ICH BIN NOCH NIE SO DICK GEWESEN. [SCHLECHT/THEATRALISCH]

ICH GLAUBE, ICH ESSE ZU VIEL. [SCHLECHT/BESCHÄMT]

ICH GLAUBE, ICH MUSS MICH ECHT ZUSAMMENREISSEN. [SCHLECHT/UNKONTROLLIERT]

ICH GLAUBE, ICH MUSS MIT DEM NASCHEN AUFHÖREN. [SCHLECHT/UNTER DRUCK]

ICH GLAUBE, ICH MUSS MICH BEHERRSCHEN. [SCHLECHT/HILFLOS]

ICH GLAUBE, DAS IST VIEL ZU VIEL. [SCHLECHT/BELASTET]

ICH GLAUBE, ICH KANN NICHT GLAUBEN, DASS ICH MICH WIEDER HIERHER HABE BRINGEN LASSEN. [SCHLECHT/VERÄCHTLICH]

ICH GLAUBE, ICH ESSE ZU VIEL. [SCHLECHT/VERURTEILEND]

Obwohl das die Worte einer Fremden sind, spürst du wahrscheinlich die lodernde Wut und die ohnmächtige Hilflosigkeit dieser Gedanken. Lass mich dir sagen, dass nicht ein einziger dieser Gedanken mir dabei geholfen hat, mein Zielgewicht zu erreichen. Aber mein Gehirn musste das erst lernen.

Nimm dir die Zeit, wahrzunehmen, wie schmerzhaft deine Gedanken für dich sind und wie sehr sie dich lähmen. Du besitzt die Fähigkeit, dein Gehirn zu neuen Gedanken zu führen. Und das beginnt damit, die aktuellen Gedanken als HINDERLICH zu bezeichnen.

ICH GLAUBE, ICH HASSE ES. [SCHLECHT/WÜTEND] HINDERLICH

ICH GLAUBE, ICH HABE DIE KONTROLLE VERLOREN. [SCHLECHT/HILFLOS] HINDERLICH

ICH GLAUBE, ICH KANN DAS NICHT ERTRAGEN. [SCHLECHT/BELASTET] HINDERLICH

ICH GLAUBE, ICH BIN NOCH NIE SO DICK GEWESEN. [SCHLECHT/THEATRALISCH] HINDERLICH

ICH GLAUBE, ICH ESSE ZU VIEL. [SCHLECHT/BESCHÄMT] HINDERLICH

ICH GLAUBE, ICH MUSS MICH ECHT ZUSAMMENREISSEN. [SCHLECHT/UNKONTROLLIERT] HINDERLICH

ICH GLAUBE, ICH MUSS MIT DEM NASCHEN AUFHÖREN. [SCHLECHT/UNTER DRUCK] HINDERLICH

ICH GLAUBE, ICH MUSS MICH BEHERRSCHEN. [SCHLECHT/HILFLOS] HINDERLICH

ICH GLAUBE, DAS IST VIEL ZU VIEL. [SCHLECHT/BELASTET] HINDERLICH

ICH GLAUBE, ICH KANN NICHT GLAUBEN, DASS ICH MICH WIEDER HIERHER HABE BRINGEN LASSEN. [SCHLECHT/VERÄCHTLICH] HINDERLICH

ICH GLAUBE, ICH ESSE ZU VIEL. [SCHLECHT/VERURTEILEND] HINDERLICH

Zum Weiterdenken

Kannst du dir einen Zeitpunkt vorstellen, zu dem du dein Gewicht wunderbar finden wirst? Vielleicht nachdem du dein Zielgewicht erreicht hast? Was, wenn du das *jetzt gerade* so denken würdest? Du kannst dir diesen (möglicherweise) hilfreichen Gedanken ausleihen und ihn sofort denken, unabhängig davon, was die Waage täglich anzeigt: **Das ist genau das, was ich will.**

Ich kann verstehen, dass du das vielleicht für absurd hältst. *Aber Pahla,* rufst du mir durch die Seiten hindurch zu, *das ist nicht mal ansatzweise, was ich heute wiegen will.* Aber was, wenn es das wäre? Was, wenn du dir so sicher bist, dass du dein Zielgewicht in Zukunft erreichen wirst, dass dein heutiges Gewicht genau der richtige Ort auf dieser Reise scheint? Und was, wenn dein eigentliches Ziel neben deinem Zielgewicht vor allem ist, dich selbst zu lieben und zu akzeptieren, so wie du bist?

Wie fühlt es sich an, wenn du dir sagst: »Das ist genau das, was ich will«? Wenn es dir schwerfällt, stelle dir vor, du bekommst genau das richtige Geschenk, etwas, von dem du nicht einmal gewusst hast, dass du es brauchst, aber das du jetzt nicht mehr hergeben willst. Bei mir erzeugt dieser Gedanke ein Gefühl von *Zufriedenheit.*

Wenn du noch nicht an diesem Punkt angelangt bist und sich dieser Gedanke furchtbar anfühlt, entferne ihn, denn er ist hinderlich.

Kompakt: Was du in diesem Kapitel gelernt hast

- Ein bestimmtes Ziel vor Augen zu haben, ist entscheidend für den Erfolg.
- Für eine Entscheidung braucht es drei Schritte: Triff die Entscheidung, verpflichte dich, deine Gedanken zu der Entscheidung zu identifizieren, und sei skeptisch den Ergebnissen gegenüber, aber nicht gegenüber der Entscheidung selbst.
- Du kannst unlogische Assoziationen mit deinem Zielgewicht haben, die hinderlich sind.
- Du kannst dir dein Zielgewicht einfach aussuchen.
- Dein Gehirn denkt nicht in Tatsachen, es interpretiert Tatsachen und erzählt dir eine Geschichte.
- Dich zu wiegen, ist der schnellste (aber nicht unbedingt der einfachste oder beste) Weg, deine Gedanken zum Wiegen zu identifizieren.
- Die Konfrontationstherapie ist eine hilfreiche Methode, deine Angst oder deine Sorgen in Bezug auf das Wiegen zu verringern.
- Wiederkehrende Sorgen können als hinderlich eingestuft und sanft umgelenkt werden.

Teil drei:

Den eigenen Körper lieben

5. Die Wechseljahre haben so viel mehr verändert als nur deine Periode

Sei dir selbst eine liebevolle Freundin

Die Wahrheit ist: Nur weil du abgenommen hast, wirst du deinen Körper nicht automatisch lieben. Wir wissen, dass unsere Gedanken unsere Gefühle erzeugen, und wir haben herausgefunden, dass deine aktuellen Gedanken viele unangenehme Gefühle hervorrufen und sie dir deshalb nicht dabei helfen können, Gewicht zu verlieren. Trotzdem glaubt vielleicht ein Teil von dir noch, dass du am Ende glücklich sein wirst, *weil* du Gewicht verloren hast – doch dieser Teil liegt falsch.

Deine Gefühle werden immer aus deinen Gedanken heraus entstehen und nicht durch dein Gewicht, deine Figur, Fitness oder Gesundheit. Du kennst sicher Menschen mit einem nach außen hin wunderbar wirkenden Leben, die trotzdem unglücklich sind. Denke nur an manche Prominente, oder an Frauen, die eine tolle Figur haben und sich dennoch darüber beklagen, wie unattraktiv sie sich fühlen.

Dir sollte einsklar sein: Auch wenn du Gewicht verlierst, wirst du *nicht automatisch glücklich* sein. Ein gesundes Gewicht zu haben, hat viele Vorteile, weil du zum Beispiel mehr Energie hast und ein langes gesundes Leben lebst. Der Weg dahin und das Erreichen des Ziels haben zudem sehr positive Auswirkungen, weil du dabei so viel über dich selbst, deinen Körper und deine Handlungsfähigkeit lernst. Aber deine Traumfigur zu haben, wird nicht automatisch mit Liebe für deinen Körper einhergehen.

Liebe für den eigenen Körper basiert auf *Gedanken*, die *Gefühle* der Liebe erzeugen. Einerseits klingt das recht einfach. Theoretisch ist es das auch – du bist aktuell dazu in der Lage, liebevolle Gedanken über deinen Körper zu denken. Andererseits haben wir in den letzten Kapiteln gesehen, dass die Wahrscheinlichkeit groß ist, einige nicht so hilfreiche automatische Gedanken über die Wechseljahre und über deinen sich verändernden Körper zu denken.

Das ist kein Wunder, wenn du von abwertenden Bildern, Geschichten und Meinungen zu diesem Thema umgeben bist. Durch Serien und Filme gehen wir ganz selbstverständlich davon aus, dass die Wechseljahre eine furchtbare Zeit im Leben einer Frau sind, die Werbung will dir »Anti-Aging«-Cremes und Nahrungsergänzungsmittel verkaufen, und sogar einige Ärztinnen benutzen Wörter wie »Östrogenmangel« und »Eierstockversagen«, um die Wechseljahre zu beschreiben. Dein Körper ist weder fehlerhaft noch versagt er. Du musst dich nicht schlecht fühlen, und der Alterungsprozess ist nicht nur ganz natürlich, sondern bietet eine Fülle an Möglichkeiten, sich selbst auf einer tieferen Ebene zu verstehen.

Es gibt kein Zurück

Ein Wunsch, den viele Frauen, mit denen ich arbeite, äußern – und den ich selbst hatte, als die Wechseljahre mich eingeholt und mein Körper sich auf eine Weise verändert hat, die ich damals noch nicht verstand –, ist, dass sie sich wieder wie sie selbst fühlen wollen oder ein Gewicht erreichen wollen, das sie einmal hatten. Auch wenn du weißt, dass sich die Zeit nur in eine Richtung bewegt – vorwärts –, präsentiert dir dein Gehirn die schon bekannte Zahl eines vergangenen Gewichts oder eines vergangenen Fitnesslevels als Ziel, das du ansteuern kannst. Das mag oberflächlich betrachtet harmlos erscheinen, doch ich möchte darauf hinweisen, dass das Ziel, zu »deinem alten Körper zurückzukehren«, *unmöglich* zu erreichen ist, wenn sich durch die Wechseljahre fast jeder Prozess in deinem Körper verändert hat. Das ist reine Zeitverschwendung.

Um das zu veranschaulichen, wollen wir den Gedanken »Ich will mich wieder so fühlen wie früher« kurz mit der Zwei-Schritte-

Methode beleuchten. Mache dir als Erstes klar, dass er nur ein Gedanke ist – »*Ich glaube*, ich will mich wieder so fühlen wie früher.« Das nimmt dem Gedanken ein wenig die Wahrhaftigkeit, oder? Und wie fühlst du dich bei dem Gedanken »Ich will mich wieder so fühlen wie früher«? Meine erste Reaktion: *Verzweiflung*. Verzweiflung fühlt sich an wie ein flaues Gefühl im Magen und eine Leere in der Brust – das ist also kein gutes Gefühl. Deshalb ist der Gedanke »Ich will mich wieder so fühlen wie früher« kein hilfreicher Gedanke auf dem Weg zu meinem Ziel, meinen Körper in den Wechseljahren zu lieben.

Statt dein vergangenes Selbst wiedererlangen zu wollen, solltest du lieber verstehen, was jetzt gerade mit deinem Körper passiert, damit du bewusst ein zufriedenes Selbst erschaffen und in Zukunft glücklich leben kannst.

Was dein abnehmender Östrogenspiegel noch verändert

In Kapitel 2 und 3 haben wir untersucht, wie der Östrogenrückgang die Gewichtsabnahme beeinträchtigt und eine Gewichtszunahme erleichtert. Als Nächstes wollen wir uns die gesundheitsrelevanten Veränderungen ansehen, die dein Körper durch den Östrogenmangel erfährt. Auch wenn dir von klein auf beigebracht worden ist, auf dein Aussehen zu achten, ist deine Gesundheit doch deutlich wichtiger. Ein für dich gesundes Gewicht wird sich positiv auf deine allgemeine Gesundheit auswirken und die mit Übergewicht verbundenen Risiken senken. Über deine Gesundheit hinaus können Änderungen in deiner Trainingsroutine helfen (die durch Änderungen in deinem Denken möglich gemacht werden), das Ziel zu erreichen, deinen Körper endlich so zu lieben, wie er ist.

Östrogen und dein Herz

Das Östrogen hat all die Jahre scheinbar ganz selbstverständlich verschiedene wichtige Aufgaben übernommen. Es hat dich vor Herzkrankheiten geschützt, indem es die Geschmeidigkeit und Flexibilität der Blutgefäße bewahrt hat. In Kombination mit anderen durch den sinkenden Östrogenspiegel und dem chronisch erhöhten Cortisol möglichen Veränderungen in deinem Körper – wie etwa eine Zunahme an Bauchfett, eine Insulinresistenz, generelle Gewichtszunahme, ein erhöhter Blutzucker oder Blutdruck – kann diese Veränderung der Blutgefäße ein erhöhtes Risiko für Schlaganfälle, chronische Herzkrankheiten und sogar Herzversagen bedeuten. Durch eine verminderte Durchblutung von Gewebe kommt es zu einem Sauerstoffmangel in den Zellen, der zu einem Herzinfarkt führen kann. 2022 sind in Deutschland 34 900 Frauen daran verstorben.

Wahrscheinlich machst du dir vor allem Sorgen, dass die Männer in deinem Leben einen Herzinfarkt erleiden, aber tatsächlich sind Herz-Kreislauf-Erkrankungen mit die häufigste Todesursache bei Frauen. Die Wahrscheinlichkeit, nach einem Herzinfarkt zu sterben, ist bei Frauen mehr als doppelt so hoch wie bei Männern. Frauen in den Wechseljahren haben schlechtere Kurz- und Langzeitergebnisse nach einem Herzinfarkt als Männer in ähnlichem Alter. Frauen vor der Menopause weisen eine ähnlich geringe Sterblichkeit auf, aber eine schlechtere Langzeitprognose als ihre männlichen Kollegen.

Wenn du Spaß an Ausdauertraining wie Spazierengehen, Schwimmen, Golf, Gartenarbeit, Fahrradfahren, Einheiten auf dem Crosstrainer oder Joggen hast, sollte es für dich kinderleicht sein, dein Herz gesund zu halten. Wenn Sport für dich allerdings unangenehm ist, musst du wahrscheinlich erst mal deine Gewohnheiten und Einstellungen ändern (darauf gehen wir auf Seite 158 weiter ein).

Östrogen und deine Muskeln

Während der Wechseljahre verlierst du schneller Muskelmasse, Kraft und Muskeldefinition als in jeder anderen Phase deines Lebens. Östrogen hat dir bisher dabei geholfen, dich von deinem Training zu erholen. Deine Eierstöcke haben ausreichend Testosteron produziert, das all die Jahre für das Muskelwachstum und den Muskelerhalt wichtig ist. Der Hormonabfall in den Wechseljahren hat verschärft durch einen erhöhten Cortisolspiegel merkliche Auswirkungen auf deinen Körper. Die verringerte Muskelmasse reduziert die Stoffwechselrate, sodass du schneller zunimmst. Kurz gesagt verbrennen Muskeln mehr Kalorien als anderes Gewebe, also bedeuten weniger Muskeln eine reduzierte Kalorienverbrennung.

Wahrscheinlich fällt dir diese Veränderung zuerst an deinem Äußeren auf, aber es ist nicht nur ein optisches Problem. Weniger Muskelmasse bedeutet, dass du nicht mehr so stark bist wie früher und dass deine Knochen bei Stürzen weniger geschützt sind.

Auf viele Frauen wirkt Hanteltraining entweder einschüchternd oder eintönig. Zu dieser Gruppe habe ich auch mal gehört – bis ich begann, zu Hause Gewichte zu heben, und merkte, dass es genauso viel Spaß macht wie Ausdauersport. Wenn du schon mit Hanteln trainierst, wird dein Muskeltonus dir wahrscheinlich auch nach den Wechseljahren keine Probleme bereiten. Bist du aber noch kein Fan dieses Trainings, solltest du deine Gedanken und Gewohnheiten vielleicht überdenken .

Östrogen und deine Knochen

Vermutlich kommt dir die Aussage bekannt vor, dass das in Milch enthaltene Calcium deine Knochen stark und gesund hält. Doch auch Östrogen ist für denSchutz und den Erhalt deiner Knochen wichtig. Es gibt zwar noch mehr Forschungsbedarf, doch Wissenschaftler sind bereits zu dem Schluss gekommen, dass Östrogen für die Regulierung des gesamten Lebenszyklus der Knochen verantwortlich ist, also für die Bildung neuer Knochen, den Erhalt bestehender Knochen und die Aufnahme alter Knochenzellen in den Körper. Es gibt Hinweise darauf, dass ein Östrogenmangel mit einer erhöhten Knochenzellenaufnahme und einer verminderten Produktion von Knochensubstanz zusammenhängt. Das heißt, dass du während der Wechseljahre und danach mehr Knochendichte verlierst, als du aufbaust.

Die Schwächung deiner Knochen erhöht das Risiko für Brüche – insbesondere der Hüfte, der Handgelenke und Wirbelsäule – mitsamt aller durch sie verursachten Kosten und Komplikationen. Auch wenn Osteoporose keine tödliche Krankheit ist, ist sie heimtückisch und schmerzhaft und nimmt ihren Opfern eher die Lebensqualität als die Lebensquantität. Glücklicherweise ist die Lösung für Probleme mit der Knochendichte dieselbe wie für den Aufbau der Muskulatur, die wir auf Seite 160 behandeln.

Östrogen und dein Gehirn

Hirnnebel und Erinnerungslücken sind häufige Symptome der Wechseljahre, die möglicherweise mit dem sinkenden Östrogenspiegel zusammenhängen. Studien deuten darauf hin, dass Östrogen eine schützende Wirkung auf die Gehirnfunktion und die kognitiven Fähigkeiten hat, die in den Wechseljahren zu Erinnerungslücken führen kann. Obwohl die Gründe dafür noch unerforscht sind, ist die Wahrscheinlichkeit, an Alzheimer oder Demenz zu erkranken, für Frauen deutlich höher als für Männer. Die Einschränkung des Erinnerungsvermögens und der kognitiven Funktionen sind an sich nicht tödlich, diese Erkrankungen wirken sich allerdings negativ auf die Lebensqualität aus.

Es gibt zahlreiche Belege dafür, dass ein gesunder Lebensstil – eine gesunde Ernährung, die ausreichende Flüssigkeitszufuhr, ein erholsamer Schlaf, Stressabbau und eine konsequente Bewegung – die Risiken für neurodegenerative Krankheiten, die den Verfall des Nervensystems betreffen, verringern kann. Die Art von Bewegung spielt dabei keine Rolle. Wenn du also ein ausgewogenes Bewegungsprogramm für deine Knochen, Muskeln, dein Herz und deine Lunge hast, tust du auch deinem Gehirn etwas Gutes.

Östrogen und dein Gleichgewichtssinn

Auch wenn das Sinken des Östrogenspiegels dein Gleichgewicht nicht direkt beeinflusst, steht es im Zusammenhang mit einer zunehmenden Steifheit der Sehnen und Bänder, die zusammen mit weniger Muskelmasse, Gehirnnebel oder anderen somatischen Symptomen wie Hitzewallungen deinen Gleichgewichtssinn mit zunehmendem Alter beeinträchtigen können. Ein mangelnder Gleichgewichtssinn führt zu einem höheren Sturzrisiko. Auch wenn ein Sturz nicht schwerwiegend erscheint (die meisten Menschen überleben einen Sturz), erhöht er das Risiko für Komplikationen wie Blutvergiftungen, Gehirnschäden oder den Verlust der Unabhängigkeit. Für Frauen über fünfundsechzig sind Stürze die häufigste unfallbedingte Todesursache.

Es ist leicht, Gleichgewichtsübungen in die tägliche Routine einzubauen, zum Beispiel, auf einem Bein zu stehen. Wenn du gerne balancierst, ist das super. Aber wenn dich der Gedanke an Gleichgewichtsübungen mehr zum Schwitzen bringt als Ausdauersport, solltest du deine Routine und deine Einstellung mithilfe der Übungen anpassen, die ich auf Seite 158 empfehle.

Deine Hormone müssen nicht ausgewogen sein, dein Bewegungsprogramm schon

Der Markt für Nahrungsergänzungsmittel und Speicheltests ist riesig, und viele Firmen wünschen sich nichts sehnlicher, als dass du dir Sorgen um deinen Hormonhaushalt machst. Doch dein Körper wird sich von ganz allein um deine kümmern, wenn du einen ausbalancierten Lebensstil pflegst. Dein durch die Wechseljahre veränderter Östrogenspiegel sollte dich dazu bringen, eine Routine aufrechtzuerhalten, die deine Herzgesundheit, deine Muskeln, deine Gehirnfunktionen und dein Gleichgewicht stärkt. Als Gegenleistung für deine konsequenten, maßvollen Anstrengungen werden sich dein Körper und deine Hormone von selbst ausgleichen.

Maßvolle Bewegung gehört nach der 5-0-Methode zu den fünf Dingen, die wir täglich tun sollten. Ich vermute, dass du eher zu deinen Lieblingsaktivitäten tendieren und unbeliebte Sporteinheiten nur ab und zu einschieben würdest, oder? Ich auch. Ich mache gerne jeden Tag Ausdauersport. Auch wenn du so zwar Gewicht verlieren kannst, ist es für das Erreichen *aller* Vorteile des Trainings (geschmeidige Muskeln, erhöhte Ausdauer und Energie und die funktionale Fitness, mit der du glücklich alt wirst) wichtig, ein wenig strategischer vorzugehen.

Mein Vorschlag: **Ein gesundes und ausgewogenes wöchentliches Trainingsprogramm umfasst vier Tage Ausdauersport, drei Tage Krafttraining und tägliche Gleichgewichtsübungen.**

Ein paar Hinweise zu den Empfehlungen der WHO

Die Weltgesundheitsorganisation (WHO) empfiehlt, dass Erwachsene aller Altersgruppen wöchentlich mindestens 150–300 Minuten moderaten Ausdauersport plus Krafttraining an mindestens zwei Tagen die Woche machen sollten. Die 5-0-Methode erfüllt diese Empfehlungen und verhilft dir gleichzeitig zu einem gesunden Gewicht und optimalen gesundheitlichen Vorteilen.

Wie kannst du die Empfehlungen der WHO in ein tägliches 23-minütiges Training zur Gewichtsreduzierung einfügen? In einem Wort: MetCon.

MetCon bedeutet Metabolic Conditioning (auf Deutsch Stoffwechselkonditionierung), eine Art des Trainings, bei der zwischen Ausdauer- und Kraftübungen abgewechselt wird, ohne große Pausen zwischen den Übungen, damit die Herzfrequenz im mittleren aeroben Bereich bleibt. Der Begriff für ein passendes Training in beiden Disziplinen im Bereich der optimalen Herzfrequenz lautet Cardio Toning, ein schnelles Ausdauertraining mit deinen leichtesten Gewichten.

Warum empfehle ich also drei Krafttage in der 5-0-Methode? Sollte nicht einer von ihnen ein Ausdauertag sein? Nein. Das

liegt am »Kardiovaskulären Drift«. Dieser Ausdruck bezeichnet das Phänomen, dass deine Herzfrequenz bei noch so kleinen Trainingsreizen mit der Zeit auf natürliche Weise ansteigt. So wird selbst ein eher langsames Krafttraining, das deutlich mehr als ein kleiner Trainingsreiz ist, wenn du mit mittelschweren Hanteln trainierst, deine Herzfrequenz in den empfohlenen Bereich ansteigen lassen.
Wenn du die täglichen Gleichgewichtsübungen aus der 5-0-Methode einbaust (die von der WHO ab einem Alter von 65 Jahren empfohlen werden), übertriffst du die Empfehlungen sogar mit 161 Minuten Bewegung pro Woche.

Warum Ausdauertraining gut für dein Herz und deine Lunge ist

Unser Gehirn und unser Körper unterliegen einigen biologischen Zwängen beziehungsweise Regeln: Nummer eins ist, am Leben zu bleiben, Nummer zwei ist die Fortpflanzung und Nummer drei und vier – auf die wir uns hier konzentrieren – sind, so unverändert zu bleiben wie möglich (um nur unbedingt notwendige Energie zu verbrauchen) und sich wenn nötig anzupassen. Die vierte Regel existiert wegen der dritten. Wenn du Sport treibst, verbrauchst du mehr Energie als im Ruhezustand, und auch wenn Sport für deinen Körper okay ist, behält er seine Energiereserven dennoch genau im Blick. Mit bestimmten Mechanismen stellt er sicher, dass die Arbeit dich beim nächsten Mal nicht so »teuer« zu stehen kommt.

Stelle dir vor, du machst einen zügigen Spaziergang. Während du gehst, arbeiten dein Herz und deine Lunge härter und schneller, weil deine Muskeln in der Bewegung mehr sauerstoffreiches Blut benötigen als im Ruhezustand. Das ist anstrengend für dein Herz und deine Lunge, deshalb setzt dein Körper nach dem Spaziergang einen komplexen chemischen und hormonellen Prozess in Gang, der deinen Herzmuskel und deine Atemmuskeln stärkt, dein Lungenvolumen erhöht und deine Durchblutung verbessert.

Mit der Zeit wirst du mit regelmäßigem Training mehr Sauerstoff aufnehmen können, dein Herz wird stärker schlagen und deine Venen werden mehr Blut in die entlegeneren Teile deines Körpers (und wieder zurück) befördern können. Kurz, dein Körper passt sich an, damit deine Energieleistung unverändert bleiben kann.

Warum Krafttraining gut für deine Muskeln und Knochen ist

Das Grundprinzip, sich anzupassen, um unverändert zu bleiben, gilt für alle Arten von Übungen und für alle Körpersysteme, einschließlich des Bewegungsapparats. Interessanterweise stehen Verbesserungen deiner Muskeln im Zusammenhang mit einer höheren Knochendichte, weil die Mechanismen, mit denen du Muskelmasse aufbaust (mit Widerstandstraining wie Krafttraining mit Hanteln), auch die Knochendichte erhöhen.

Deine Muskeln sind mit Bändern und Sehnen an deinen Knochen befestigt und arbeiten zusammen, damit Bewegung möglich wird. Ohne Knochen hätten deine Muskeln weder Form noch Struktur; ohne Muskeln könnten sich deine Knochen nicht bewegen. Wenn du Sport treibst, belastest du sowohl deine Muskeln als auch deine Knochen. Als Reaktion auf diese Belastung setzt dein Körper chemische und hormonelle Prozesse in Gang, die deine Muskeln und Knochen reparieren, indem sie dicker und dichter werden – und damit in der Lage sind, mit demselben Energieaufwand mehr Arbeit zu leisten.

Warum Gleichgewichtsübungen gut für dein Gehirn und deinen Körper sind

Die Verbesserung deines Gleichgewichts ist der Beweis dafür, dass dein Gehirn zusammen mit deinen Muskeln und Knochen Anpassungen vornimmt, wenn sie dazu aufgefordert werden. Es hat sich gezeigt, dass regelmäßiger Sport die Gehirnfunktionen verbessert, das Risiko für neurokognitive Erkrankungen senkt und Neuroplastizität (Herstellung neuer synaptischer Verbindungen und Regeneration der Neuronen) fördert. Ein gutes Gleichgewicht hängt von der Zusammenarbeit deines Körpers und deines Gehirns mit deiner »Propriozeption« ab, das ist das innere Bewusstsein dafür, wo sich dein Körper befindet und wie er sich bewegt. Die einzige Möglichkeit, dieses Bewusstsein zu stärken, ist Übung. Schon ein wenig Gleichgewichtstraining kann eine Menge bewirken. In nur wenigen Wochen wirst du mit weniger als fünf Minuten täglicher Übung deutliche Veränderungen an deinen Bewegungsmustern und deinem Gleichgewichtssinn erkennen (und spüren) können.

Nur weil es gut für dich ist, willst du es nicht automatisch tun

Ist dir jemals aufgefallen, wie groß die Kluft zwischen dem, »was gut für dich ist«, und dem, »was du täglich machst«, sein kann? Sie ist riesig. Wenn wir alle nur das machen würden, was uns guttut, wäre das Leben deutlich einfacher. Aber bestimmte Angewohnheiten (Rauchen, Trinken, zu viel zu essen und so weiter) haben wir so sehr normalisiert, dass sie sich bequem, vertraut und angenehm anfühlen, auch wenn sie ungesund sind. Aber denke daran, der einzige Grund, warum sich diese Gewohnheiten so bequem, vertraut und angenehmen *anfühlen*, ist, dass du *Gedanken* über sie hast. Das heißt, dass du wahrscheinlich nicht besonders bequeme, vertraute und angenehme Gedanken darüber haben wirst, diese Gewohnheiten zu ändern, um die Veränderungen in den Wechseljahren aufzufangen. Und diese Gedanken halten dich auf.

Dein Gehirn strebt immer nach Angenehmem und vermeidet Schmerz. Wenn du also angenehme Gedanken über das Essen, den Sport oder das Schlafen hast (und schmerzhafte oder zumindest unangenehme Gedanken über Veränderungen), ist es nur logisch, dass du auf dem gewohnten Weg bleibst. Aus genau diesem Grund lernst du, deine Gedanken mit der Zwei-Schritte-Methode zu untersuchen – damit du gesunde Veränderungen in deinem Leben schaffen kannst, statt immer wieder das Gleiche zu tun –, indem du dir die Gedanken bewusst machst, die deine aktuellen Handlungen auslösen. Hole dir dein Tagebuch und beginne, zu forschen.

Als ich meine alten Tagebucheinträge noch einmal durchgegangen bin, musste ich gar nicht so weit zurückblättern. Ich arbeite schon seit Jahren daran, meinen Körper trotz all der Veränderungen zu lieben. Dabei habe ich sehr schwierige, aber auch sehr zufriedenstellende Veränderungen meiner Denkweise erfahren dürfen.

Reflexionsfrage: Was denke ich über die Veränderung meiner Routine in den Wechseljahren?

ICH WILL (DAS) NICHT.

ICH HASSE ES, DASS MEIN KÖRPER JETZT ANDERS IST.

ICH WÜNSCHTE, ICH KÖNNTE SO BLEIBEN, WIE ICH BIN.

ICH WILL MICH NICHT VERÄNDERN.

ICH WEISS NICHT, WAS ICH TUN SOLL.

ICH HASSE DIESEN VERÄNDERTEN KÖRPER.

DIE WECHSELJAHRE SIND MIST.

ICH MUSS JETZT BEI ALLEM SO VORSICHTIG SEIN.

ICH WILL NICHT SO VIEL NACHDENKEN MÜSSEN.

ICH MAG MEINE ROUTINE SO, WIE SIE IST.

ICH MÖCHTE DAS TUN, WAS ICH BISHER GETAN HABE.

DAS SOLLTE MIR NICHT PASSIEREN!

Wir unterbrechen jetzt den normalen Verlauf der Zwei-Schritte-Methode …

Sobald ich den letzten Satz zu Papier gebracht hatte, legte ich den Stift zur Seite und brach in Tränen aus. Dieser letzte Gedanke hat sich so echt und so schmerzhaft angefühlt, dass er meine unmittelbare Aufmerksamkeit einforderte. Aber war das überhaupt ein Gedanke – oder nicht eher ein sehr starkes Gefühl?

Gedanken und Gefühle unterscheiden

Gefühle sind eine Reihe von hormonellen Reaktionen – ausgelöst durch den neuroelektrischen Impuls eines Gedankens –, die Veränderungen in unserem Körper auslösen, zum Beispiel Angstschweiß, eine erhöhte Puls- und Atemfrequenz, einen trockenen Mund oder eine stärkere Durchblutung, die ein Kribbeln in den Gliedmaßen verursacht. Ohne Intervention dauern diese körperlichen Auswirkungen der Gefühle etwa 90 Sekunden lang an, bevor sie abklingen. Sie sind komplett natürlich, und wir sind dazu *geschaffen*, sie zu erleben. Biologisch gesehen sind deine Gefühle dazu da, dir Informationen zu geben und dich zum Handeln zu bringen. Denke daran, dass jedes Ergebnis in deinem Leben aus dieser Verkettung von Ereignissen resultiert: Deine Gedanken erzeugen deine Gefühle, die wiederum deine Handlungen steuern.

Im Laufe der Geschichte wurden Gefühle stets als weniger nützlich angesehen als rationales Denken, doch das entspricht keinesfalls der Wahrheit. Ohne Gefühle würdest du nichts *tun*, deshalb könntest du auch keine Ergebnisse in deinem Leben erzielen. Und ich meine nicht nur große Resultate wie einen guten Verdienst oder den Gewichtsverlust von 50 kg, ich meine ganz einfache Handlungen, wie den Raum zu durchqueren und dich auf einen Stuhl zu setzen – ein Ergebnis, das du mit dem Gedanken »Ich würde mich gerne hinsetzen« erzielst. Dieser erzeugt ein Gefühl des Verlangens, das dann die Handlung des Gehens und Setzens auslöst.

Gefühle sind unentbehrlich für unser Leben. Und doch beschweren wir uns über sie, wünschen uns, sie würden verschwinden. Wir lernen von klein auf, sie zu unterdrücken. Und manchmal würden wir alles dafür tun, sie nicht zu fühlen.

Warum du Gefühle vermeidest

Wir *alle* vermeiden Gefühle. Selbst nach so vielen Jahren meiner Arbeit mit den Prinzipien der kognitiven Verhaltenstherapie ertappe ich mich manchmal dabei, dass ich sinnlos in den sozialen Medien herumscrolle oder mir einen Snack aus dem Kühlschrank hole, anstatt meine Gefühle zuzulassen. Das ist kein persönliches Problem, das liegt in der Natur der Dinge.

Dein Gehirn ist darauf ausgelegt, Angenehmes anzustreben und Schmerz zu vermeiden – das ist dein grundlegender Überlebensmechanismus. Auch wenn du ihn theoretisch von Fall zu Fall außer Kraft setzen kannst, wird deine erste Reaktion immer in diese Richtung gehen. Lass uns also herausfinden, wie deine Gefühle biologisch funktionieren (wie wir es in Kapitel 2 schon mit unseren Gedanken gemacht haben), um ein wenig Handlungsfähigkeit im Angesicht dieser natürlichen Vermeidungsstrategie zu erhalten.

Zuerst hast du einen Gedanken, einen elektrischen Impuls in deinem Gehirn, der auf jeder Wahrnehmung basiert, die du je gehabt hast. Als Nächstes erzeugt dieser Gedanke ein Gefühl, eine Flut von Chemikalien (Hormone), die dein Gehirn als Reaktion auf den elektrischen Impuls deines Gedankens ausschüttet. Diese Chemikalien verursachen körperliche Reaktionen wie feuchtkalte Haut, ein Engegefühl in Kehle oder Bauch, Tränen, ein Kribbeln auf der Haut und so weiter. Sobald die Hormone diese körperlichen Reaktionen ausgelöst haben, nimmt dein Gehirn diese wahr und verarbeitet sie in Form von Gedanken, genauso wie bei Reizen von außerhalb deines Körpers. Sehr wahrscheinlich entstehen in deinem Gehirn so Gedanken wie »Das fühlt sich nicht gut an«, wenn sich deine Kehle oder dein Magen zusammenzieht.

Du hast einen *Gedanken* über dein *Gefühl*. Und *zack*. Das ist der Moment, in dem sich dein angeborenes Bedürfnis meldet, Angenehmes anzustreben und Schmerz zu vermeiden, und dich zur nächsten oder vertrautesten Quelle der Freude führt. Das kann Essen sein, das Scrollen auf dem Smartphone, die Beschäftigung mit einem Projekt oder einfach die Ablenkung durch andere Gedanken.

Deine Gefühle zulassen und damit arbeiten. statt in ihnen zu verharren

Vielleicht ist Vermeidung auch gar nicht das Problem. Viele von uns, und ich zähle mich zu dieser Gruppe, haben das Problem, dass sie alles fühlen, und das immer. Es ist ein Unterschied, ob du das Gefühl zu Ende fühlst oder ob immer mehr Gedanken die Gefühle überlagern, was letztlich dein Denken blockiert.

Als meine Schwester starb, wusste ich, dass ich traurig war. Aber immer, wenn ich das traurige Gefühl bemerkt habe, bewegten sich meine Gedanken weiter zu Sätzen wie »Ich vermisse sie so sehr, ich wünschte, sie wäre noch hier, und es ist wirklich blöd, dass ich mich jetzt allein um unsere Mutter kümmern muss«, und das traurige Gefühl hielt an. Manchmal war ich fast den ganzen Tag lang traurig besonders kurz nach ihrem Tod. Etwa sechs Monate nach ihrem Tod betrat ich nach einem Lauf mein Haus und eine plötzliche Erinnerung an Vicki überwältigte mich. Ich setzte mich auf einen Stuhl und begann, zu weinen. Es war kein normales Weinen, sondern ein tiefes herzzerreißendes Heulen, das von einem wilden Tier hätte stammen können. Und während ich weinte, stellte ich mir eine Frage, die mein ganzes Leben veränderte. Ich bemerkte, dass mein Körper sich wand und sich mir der Magen umdrehte, also fragte ich mich: »Muss ich mich jetzt übergeben?« Mit diesen fünf einfachen Worten verlagerte sich mein Verstand vom Denken auf das tatsächliche Wahrnehmen der *Gefühle in meinem Körper.*

Ich konzentrierte mich zuerst auf meinen Magen, um herauszufinden, ob ich ein geeignetes Gefäß für das drohende Erbrechen auftreiben musste oder nicht. Tatsächlich war mir nicht übel, auch wenn mein Magen wie zugeschnürt schien. Mein Herz, meine Kehle und mein Brustkorb fühlten sich eingeengt an, und selbst meine Hände waren zu Fäusten geballt. Auch wenn ich noch atmen konnte, brannten meine Lungen wie Feuer. Ich hatte das sehr realistische Gefühl, in ein bodenloses Loch zu stürzen, als würden meine Organe auf starke Fliehkräfte reagieren. Ich schwitzte heftig. Mein Herz schlug so laut, dass es in meinen Ohren pochte, und meine Hände kribbelten stark.

Ich war in der Lage, diese Empfindungen und noch mehr wahrzunehmen, einfach weil ich mich fragte, ob sich mein Magen gleich entleeren würde. Diese eine Frage führte dazu, dass ich meine Gefühle als eine Funktion meines Körpers wahrnehmen konnte statt als Funktion meines Gehirns.

Warum es wichtig ist, die körperlichen Symptome deiner Gefühle zu durchleben

In der Literatur finden sich immer wieder Hinweise darauf, dass das moderne menschliche Gehirn angeblich pro Tag ungefähr 60 000 bis 80 000 Gedanken denkt, was ungefähr 42 Gedanken pro Minute entspricht. Zudem kann man immer wieder lesen, dass wir durchschnittlich 24 Prozent negative Gedanken und 3 Prozent positive Gedanken hätten, was bedeuten würde, dass der moderne Mensch achtmal mehr negative Gedanken hat als positive. Allerdings lassen sich diese Zahlen nirgendwo wissenschaftlich belegen. Eine Studie, die im Jahr 2020 an der Queens University durchgeführt wurde (siehe Quellenverweis »Neuromentaltraining« im Anhang), stellte diesen Mythos infrage und kam zu dem Ergebnis, dass es wohl eher 6000 Gedanken am Tag sind, die wir denken. Doch auch das ist schon eine ganze Menge, oder?

Forschende vermuten außerdem, dass sich davon ungefähr 90 Prozent wiederholen – falls du jemals einen Ohrwurm gehabt hast, kennst du dieses Phänomen. Bei dieser Biologie und unserer gesellschaftlich verstärkten Abneigung, Emotionen zu verdrängen, ist es kein Wunder, dass wir uns anhaltende Gefühle schaffen. Aber Gefühle sind dazu da, vorüberzugehen.

Wichtig zu wissen: Für jedes Hormon, das eine Reaktion auslöst, gibt es auch ein Hormon, das sie wieder stoppt (siehe Seite 51 für eine Auffrischung). Genau das passiert auch mit deinen Gefühlen. Die körperlichen Symptome, die du im Zusammenhang mit deinen Gefühlen wahrnimmst, werden von Hormonen ausgelöst. Der elektrische Impuls eines Gedankens führt zu einer Ausschüttung von Hormonen, diese erledigen ihre Aufgabe (dich zu Handlungen anzuspornen) und werden dann von einem anderen Hormon gestoppt.

Als ich mitten in der tiefen Trauer um meine Schwester steckte und mit der Reaktion meines Magens, meiner Lunge und mit meinen seltsam juckenden Händen total überfordert war, fürchtete ich kurz, dass ich mich für immer so fühlen würde. Dass mein Weinen, einmal begonnen, nie wieder aufhören würde. Zum Glück bemerkte ich in dem Moment auch, dass meine Atmung sich anders anfühlte – weniger mühsam und keuchend, wenn auch noch nicht in meinem normalen Rhythmus. Das war ein Glücksfall, weil es mich im Moment verankerte, statt mich in weitere besorgte Gedanken darüber zu stürzen, ob ich noch funktionieren könnte, wenn ich den Rest meines Lebens weinen würde.

Statt mich wieder in meinen Kopf zurückzuziehen, blieb ich bei meinem Körper. Schon bald klangen die Empfindungen ab. Bis sie verschwanden. Das hat mich sehr überrascht. Mein Pulsschlag normalisierte sich, meine Atmung verlangsamte sich, mein Magen, Brustkorb und meine Hände entspannten sich, die Tränen versiegten und meine Haut fühlte sich nicht mehr feucht an. Zum ersten Mal in meinem langen emotionalen Leben hatte ich ein Gefühl bis zu Ende gefühlt.

Vier einfache Schritte, wie du deine Gefühle richtig einordnest

1. **Erkenne**, dass du bestimmte Gefühle hast. Das mag offensichtlich erscheinen, ist es aber manchmal nicht. Wenn du mittendrin steckst, insbesondere wenn du gelernt hast, deine Gefühle zu verbergen oder es gewohnt bist, erst zu reagieren und dann zu analysieren, erkennst du deine Gefühle vielleicht nicht sofort als solche.

2. **Beschreibe** deine körperlichen Empfindungen im Zusammenhang mit diesen Gefühlen. Genau wie die Gedanken in deinem Tagebuch solltest du auch deine Gefühle nicht zensieren. Die Worte, die dir in den Sinn kommen, erfüllen ihre Aufgabe. Ich persönlich stelle fest, dass mir viele Klischees einfallen – mir dreht sich der Magen um oder ich sehe rot, zum Beispiel. Dies ist kein Test und es gibt keine Extrapunkte für besonders bildhafte Sprache. Ich habe für mich eine Liste mit Fragen zusammengestellt: Wo in meinem Körper fühle ich das Gefühl am stärksten – Kopf, Kehle, Brust, Magen oder Extremitäten? Hat es eine bestimmte Farbe, Form, Temperatur oder einen Geruch? Mit welchen Adjektiven würde ich es beschreiben – spitz/scharf, eng, prickelnd, schwer? Bewegt es sich oder bleibt es an derselben Stelle? Wirkt es fest, flüssig oder gasförmig? Wenn ich die Liste einmal durchgegangen bin, beginne ich wieder von vorne, um zu sehen, ob sich das Gefühl irgendwie verändert hat. Normalerweise ist das der Fall, da die »Stopp«-Hormone ausgeschüttet und die »Start«-Hormone aus meinem Blutkreislauf verdrängt werden. Im Laufe der Jahre, in denen ich meine eigenen Gefühle gespürt und meine Klientinnen dabei begleitet habe, ihre Gefühle zu spüren, weiß ich, dass jedes Gefühl seine eigenen einzigartigen Empfindungen hat. Wenn du neugierig und aufmerksam bleibst, macht es sogar Spaß, neue Worte zu finden, um jedes einzelne Gefühl zu beschreiben.
3. **Gib deinen Gefühlen Raum,** aber lass dich nicht von deinen Gefühlen überwältigen. Wie wir mittlerweile wissen, sollen dich deine Gefühle zum Handeln animieren. Doch manchmal haben diese Handlungen nicht dein Bestes im Sinn. Der Trick ist, manche eher unpassenden oder impulsiven körperlichen Reaktionen liebevoll zurückzuhalten, während du sie wahrnimmst und beschreibst. Wenn es für dich sicher ist, zu weinen, zu schreien oder zu lachen, dann mache es. Aber denke daran, dass diese Aktivitäten dich davon ablenken, deinen Körper richtig zu spüren. Lass dich nicht dazu hinreißen, die Gefühle zu beschreiben. Auf ein Kissen einzuschlagen, wird

deine Wut nicht auflösen, aber wenn du auf die »nervösen« Vibrationen in deinem Rumpf und deinen Gliedmaßen achtest, die dich auf das Kissen einschlagen lassen, wird sich die Wut auflösen.

4. **Erlaube** dem Gefühl, dass es indeinem Körper existiert. Die meisten Gefühle lösen sich von selbst nach etwa 90 Sekunden auf. Manche verschwinden schneller, andere brauchen etwas länger – wahrscheinlich aufgrund des spezifischen Hormoncocktails, den der bestimmte Gedanke ausgelöst hat. Egal, wie lange es dauert, bleibe dabei, das Gefühl wahrzunehmen, zu beschreiben und für dich zuzulassen.

Deine Gefühle ohne Sprache beschreiben

Ich denke hauptsächlich in Wörtern. Deshalb ist meine Methode der Emotionsregulation das Beschreiben meiner Gefühle mit Wörtern, doch es gibt auch andere Möglichkeiten. Ich habe schon mit Klientinnen gearbeitet, die ihre Gefühle über Kunst, Mathematik und Bewegung beschrieben haben. Diese Optionen stehen auch dir zur Verfügung. Wenn es ein Medium gibt, das du genauso intuitiv verstehst wie Sprache, verwende es gerne – mit der Einschränkung, nicht zu versuchen, die Gefühle zu zerstreuen, sondern sie auf Papier zu bringen. Der wichtigste Aspekt beim Spüren deiner Gefühle ist, dass du ihnen erlaubst, in deinem Körper zu existieren und sich von selbst aufzulösen.

Warum du deine Gefühle zulassen solltest

Der größte Vorteil des Zulassens deiner Gefühle besteht darin, dass du sie dadurch von deinen Gedanken zu unterscheiden lernst. Mit dem Tagebuchschreiben ist es nämlich so: Egal, wie sehr du diesen Prozess verlangsamst, um deine Gedanken einzeln zu betrachten, wirst du immer noch etwa einen Gedanken pro Sekunde haben. Viele dieser Gedanken drehen sich um die

Gefühle, die sie in dir auslösen, und lenken dich somit davon ab, dich auf deine Gedanken zu konzentrieren.

Genau so war es in unserem vorherigen Beispiel auf Seite 162, als es um die Veränderung der Trainingsroutine ging. Sobald ich den Satz »Das sollte mir nicht passieren« aufgeschrieben hatte, stiegen mir sofort die Tränen in die Augen, was eine Lawine von Gedanken auslöste, die nichts mit der Reflexionsfrage zu tun hatten (*Ich will jetzt nicht weinen. Ich muss diese Liste durchgehen.* Hör auf zu *weinen. Du bist so dumm. Du hast keine Zeit für so was. Warum muss ich jetzt weinen?*) und mich von der eigentlichen Aufgabe ablenkten.

Hätte ich mich zusammenreißen, konzentrieren und weitermachen müssen? Sicher. Aber diese Gedanken über meine Gefühle wären im Hintergrund immer noch präsent gewesen und hätten die Aufgabe deutlich erschwert. Indem du deine Gefühle spürst und ihnen erlaubst, sich auf natürliche Weise aufzulösen, kannst du sie aus deinem Kopf und aus deinem Körper entfernen und Platz für andere Gefühle schaffen.

Beim Anwenden der Zwei-Schritte-Methode solltest du Raum für Mitgefühl haben, um deine Gedanken und Gefühle beobachten und so mehr Selbsterkenntnis erlangen zu können. Sobald ich meine Gefühle zugelassen hatte, konnte ich weitermachen und den Ausdruck »Ich glaube« vor jeden Satz schreiben.

ICH GLAUBE, ICH WILL (DAS) NICHT.

ICH GLAUBE, ICH HASSE ES, DASS MEIN KÖRPER JETZT ANDERS IST.

ICH GLAUBE, ICH WÜNSCHTE, ICH KÖNNTE SO BLEIBEN, WIE ICH BIN.

ICH GLAUBE, ICH WILL MICH NICHT VERÄNDERN.

ICH GLAUBE, ICH WEISS NICHT, WAS ICH TUN SOLL.

ICH GLAUBE, ICH HASSE DIESEN VERÄNDERTEN KÖRPER.

Ich glaube, die Wechseljahre sind Mist.

Ich glaube, ich muss jetzt bei allem so vorsichtig sein.

Ich glaube, ich will nicht so viel nachdenken müssen.

Ich glaube, ich mag meine Routine so, wie sie ist.

Ich glaube, ich möchte das tun, was ich bisher getan habe.

Ich glaube, das sollte mir nicht passieren.

Das Gefühl zuzulassen, hat den Schmerz aufgelöst, das Gefühl daran gehindert, hängen zu bleiben und die Tür zu einem mitfühlenden Betrachten meines Gedankens »Immer passieren mir die doofen Sachen« als Gedanken geöffnet.

Ich glaube, ich will (das) nicht. [schlecht/bockig]

Ich glaube, ich hasse es, dass mein Körper jetzt anders ist. [schlecht/wütend]

Ich glaube, ich wünschte, ich könnte so bleiben, wie ich bin. [schlecht/wehmütig/traurig]

Ich glaube, ich will mich nicht verändern. [schlecht/bockig]

Ich glaube, ich weiss nicht, was ich tun soll. [schlecht/hilflos]

Ich glaube, ich hasse diesen veränderten Körper. [schlecht/wütend]

Ich glaube, die Wechseljahre sind Mist. [schlecht/genervt]

Ich glaube, ich muss jetzt bei allem so vorsichtig sein. [schlecht/unter Druck/eingeschränkt]

Ich glaube, ich will nicht so viel nachdenken müssen. [schlecht/bockig]

ICH GLAUBE, ICH MAG MEINE ROUTINE SO, WIE SIE IST. [SCHLECHT/WEINERLICH]

ICH GLAUBE, ICH MÖCHTE DAS TUN, WAS ICH BISHER GETAN HABE. [SCHLECHT/BOCKIG]

ICH GLAUBE, DAS SOLLTE MIR NICHT PASSIEREN. [SCHLECHT/HILFLOS]

Lass uns als letzten Schritt diese Gedanken als HILFREICH oder HINDERLICH bezeichnen, indem wir das entsprechende Wort neben jeden Satz schreiben und unserem Gehirn einen Moment Zeit geben, jeden einzelnen Gedanken neu einzuordnen.

ICH GLAUBE, ICH WILL (DAS) NICHT. [SCHLECHT/BOCKIG] HINDERLICH

ICH GLAUBE, ICH HASSE ES, DASS MEIN KÖRPER JETZT ANDERS IST. [SCHLECHT/WÜTEND] HINDERLICH

ICH GLAUBE, ICH WÜNSCHTE, ICH KÖNNTE SO BLEIBEN, WIE ICH BIN. [SCHLECHT/WEHMÜTIG/TRAURIG] HINDERLICH

ICH GLAUBE, ICH WILL MICH NICHT VERÄNDERN. [SCHLECHT/BOCKIG] HINDERLICH

ICH GLAUBE, ICH WEISS NICHT, WAS ICH TUN SOLL. [SCHLECHT/HILFLOS] HINDERLICH

ICH GLAUBE, ICH HASSE DIESEN VERÄNDERTEN KÖRPER. [SCHLECHT/WÜTEND] HINDERLICH

ICH GLAUBE, DIE WECHSELJAHRE SIND MIST. [SCHLECHT/GENERVT] HINDERLICH

ICH GLAUBE, ICH MUSS JETZT BEI ALLEM SO VORSICHTIG SEIN. [SCHLECHT/UNTER DRUCK/EINGESCHRÄNKT] HINDERLICH

ICH GLAUBE, ICH WILL NICHT SO VIEL NACHDENKEN MÜSSEN. [SCHLECHT/

BOCKIG] HINDERLICH

Ich glaube, ich mag meine Routine so, wie sie ist. [schlecht/weinerlich] hinderlich

Ich glaube, ich möchte das tun, was ich bisher getan habe. [schlecht/bockig] hinderlich

Ich glaube, das sollte mir nicht passieren. [schlecht/hilflos] hinderlich

Was, wenn du nicht weißt, wie du mit deinen Gefühlen umgehen sollst?

Gedankenimpulse und ausgeschüttete Hormone sind ja schön und gut, aber was, wenn ... na ja, wenn du deine Gefühle nicht so wahrnimmst? Ich weiß, dass es bisher so klang, als wäre es das Natürlichste der Welt, seine Gefühle so wahrzunehmen. Und genau genommen *ist* es das auch, aber das heißt nicht, dass es leicht ist. Tatsächlich tun sich viele Frauen schwer damit, ihre Gefühle im Körper zu lokalisieren. Dies sind die Gründe dafür:

- Dein Umfeld hat dich von frühester Kindheit an so sozialisiert, die Signale deines Körpers zu ignorieren – du durftest nur zu bestimmten Zeiten des Schultages essen, spielen oder auf die Toilette gehen – bis ins Erwachsenenalter hinein, wo du mit Sicherheit auch im Job deinen Körper ignorieren musst, um noch schnell eine Aufgabe abzuschließen.
- Du hast gelernt, Schmerz und Unbehagen zu akzeptieren, unter anderem die Geburt, Verdauungsprobleme oder Autoimmunerkrankungen.
- Dir wurde entweder absichtlich oder durch Vorleben beigebracht, deine Gefühle zu kontrollieren, zu verdrängen, zu vermeiden oder so zu tun, als gebe es sie nicht.
- Du hast mit der Zeit deinen Körper immer häufiger ignoriert, um dem Bedürfnis deines Gehirns nachzukommen, Angenehmes anzustreben und Schmerz zu vermeiden. Wenn der Schmerz in diesem Szenario das Unbehagen ist, in deinem Körper zu existie-

ren, während er an Gewicht zunimmt oder an Fitness verliert, ist deine einzige Option, sich von ihm zu lösen.

- Du hast gelernt, dass das Denken (das für viele gleichbedeutend mit Intelligenz, vielleicht sogar unserem Selbstwert ist) wichtiger ist als Fühlen (was wahrscheinlich als »albern« oder »unpraktisch« bezeichnet wird).

Was auch immer der Grund sein mag, das Ergebnis ist, dass du dich fragst, wovon ich eigentlich rede, wenn ich dich auffordere, »in deinen Körper hineinzuspüren, um deine Gefühle zu finden«.

Dein Gehirn hat Superkräfte – dein Körper auch

Keine Angst, du hast noch eine Superkraft, und die verbindet dein Gehirn mit deinem Körper. Interozeption ist wie Metakognition und Neuroplastizität eine angeborene Fähigkeit. Genau wie bei den Superkräften deines Gehirns kannst du diese durch einfaches Üben aktivieren. Was natürlich heißt, dass du dich darauf einstellen musst, dich erst mal unfähig zu fühlen und zu denken, dass du das nie hinbekommst, denn so ist das immer, wenn man etwas Neues lernt. **Interozeption ist die Fähigkeit deines Gehirns, wahrzunehmen und auszudrücken, was in deinem Körper passiert – die Fähigkeit, zu wissen, wie du dich fühlst.**

Vielleicht denkst du jetzt, *Pahla, ich habe dir doch gerade gesagt, dass ich nicht weiß, was ich* fühlen *soll.* Aber bevor du das Buch frustriert zuklappst, will ich kurz klarstellen, dass du vielleicht *momentan* nicht weißt, wie du deine Gefühle wahrnehmen kannst, aber dass du die Fähigkeit hast, es zu *lernen.* Interozeption besteht aus zwei Aspekten: dem Wahrnehmen und Ausdrücken. Es kann gut sein, dass dein Körper und dein Gehirn einfach nicht mehr miteinander kommunizieren. Es ist nicht so, dass keine Gefühle mehr da sind, sondern eher, dass du keine Signale mehr empfängst. Ich stelle mir das gerne wie ein Radio vor. Selbst wenn es ausgeschaltet oder auf einen anderen Sender eingestellt ist, wird das Signal des gewünschten Senders immer noch ausgestrahlt – du musst nur so lange am Knopf drehen, bis du es gefunden hast.

Du bist dran: Übe, deine Gefühle im Körper wahrzunehmen

Einer meiner liebsten Tricks zum Thema Selbsterfahrung ist, so zu tun, als würde jemand anderes das erleben, was mir selbst bewusster werden soll. Das klingt erst einmal seltsam – man sollte meinen, dass man sich auf sich selbst konzentrieren sollte, wenn man sich selbst besser spüren möchte. Aber manchmal ist das ganze *Nachdenken* über sich selbst mit sehr viel Druck verbunden, als gebe es einen richtigen und einen falschen Weg. Um diesen Druck zu mindern, frage ich mich, wie jemand anderes (der/die definitiv nicht ich bin) diese Sache angehen würde.

Wenn es um das Wahrnehmen von Gefühlen geht und du dir nicht sicher bist, ob du überhaupt etwas fühlen kannst, stelle dir die Frage: »Wie, glaube ich, fühlt sich Wut im Körper eines anderen Menschen an?« So formuliert kannst du die Frage als ein intellektuelles Rätsel betrachten und nicht als einen Test, den du bestehen oder nicht bestehen kannst. Aus dieser neugierigen Position heraus denkst du dir vielleicht, dass das Gefühl wohl mit einer erhöhten Pulsfrequenz einhergeht, weil andere rot werden, wenn sie wütend sind. (In diesem Fall basieren deine Beobachtungen offensichtlich darauf, wie andere Personen aussehen und sich verhalten, wenn sie von einem Gefühl der Wut berichten.) Vielleicht sind Hals, Schultern oder Hände angespannt, was du an hervortretenden Adern siehst. Oder die Person hat die Fäuste geballt. Du hast auch festgestellt, dass sich die Stimme wütender Menschen manchmal verändert, also fühlen sich Kehle, Brust und Lunge vielleicht eng an. Und dir ist aufgefallen, dass manche Menschen dann nicht mehr so gut sehen oder hören, oder zumindest nicht vernünftig zuhören, deshalb vermutest du, dass sie etwas benommen sind. Schließlich haben wir alle schon mal den Ausdruck »rot sehen« im Zusammenhang mit Wut gehört.

Das sind tolle Beobachtungen und ein guter Ausgangspunkt für die Suche nach deinen eigenen Gefühlen. Indem du diese Punkte als Checkliste benutzt, kannst du langsam eine Idee entwickeln, wie sich dieses Gefühl in deinem Körper anfühlen könnte. Bedenke bitte, dass die Schwierigkeit zum Ende hin zunimmt, also keine Sorge, wenn du beim ersten Mal nicht mit allen (oder überhaupt irgendwelchen) Punkten etwas anfangen kannst.

- Schließe die Augen und versuche, deinen Herzschlag zu spüren. Du kannst deinen Zeige- und Mittelfinger sanft auf deinen Hals oder dein Handgelenk legen. Würdest du deinen Puls als schnell, langsam oder irgendetwas dazwischen beschreiben? Fallen dir andere Begriffe dazu ein? (Denke daran, es gibt keine falschen Antworten – in der Zwei-Schritte-Methode geht es darum, deinem Gehirn und deinem Körper unvoreingenommen zuzuhören.)
- Balle die Hände zu Fäusten und achte darauf, wie sich deine Finger und Handflächen dabei anfühlen. Fühlst du die Spannung? Probiere mal, ob du auch Spannung in deinem Nacken und deinen Schultern erzeugen kannst, aber nicht zu fest, damit du dich nicht verletzt. Erinnerst du dich an Momente, in denen du diese Spannung schon mal gespürt hast? Glaubst du, dass du wütend gewesen bist?
- Kannst du ein Gefühl von Enge in deiner Kehle oder deiner Brust hervorrufen? Es ist nicht schlimm, wenn das nicht auf Kommando klappt – vielleicht erinnerst du dich an einen Moment, in dem sich deine Kehle oder deine Brust verengt haben?
- Wie würde sich »benommen« in deinem Kopf anfühlen? Hast du dieses Gefühl schon mal gehabt, vielleicht, als du mitten in der Nacht plötzlich aufgewacht bist? Was glaubst du, wie sich das anfühlt, wenn du wütend bist?
- Wie sieht es eigentlich aus, wenn du »rot siehst«? Bist du schon mal in einer Situation gewesen, in der du das erlebt hast?

Wie deine Gefühle deine Fitness unterstützen

Das Üben der Interozeption hilft dir auch dabei, Muskeln aufzubauen, deine Knochendichte zu verbessern, dein Herz-Kreislauf-System zu stärken, Gewicht zu verlieren und, richtig geraten, deinen Körper zu lieben. Und so hängt das alles zusammen: Zunächst werden dir die Vorgänge in deinem Körper bewusster, da du deine Pulsfrequenz, deinen Schweiß und die Anspannung bestimmter Muskeln besser wahrnimmst. Als Nächstes lernst du, diese Empfindungen zu beschreiben, wodurch sich dein (Körper)Bewusstsein erweitert. Nachdem du eine Zeit lang in einem kontrollierten Umfeld geübt hast, wirst du deinen Körper auch in anderen Situationen besser spüren, insbesondere während des Trainings. Aufgrund dieses Bewusstseins kannst du deine Muskeln beim Sport effektiver und effizienter benutzen, und deine gestärkten Muskeln senden positive Signale an dein Gehirn, wodurch du sie noch besser spüren und aufbauen kannst. Als Nächstes wird dein stärkerer Körper Gedanken der Bewunderung und des Staunens hervorrufen, die liebevolle Gefühle erzeugen, die du jetzt in deinem Körper *fühlen* kannst. Über das Erspüren deiner Gefühle kannst du lernen, deinen Körper zu lieben.

Zum Weiterdenken

Was (möglicherweise) hilfreiche Gedanken angeht, ist dieser hier mein Favorit: **Mein Körper ist ein Wunder.**

Ich liebe diesen Spruch so sehr. Ich fühle mich jedes Mal ganz ausgelassen, wenn ich ihn mir vorsage, weil er so wahr ist (auch wenn es natürlich nur ein Gedanke ist). Mein Gehirn hat keinerlei Probleme damit, zahlreiche Beweise für diesen Gedanken zu finden: In genau diesem Moment laufen unbemerkt Milliarden verschiedener Prozesse in deinem Körper ab. Giftstoffe werden aus deinem Blut gefiltert, Nahrung wird zu Energie verarbeitet, die dich in Monaten oder gar Jahren am Leben erhalten wird, während du auf dem Sofa sitzt und dieses Buch in einer Sprache liest, die sich irgendjemand mit einem Gehirn wie deinem ausgedacht hat. Ich meine, *hallo*?

Ich mag diesen (möglicherweise) hilfreichen Gedanken auch, weil er nichts darüber aussagt, wie mein Körper aussieht, was er leisten kann oder wie er sich heute fühlt. Ich finde ihn hilfreich, weil er sowohl spezifisch (*mein* Körper) als auch allgemein (*ein Wunder*) ist und jedes Lebewesen auf der Erde beschreibt. In mir löst dieser Gedanke ein Gefühl des *Erstaunens* aus, das zusammen mit ruhiger Zuversicht ganz oben auf der Liste meiner »Lieblingsgefühle« steht.

Aber natürlich ist dieser Gedanke nur dann hilfreich, wenn er sich für dich gut anfühlt. Stimme dich auf deinen Körper ein. Wie fühlst du dich bei dem Gedanken »Mein Körper ist ein Wunder«? Entspannt? Beunruhigt? Ungläubig? Wenn du dich gut fühlst, ist er hilfreich, wenn du dich schlecht fühlst, ist er hinderlich.

Kompakt: Was du in diesem Kapitel gelernt hast

- Du wirst deinen Körper nicht plötzlich lieben, nur weil du Gewicht verloren hast, aber du kannst liebevolle Gefühle für deinen Körper entwickeln, indem du liebevolle Gedanken denkst.
- Die Wechseljahre haben potenzielle Gesundheitsrisiken verschärft, und jetzt, da das Östrogen dein Herz, deine Knochen und deine Muskeln nicht mehr beschützt, musst du deine Sportroutine entsprechend anpassen.
- Eine ausgewogene Sportroutine während der Wechseljahre beinhaltet ein angemessenes Ausdauertraining, regelmäßiges Krafttraining und tägliche Gleichgewichtsübungen.
- Auch ohne Östrogen kann und wird sich dein Körper an eine konsequente Bewegung anpassen, was deine Herzgesundheit verbessert, deine Knochendichte erhöht und deine Muskeln stärken kann.
- Wahrscheinlich hast du einige wirklich hinderliche Gedanken über die Veränderungen deines Körpers in den Wechseljahren, die schmerzhafte oder unangenehme Gefühle in dir hervorrufen.
- Gefühle sind unwillkürliche physiologische Reaktionen auf die Hormone in deinem Blutkreislauf, die aufgrund der neuroelektrischen Impulse deiner Gedanken ausgeschüttet werden. Diese Reaktionen sind völlig normal, sollen Informationen vermitteln, dich zum Handeln motivieren und sind dazu gedacht, nur vorübergehend spürbar zu sein.
- Manchmal wehren wir uns dagegen oder vermeiden es, unsere Gefühle zuzulassen, dabei ist es am besten, die Gefühle in vier Schritten zu durchlaufen – Erkennen, Beschreiben, Ausdrücken, Erlauben.
- Vielleicht fällt es dir momentan schwer, deine Gefühle in deinem Körper wahrzunehmen, doch du hast die Superkraft der Interozeption und kannst lernen, sie dafür zu nutzen.
- Das Üben der Interozeption kann sowohl deine Fitness als auch deine geistige Gesundheit verbessern.

6. Wie du Diäten hinter dir lässt und deinem Körper vertraust

Schluss mit dem Diätdenken

Wage einen Blick in die Zukunft: Irgendwann in den kommenden Jahren hast du dein Zielgewicht erreicht, fühlst dich wohl in deiner Haut und sicher mit der Wahl deiner Mahlzeiten. Du bist nicht gestresst und lebst nicht mehr mit »Diätgedanken« – du weißt schon noch, wie du dir früher ständig Sorgen gemacht hast, zu viel oder das Falsche zu essen. Dein Gewicht zu halten ist nichts, worüber du dir den Kopf zerbrichst, sondern du hast dir im Laufe der Jahre eine Reihe nachhaltiger Gewohnheiten angeeignet. Es fühlt sich natürlich und gesund an, dieses Gewicht zu haben. Du isst so viel, dass du dich dabei richtig gut fühlst. Du bist nie vollgestopft und nur dann hungrig, wenn Essenszeit ist. Du ernährst dich abwechslungsreich und nährstoffreich, du naschst zwischendurch, und alles fühlt sich großartig an. Ein ganz schöner Unterschied zu deinen momentanen Gedanken und Gefühlen.

Ich muss es dir leider sagen: **Nur weil du abnimmst, hörst du nicht automatisch auf, »Diätgedanken« zu haben.** Du weißt, was ich meine: die vorwurfsvolle Stimme, die nicht zulässt, dass du dein Stück Pizza genießt, oder das mulmige Gefühl, bevor du auf die Waage steigst (auch wenn du dein Gewicht seit Monaten oder sogar Jahren ohne Probleme hältst). Dein sehr effizientes Gehirn hat sich jahrelang darin geübt, dich für deine Nahrungswahl zu verurteilen und sich Gedanken um dein Gewicht zu machen. Das wird nicht einfach verschwinden, nur weil du dein Zielgewicht erreicht hast.

Laut der 5-0-Methode kannst du alles essen

Bevor wir weitermachen, möchte ich eine Empfehlung aussprechen, die sich wahrscheinlich unintuitiv anhört und allem widerspricht, was du in der Vergangenheit tun »musstest«, um Gewicht zu verlieren oder dein Gewicht zu halten: **Iss das, was du gerne magst, in Portionsgrößen, die für dein Ziel Sinn ergeben, und achte darauf, wie sich das Essen in deinem Körper anfühlt.**

Du kannst Nachtisch oder Chips essen, Wein trinken, du kannst essen gehen oder auf dem Weg nach Hause Fast Food holen. Nichts ist tabu. Der einzige »Haken« ist, dass du deine Kalorien vor dem Essen zählen solltest, damit du dein Tagesziel einhältst, und dass du nach dem Essen Notizen machen solltest, sodass dein Körper dir Informationen darüber geben kann, wie sich das Essen anfühlt. Diese Empfehlung besagt nicht, dass du *so viel* essen kannst, wie du willst, sondern dass du *die Dinge* essen kannst, auf die du Lust hast, während du lernst, Entscheidungen zu treffen, die deinem Körper genauso gut schmecken wie deinem Gehirn.

Meine Empfehlung? Kleine Schritte. Dein Gehirn *liebt* kleine Schritte. Das heißt aber nicht, dass du dein Gehirn »reinlegst«, du arbeitest einfach innerhalb der gegebenen Voraussetzungen. Wenn du *mit* deinem Gehirn arbeitest statt dagegen, kannst du wunderbare Dinge erreichen. Dein Gehirn liebt Effizienz mehr als alles andere, deshalb mag es keine großen Veränderungen. Ein Erfolg wird also wahrscheinlicher, wenn du mit dem beginnst, was du bereits isst, und nur an der Portionsgröße arbeitest. Wenn du die Portionsgröße gut an dein Kalorienziel anpasst, kannst du in relativ kurzer Zeit Abnehmerfolge verzeichnen, während du nur minimale Veränderungen an deiner Routine vornimmst. Deinem Gehirn wird das gefallen und dir wahrscheinlich nicht allzu viel Unbehagen bereiten. Wenn du aktuell über oder unter deinem Kalorienziel isst, solltest du nicht direkt zu deinem Ziel springen, sondern dich ihm langsam annähern. Je größer die Veränderung ist, desto unwohler wirst du dich dabei fühlen, was wiederum die Wahrscheinlichkeit erhöht, dass du aufgibst, da dein Gehirn Angenehmes anstrebt und Unangenehmes meidet.

Damit du Diäten hinter dir lassen kannst, werden wir uns ansehen, wo und wie du dir die allgegenwärtigen automatischen Gedanken zum Thema »essen, um abzunehmen« angeeignet hast und was die wissenschaftliche Grundlage von »gesunden« Lebensmitteln ist. Anschließend werden wir natürlich die Zwei-Schritte-Methode auf deine Gedanken anwenden, um herauszufinden, welche du beibehalten willst und welche rausfliegen.

Ist eine Kalorie wirklich nur eine Kalorie?

Eines der häufigsten Missverständnisse in Bezug auf meine Empfehlungen zum Thema Lebensmittel ist, dass ich behaupten würde, »eine Kalorie ist eine Kalorie«, und dass wir deshalb alles essen könnten. Das ist nicht nur falsch, sondern auch nicht der Grund, aus dem ich diese Empfehlung ausspreche. Dein Körper wird Gewicht verlieren, wenn du die *richtige Anzahl* Kalorien zu dir nimmst. Meine Empfehlung ist, mit der Zeit die *richtige Art* von Kalorien zu finden, die deinen persönlichen Bedürfnissen entspricht.

Eine Apfelkalorie ist definitiv nicht dasselbe wie eine Chipskalorie. Und keine von beiden entspricht einer Joghurtkalorie oder einer Hähnchenbrustkalorie. Alle Nahrungsmittel haben ihre eigene Kombination an Kalorien, Kohlenhydraten, Proteinen, Fetten, Vitaminen und Mineralstoffen und wirken deshalb unterschiedlich in deinem Körper und fühlen sich unterschiedlich an, ganz zu schweigen von den komplexen emotionalen Verbindungen, die wir zu manchen Nahrungsmitteln aufbauen. Deshalb gebe ich keine spezifischen Empfehlungen dazu, was genau du essen solltest, ich möchte dich lediglich darin bestärken, für *dich selbst* herauszufinden, was dir sowohl körperlich als auch emotional guttut.

Wenn du gesundes, nährstoffreiches Essen in angemessener Menge zu dir nimmst, wird sich dein Körper energiegeladen fühlen und alle Prozesse werden effizient ablaufen. Doch es wird sich immer schrecklich anfühlen, sich dazu zu zwingen. Die Balance zwischen der Aufnahme von Essen, das deinen Körper gut nährt, und solchem, bei dessen Konsum du dich emotional gut fühlst, kannst nur *du* finden.

Woher der Diätenwahn kommt

Ich habe meine erste Diät im Alter von neun Jahren gemacht. Mein junges Gehirn hatte schon genug Botschaften über Diäten und Gewichtsabnahme aufgeschnappt, um mir zahlreiche automatische Gedanken über mein Gewicht zu vermitteln. Es war sogar schon darauf vorbereitet, mein »Gewichtsproblem« mit der Lösung anzugehen, die mir unzählige Male zu Hause und in den Medien begegnet war: weniger essen und das Lieblingsessen meiden, weil es dick macht. Auf Wiedersehen, nachmittägliche Kekse, hallo, Hungerattacken.

Die nächsten etwa dreißig Jahre verbrachte ich in einem ständigen mentalen Zustand des Diätens, egal, wie viel ich wog. Hartnäckige automatische Gedanken – darüber, was ich essen durfte und was nicht und wie viel und wann und warum und was das mit meinem Körper machen würde – blieben erhalten, egal was die Waage anzeigte. Und jetzt, da ich weiß, wie das Gehirn funktioniert – vor allem, dass es Effizienz liebt –, verstehe ich, warum Abnehmen oder mein Zielgewicht erreichen nicht wie von Zauberhand meine Meinung zum Thema Essen verändert hat.

Wir nehmen Milliarden Eindrücke wahr und kategorisieren sie, erschaffen einen Gedanken als Erklärung, und wenn er nicht angezweifelt wird, wiederholen wir ihn immer wieder. Dadurch wird ein neuronaler Pfad geschaffen, und wir finden bei jeder Konfrontation weitere Beweise für seinen Wahrheitsgehalt. (Eine ausführliche Erklärung dieses Prozesses findest du in Kapitel 2, Seite 61.) Mit der Zeit haben wir als Gesellschaft aus diesen Hunderten unangefochtenen Gedanken, die in den Medien präsent sind und von Familie und Freunden weitergetragen werden, bestimmte Ideen und Verhaltensweisen abgeleitet, die wir als *kulturelle Normen* bezeichnen. Es gibt zahlreiche Beispiele für kulturelle Normen, die gut für die Gesellschaft sind (zum Beispiel, Kannibalismus nicht zu dulden), und genauso viele, die als hinderlich angesehen werden können, zum Beispiel die Diätkultur, in der wir heute leben.

Die Sehnsucht nach Schlankheit und das allgegenwärtige Gerede über das Erreichen einer bestimmten Gewichtsnorm in unserer Kultur sind weder schlecht noch gut. Sie sind einfach eine Ansammlung sich wiederholender unreflektierter Gedanken, die von einer großen Anzahl Menschen geteilt werden und so zu einer kulturellen Norm geworden sind. Wenn du willst, kannst du diese Gedanken durchaus infrage stellen, und genau das werden wir in diesem Kapitel tun.

Diätdenken

Im Grunde genommen ist am Wort Diät oder am Diätdenken nichts falsch, denn die Bezeichnung *Diät* stammt aus dem Altgriechischen und ist ursprünglich im Sinne von »Lebensweise« verwendet worden. Und eigentlich ist es ja auch gut für deine Gesundheit und dein Wohlbefinden, dich mit deiner Lebensweise und deiner Ernährung auseinanderzusetzen und deine Mahlzeiten strategisch zu planen, um gesund zu bleiben. In dem Sinne wirst du dein ganzes Leben lang eine *Diät* machen.

Das eigentliche Problem liegt in der modernen Definition des Wortes Diät, in der es um eine *eingeschränkte* Ernährungsweise im Krankheitsfall oder beim Ab- oder Zunehmen geht. Wir wissen, dass Einschränkung ein *Gefühl ist*, wenn du *denkst*, du machst eine Diät. Du denkst sicher schon sehr lange, vielleicht bis zu diesem Moment, dass das Gefühl der Einschränkung ein unausweichlicher Begleiter einer bestimmten Ernährungsweise oder des Kalorienzählens oder des Verzichts auf eine zweite Portion Nachtisch ist. Aber wie wir im Verlaufe dieses Buchs gelernt haben, entstehen deine Gefühle nicht durch das, was du *tust*. Deine *Gedanken* erzeugen sie.

Was bedeutet das für dich? Nun ja, wenn deine Gefühle nicht abhängig davon sind, was und wie viel du isst, kannst du so essen, wie du willst (»verzichtend« oder nicht) und dich dabei wunderbar fühlen, einfach weil du wunderbare Gedanken denkst, die wunderbare Gefühle erzeugen. Wenn du bereits abgenommen hast und diese »Verzichtgefühle« immer noch vorhanden sind, bist du jetzt im Besitz des Werkzeugs (die Zwei-Schritte-Methode), um sie in deinem Tagebuch zu finden und sie als HINDERLICH zu bezeichnen.

Deine hinderlichen Gedanken über Ernährung aufzudecken, ist keine leichte Aufgabe. Du hast seit deiner Geburt Botschaften zum Thema Essen von deiner Familie, deinen Freunden, aus den Medien und von irgendwelchen Fremden aufgeschnappt. Ich kann dich beruhigen, du musst nicht dieses ganze Gedankenknäuel entwirren, oft reicht es schon, ein paar Fäden zu entwirren, um dich von deinen Diätgedanken zu befreien.

Über Lebensmittel und Ernährungswissenschaft

Im Vergleich zu Wissenschaften wie Astronomie oder Mathe, die es seit mindestens 3000 Jahren vor Christus gibt, sind die Disziplinen Lebensmittelwissenschaften und Ernährungswissenschaft jung, da sie erst im Laufe des letzten Jahrhunderts entstanden sind. Bevor sie ein eigenes Forschungsfeld wurde, fiel die Ernährung größtenteils ins Feld der Chemie. Forscherinnen dieses Feldes entdeckten die drei Makronährstoffe Kohlenhydrate, Proteine und Fette und fanden heraus, wie uns verschiedene Lebensmittel Energie (Kalorien) liefern. Das erste Vitamin wurde im Jahr 1897 entdeckt und der Begriff *Ernährungswissenschaft* existiert erst seit den 1950er-Jahren.

Hinzu kommt, dass sich die Nahrung selbst ständig verändert. Jahrhundertelang haben Menschen Pflanzen und Tiere selektiv auf bestimmte Eigenschaften hin gezüchtet, die sie essbarer oder praktischer machen (denke zum Beispiel an kernloses Obst). Es gibt nur sehr wenige Lebensmittel auf dem Markt, die unverändert aus der Zeit unserer Urgroßeltern stammen. Mit dem Vormarsch der

Genmanipulation seit den 1990er-Jahren haben sich ganz neue Möglichkeiten eröffnet, indem die selektive Züchtung deutlich beschleunigt wurde.

Dann gibt es noch die große Vielzahl an Produkten, die untersucht werden können. Die Lebensmittel, die wir konsumieren, stammen aus drei Quellen: Pflanzen, Tiere und Chemie. Aus diesen Zutaten haben Menschen Hunderttausende, wahrscheinlich Millionen verschiedener Gerichte entwickelt. Es ist keine Übertreibung, zu sagen, dass das Feld der Ernährungswissenschaft in Bezug auf die Anzahl der zu untersuchenden Punkte, wenn nicht sogar in Bezug auf die Größe, so groß ist wie die Astronomie. Angesichts der sich dauerhaft im Wandel befindenden Landschaft der Nahrungsproduktion und der Menge potenzieller Kombinationen, die untersucht werden können, kann kann man wohl davon ausgehen, dass es mehr gibt, das wir noch nicht über Ernährung als das, was wir bereits wissen.

Um es noch komplizierter zu machen, entwickeln sich nicht nur die Lebensmittel- und Ernährungswissenschaften kontinuierlich weiter, sondern auch dein Körper. Er ist ein gehendes, stehendes, denkendes, sprechendes Wunderwerk der Natur. Er ist außerdem ein Experiment, wenn es um die individuelle Kombination von Ernährung, Verdauung und Magen-Darm-»Zeug« geht. Deine persönliche Biologie, die ein Ergebnis deines Umfelds in Kombination mit den evolutionären Veränderungen deiner Vorfahren ist, interagiert mit der von dir aufgenommenen Nahrung auf eine dir eigene Art und Weise.

Zusätzlich zu den unzähligen Nahrungsmitteln und Kombinationen, wie und wann du sie zu dir nimmst, bist du Wirt für hundert Billionen Mikroorganismen (als Gesamtheit **Darmmikrobiom** genannt), die in deinen Eingeweiden leben und einen Einfluss darauf haben, wie du Nahrung verdaust und daraus Energie ziehst. Diese Bakterien hast du in den ersten ein bis zwei Jahren nach deiner Geburt aufgenommen und wirst seitdem von ihnen beeinflusst. Dein Darmmikrobiom ist extrem individuell, passt sich Veränderungen regelmäßig an (wahrscheinlich jeden

Tag, oder zumindest alle paar Tage) und verändert sich in Abhängigkeit von Faktoren in deinem persönlichen Umfeld – deiner letzten Mahlzeit, deinem Stresslevel, den von dir eingenommenen Medikamenten und so weiter. Im Gegenzug beeinflusst dein Darmmikrobiom dein Immunsystem, deinen Stoffwechsel, deine Stimmung und deine Anfälligkeit für bestimmte Krankheiten.

Ach ja, und die Wechseljahre beeinflussen deine Verdauung wahrscheinlich auch. Es gibt noch eine Menge Forschungsbedarf, doch der aktuelle Wissensstand deutet darauf hin, dass ein sinkender Östrogenspiegel die Bakterienvielfalt reduziert (was mit Übergewicht und Diabetes in Verbindung steht) und die Durchlässigkeit der Darmschleimhaut erhöht. Dieses Leiden wird »Leaky-Gut-Syndrom« genannt und mit verschiedenen Magen-Darm-Problemen in Verbindung gebracht. »Leaky gut« heißt auf Deutsch »durchlässige Darmbarriere« oder einfach »löchriger Darm«.

Ich erwähne das alles, um den folgenden Punkt zu verdeutlichen: **Du allein bestimmst über deinen Körper.** Ja, es kann gut sein, dass eine Vielfalt an Nahrungsmitteln aus jeder Nahrungsgruppe deinen Körper wunderbar versorgt und du dich dabei emotional und körperlich gut fühlst. Statt aber blind den Ratschlägen von Expertinnen zu folgen, empfehle ich dir, deine Gedanken zu überprüfen (das machen wir als Nächstes) und deinem Körper zuzuhören (dem widmen wir uns im zweiten Teil dieses Kapitels). Dadurch gibst du dir selbst die Macht über deine Entscheidungen. Das heißt nicht, dass du bei körperlichen oder medizinischen Problemen, die eine Behandlung erfordern, keinen Rat einholen solltest – bitte mache das auf jeden Fall.

Gedanken zum Thema Essen: »gute« und »schlechte« Lebensmittel

Wir alle urteilen ständig. Wir beurteilen nicht nur uns selbst und andere Menschen, wir beurteilen *alles*. Frisuren, Haustiere, Erziehungsstile, die Farbe des Himmels während des Sonnenuntergangs und erst recht die Nahrung, die wir zu uns nehmen oder auch nicht zu uns nehmen. Dein Gehirn bildet sich jeweils eine Meinung, auch über Lebensmittel. Einige Lebensmittel sind gut für dich, manche nicht. Manches ist gesund, anderes nicht. Manches hilft dir beim Abnehmen, anderes nicht. Kohlenhydrate, Mehl und Zucker sind der Grund, warum du kein Gewicht verlieren kannst. Eiweiß ist die Antwort auf alles. Der Schlüssel ist, auf Ballaststoffe zu achten. Bananen enthalten zu viel Zucker. Avocados beinhalten gute Fette.

Du ertrinkst in Ernährungstipps von einer Vielzahl unterschiedlicher Quellen – zum Beispiel aus den sozialen Medien, Zeitungen und Zeitschriften, aus dem Internet, von deiner Ärztin, Nachbarin, sogar von den Hinweisen auf Verpackungen. Und mit diesem Buch will ich dir auch noch Tipps geben.

Woher willst du wissen, wer recht hat? Nun ... niemand. Es ist deine Aufgabe, zu entscheiden, wie du essen willst. Also lass uns ein paar dieser Gedanken, die du bisher angesammelt hast, genauer untersuchen und herausfinden, ob sie dich ans Ziel bringen.

Deine WEGE zu »guten« und »schlechten« Lebensmitteln

Es ist Zeit, mit der Zwei-Schritte-Methode kreativ zu werden (sie ist tatsächlich sehr vielseitig einsetzbar, sobald man den Dreh raushat) und einige der WEGE zu finden, die du zum Thema Essen hast. Statt dich zu fragen »Was denke ich über Essen?«, was stundenlanges Tagebuchschreiben nach sich ziehen könnte, erstelle zwei Listen.

Reflexionsfrage: Welche Nahrungsmittel sind gut, wenn ich Gewicht verlieren will?

Salat ist gut für die Gewichtsabnahme.

Kalorienarmes Dressing ist gut für die Gewichtsabnahme.

Fettarmer Käse ist gut für die Gewichtsabnahme.

Popcorn aus der Heissluftfritteuse ist gut für die Gewichtsabnahme.

Kalorienarme Snacks sind gut für die Gewichtsabnahme.

Rohkost ist gut für die Gewichtsabnahme.

Kalorienarmes Brot ist gut für die Gewichtsabnahme.

Hüttenkäse und fettarmer Joghurt sind gut für die Gewichtsabnahme.

Proteinshakes sind gut für die Gewichtsabnahme.

Zuckerfreie Getränke sind gut für die Gewichtsabnahme.

Reflexionsfrage: Welche Nahrungsmittel sind schlecht, wenn ich Gewicht verlieren möchte?

Pizza ist schlecht für die Gewichtsabnahme.

Burger sind schlecht für die Gewichtsabnahme.

Bier ist schlecht für die Gewichtsabnahme.

Kuchen, Muffins und Eis sind schlecht für die Gewichtsabnahme.

Kekse sind schlecht für die Gewichtsabnahme.

Pommes sind schlecht für die Gewichtsabnahme.

FAST FOOD IST SCHLECHT FÜR DIE GEWICHTSABNAHME.

KÄSE IST SCHLECHT FÜR DIE GEWICHTSABNAHME.

NÄCHTLICHES ESSEN IST SCHLECHT FÜR DIE GEWICHTSABNAHME.

FRÜHSTÜCKEN IST SCHLECHT FÜR DIE GEWICHTSABNAHME.

Alle diese Sätze sind Gedanken, die du für wahr hältst, dabei bilden sie nur allgemein als wahr empfundene Meinungen ab.

ICH GLAUBE, SALAT IST GUT FÜR DIE GEWICHTSABNAHME.

ICH GLAUBE, KALORIENARMES DRESSING IST GUT FÜR DIE GEWICHTSABNAHME.

ICH GLAUBE, FETTARMER KÄSE IST GUT FÜR DIE GEWICHTSABNAHME.

ICH GLAUBE, POPCORN AUS DER HEISSLUFTFRITTEUSE IST GUT FÜR DIE GEWICHTSABNAHME.

ICH GLAUBE, KALORIENARME SNACKS SIND GUT FÜR DIE GEWICHTSABNAHME.

ICH GLAUBE, ROHKOST IST GUT FÜR DIE GEWICHTSABNAHME.

ICH GLAUBE, KALORIENARMES BROT IST GUT FÜR DIE GEWICHTSABNAHME.

ICH GLAUBE, HÜTTENKÄSE ODER FETTARMER JOGHURT SIND GUT FÜR DIE GEWICHTSABNAHME.

ICH GLAUBE, PROTEINSHAKES SIND GUT FÜR DIE GEWICHTSABNAHME.

ICH GLAUBE, ZUCKERFREIE GETRÄNKE SIND GUT FÜR DIE GEWICHTSABNAHME.

ICH GLAUBE, PIZZA IST SCHLECHT FÜR DIE GEWICHTSABNAHME.

ICH GLAUBE, BURGER SIND SCHLECHT FÜR DIE GEWICHTSABNAHME.

ICH GLAUBE, BIER IST SCHLECHT FÜR DIE GEWICHTSABNAHME.

Ich glaube, Kuchen, Muffins und Eis sind schlecht für die Gewichtsabnahme.

Ich glaube, Kekse sind schlecht für die Gewichtsabnahme.

Ich glaube, Pommes sind schlecht für die Gewichtsabnahme.

Ich glaube, Fast Food ist schlecht für die Gewichtsabnahme.

Ich glaube, Käse ist schlecht für die Gewichtsabnahme.

Ich glaube, nächtliches Essen ist schlecht für die Gewichtsabnahme.

Ich glaube, Frühstücken ist schlecht für die Gewichtsabnahme.

Wie wir bereits besprochen haben, werden diese Gedanken ständig bestätigt, nicht nur von deinem eigenen Gehirn, sondern auch von außen – Familienmitglieder glauben an ihren Wahrheitsgehalt, Fremde im Internet glauben an sie und selbst andere Abnehmexpertinnen haben sie dir wahrscheinlich als unanfechtbare Wahrheit präsentiert. Bei manchen oben gelisteten Gedanken ist es schon Erkenntnis genug, sie als Gedanken und nicht als Wahrheiten zu lesen. Gib deinem Gehirn etwas Zeit, das zu verarbeiten, und fühle dich nicht gezwungen, den ganzen Prozess auf einmal zu durchlaufen.

Habe Geduld mit deinem Gehirn und fühle gut in dich hinein, wann du bereit für den nächsten Schritt bist, bei dem du herausfinden kannst, ob deine Gedanken hilfreich sind. Dein Gehirn arbeitet im Hintergrund in seinem eigenen Tempo und lässt sich nicht hetzen, nur weil du ungeduldig bist. Bei manchen Gedanken wird es schnell gehen und bei anderen deutlich länger dauern.

Gedanken zum Thema Essen: Was dir als wahr verkauft wird

Viele der Diätgedanken haben ihren Ursprung in der Werbung für Lebensmittel und Getränke, die du jeden Tag siehst und die um deine Aufmerksamkeit wirbt und dir etwas verkaufen will – allerdings geht es weniger um die Befriedigung körperlicher Bedürfnisse, vielmehr um die psychischen wie Sicherheit, soziale Bindungen und Glück. Wenn du dieses Bier trinkst, wirst du viele Freunde haben und dich auf Partys vergnügen. Wenn du in diesem Restaurant speist, zeigst du damit deinen Erfolg. Wenn du deinen Tag mit diesem Kaffee beginnst, bedeutet das, dass du ein liebevolles und stabiles Leben zu Hause mit deiner Familie hast. Auch wenn manche Werbung dir die gesundheitsfördernden Eigenschaften bestimmter Produkte schmackhaft machen will, ist der Großteil darauf ausgelegt, dir Lust auf einen Lebensstil zu machen, den du angeblich mit dem Kauf dieser Produkte erreichst. Die Werbebranche ist eine Multimilliarden-Euro-Industrie, weil Werbung eben funktioniert. Konsumenten werden durch Botschaften, die an ihre Sehnsucht nach emotionalem Überleben appellieren, dazu verleitet, Nahrung und Getränke zu kaufen, die sie nicht für ihr körperliches Überleben brauchen.

WEGe und Aber-Gedanken

Neulich beim Fernsehen ging es in fast jeder Werbepause um Essen. Ich hatte an diesem Tag eigentlich schon genug gegessen, dennoch fühlte ich mich plötzlich hungrig. Dieses Phänomen kenne ich eigentlich nicht, doch zusätzlich bemerkte ich jetzt noch ein anderes Gefühl in mir aufkommen, das ich aber nicht richtig identifizieren konnte. Irgendwann war der Drang nach Essen so stark, dass ich mein Tagebuch zur Hand nahm, um mir anzuschauen, welcher Gedanke ein so starkes Gefühl verursacht hatte.

Reflexionsfrage: Was denke ich darüber, die Pizza aus der Werbung zu essen?

DIE PIZZA SIEHT SO LECKER AUS.

Sobald ich diesen einen Satz aufgeschrieben hatte, wurde mir sofort klar, welches »mysteriöse« Gefühl da in mir herumspukte. Dieser Satz war ein Gedanke, der Verlangen in mir auslöste. Hätte ich ihn nur ein oder zweimal gedacht, wäre das Gefühl wahrscheinlich nicht so stark gewesen. Allerdings hatte ich begonnen, mich in meinem Kopf mit dem Gedanken zu streiten, was ihn immer wieder zurückholte und ein Gefühl von Verlangen auslöste, das mit jedem Mal stärker wurde.

Das klang in meinem Kopf in etwa so:

DIE PIZZA SIEHT SO LECKER AUS, ABER ICH HABE HEUTE SCHON GENUG GEGESSEN.

ABER DIE PIZZA SIEHT SO LECKER AUS. ABER SIE STEHT HEUTE NICHT AUF DEM ESSENSPLAN.

ABER DIE PIZZA SIEHT SO LECKER AUS. ABER ICH WILL HEUTE NICHT NOCH MEHR ESSEN.

ABER DIE PIZZA SIEHT SO LECKER AUS. ABER ICH BIN FÜR HEUTE FERTIG MIT DEM ESSEN.

ABER DIE PIZZA SIEHT SO LECKER AUS.

Statt den Satz »Die Pizza sieht so lecker aus« nur einmal während der Werbung zu denken, hörte ich ihn immer und immer wieder, auch als ich längst umgeschaltet hatte. So verstärkte sich das Gefühl der Sehnsucht. Und das vorher nicht identifizierte Gefühl? Oh, das war ein *Schuldgefühl*.

ABER-Gedanken und warum wir uns schuldig fühlen

Dein Gehirn stimmt sich gerne selbst zu, um effizient zu sein und möglichst wenig Energie zu verbrauchen. Wird dein Gehirn allerdings mit zwei unterschiedlichen Gedanken konfrontiert und hält beide für wahr (diesen Zustand wird in der Psychologie kognitive Dissonanz genannt), stellt sich ein extrem unangenehmes Gefühl ein, in diesem Fall *Schuld*.

Beachte, dass beide Sätze für sich genommen ein gutes Gefühl hervorrufen: »Die Pizza sieht so gut aus« ruft ein Gefühl von Verlangen hervor, was ein schönes Gefühl ist, und »Ich habe heute schon genug gegessen« lässt Zufriedenheit entstehen, auch ein angenehmes Gefühl. Nur das Wort »ABER« in der Mitte erzeugt die sich schrecklich anfühlende kognitive Unstimmigkeit, weil die beiden Inhalte sich eigentlich widersprechen.

Was also machen wir mit diesen Gedanken und dem daraus resultierenden Gefühl? Das Gleiche wie immer – wir wenden die Zwei-Schritte-Methode an.

Bevor du die Methode anwendest, solltest du dir dein Ziel bewusst machen (gehe zurück zu Kapitel 1, Seite 41 für eine Auffrischung zur Angabe deines angestrebten Ziels). Die Pizza-Situation ist ein wunderbares Beispiel dafür, wie es im echten Leben funktioniert. Du hast dir den Gedanken, ob Pizza »gut« oder »schlecht« für die Gewichtsabnahme ist, angesehen und dir ist bewusst, dass es nur ein *Gedanke* ist. Es gibt also keine klare Regel, ob du Pizza essen darfst oder nicht. Du hast dir selbst die Erlaubnis gegeben, alles zu essen, was du willst. Das heißt, du kannst bewusst entscheiden, ob du die Pizza essen wirst, auf Basis dessen, wie viel Luft noch bis zu deinem Kalorienziel ist, statt automatisch aufgrund eines drängenden Verlangens zu handeln.

In meinem konkreten Beispiel habe ich mein Kalorienziel bereits erreicht, sodass mein erklärtes Ziel einfach war: Ich esse die richtige Anzahl Kalorien, um mein Ziel zu erreichen. Mit diesem Ergebnis im Kopf habe ich mithilfe der Zwei-Schritte-Methode meinen Tagebucheintrag wie folgt vervollständigt:

ICH GLAUBE, DIE PIZZA SIEHT SO LECKER AUS. [SCHLECHT/DRINGENDER WUNSCH] HINDERLICH

ICH GLAUBE, ICH HABE HEUTE SCHON GENUG GEGESSEN. [GUT/ZUFRIEDEN] HILFREICH

ICH GLAUBE, SIE STEHT HEUTE NICHT AUF DEM ESSENSPLAN. [GUT/ENTSCHIEDEN] HILFREICH

ICH GLAUBE, ICH WILL HEUTE NICHT NOCH MEHR ESSEN. [GUT/ENTSCHLOSSEN] HILFREICH

ICH GLAUBE, ICH BIN FÜR HEUTE FERTIG MIT DEM ESSEN. [GUT/ZUFRIEDEN] HILFREICH

Auch wenn ich mein Tagebuch ursprünglich nicht in die Hand genommen hatte, um ein Problem zu lösen, hat mir die Selbstwahrnehmung meiner Gedanken und der von ihnen ausgelösten Gefühle dabei geholfen, eine Entscheidung zu treffen. In diesem Fall habe ich entschieden, keine Pizza zu essen.

Lass uns nur zum Spaß ein anderes Szenario durchgehen, damit klar wird, dass du dich für Pizza entscheiden *kannst*, um dein Zielgewicht zu erreichen, ohne dich schuldig zu fühlen. In diesem Beispiel gehen wir davon aus, dass du für den Tag noch nicht fertig bist mit Essen, noch Kalorien übrig hast und gerade überlegst, was du zu Abend essen möchtest. Dein Gehirn bietet dir automatische Gedanken über Pizza an.

Reflexionsfrage: Was möchte ich zu Abend essen?

DIE PIZZA SIEHT SO LECKER AUS.

ICH DARF KEINE PIZZA ESSEN.

PIZZA IST SCHLECHT FÜR MICH.

DAS SIND VIEL ZU VIELE KALORIEN.

PIZZA MACHT DICK.

ICH MUSS GESUND ESSEN.

ICH MUSS MICH AN DIE REGELN HALTEN.

Mit dem erklärten Ziel, die richtige Anzahl Kalorien zu essen, wollen wir zunächst klarstellen, dass diese Sätze Gedanken sind.

ICH GLAUBE, DIE PIZZA SIEHT SO LECKER AUS.

ICH GLAUBE, ICH DARF KEINE PIZZA ESSEN.

ICH GLAUBE, PIZZA IST SCHLECHT FÜR MICH.

ICH GLAUBE, DAS SIND VIEL ZU VIELE KALORIEN.

ICH GLAUBE, PIZZA MACHT DICK.

ICH GLAUBE, ICH MUSS GESUND ESSEN.

ICH GLAUBE, ICH MUSS MICH AN DIE REGELN HALTEN.

Identifiziere, welches Gefühl jeder Gedanke erzeugt – in dem Bewusstsein, dass dein Ziel die richtige Anzahl an Kalorien ist. Manchmal kommt es vor, dass an diesem Punkt des Prozesses die »Wahrhaftigkeit« einiger dieser alten automatischen Gedanken ihren Zauber auf dich ausübt und du vergisst, warum du Tagebuch schreiben willst. Vielleicht hast du das Bedürfnis, dieses unangenehme Gefühl hinter dir zu lassen und deine Probleme zu lösen. Doch das eigentliche Ziel ist mehr Selbsterkenntnis in Bezug auf deine Gedanken.

ICH GLAUBE, DIE PIZZA SIEHT SO LECKER AUS. [WAHR/GUT/VERLANGEN]

ICH GLAUBE, ICH DARF KEINE PIZZA ESSEN. [WAHR/SCHLECHT/EINGESCHRÄNKT]

Ich glaube, Pizza ist schlecht für mich. [wahr/schlecht/deprimiert]

Ich glaube, das sind viel zu viele Kalorien. [wahr/schlecht/besorgt]

Ich glaube, Pizza macht dick. [wahr/schlecht/besorgt]

Ich glaube, ich muss gesund essen. [wahr/schlecht/unter Druck]

Ich glaube, ich muss mich an die Regeln halten. [wahr/schlecht/unter Druck]

Wenn du diese Liste an Gedanken allerdings mitfühlend betrachtest, wird klar, warum du dich so beunruhigt und unwohl fühlst: Alles fühlt sich wahr an und fast nichts davon gut, am liebsten willst du dich mit Pizza vollstopfen, um dem Unwohlsein zu entfliehen. Wir wollen uns stattdessen dein Ziel vor Augen führen (»Ich esse die richtige Menge Kalorien für mein Kalorienziel«) und die hinderlichen Gedanken erkennen.

Ich glaube, die Pizza sieht so lecker aus. [wahr/gut/Verlangen] hilfreich

Ich glaube, ich darf keine Pizza essen. [wahr/schlecht/eingeschränkt] hinderlich

Ich glaube, Pizza ist schlecht für mich. [wahr/schlecht/deprimiert] hinderlich

Ich glaube, das sind viel zu viele Kalorien. [wahr/schlecht/besorgt] hinderlich

Ich glaube, Pizza macht dick. [wahr/schlecht/besorgt] hinderlich

Ich glaube, ich muss gesund essen. [wahr/schlecht/unter Druck] hinderlich

Ich glaube, ich muss mich an die Regeln halten. [wahr/schlecht/unter Druck] hinderlich

Wenn du deine Gedanken so schwarz auf weiß siehst, fällt es deinem Gehirn leichter, sie zu entwirren. Du hast einen hilfreichen Gedanken (»Ich glaube, die Pizza sieht so lecker aus«), und der Rest ist hinderlich. Auch wenn du dein Tagebuch vielleicht nicht mit dem Ziel in die Hand genommen hast, ein Problem zu lösen oder dich besser zu fühlen, hast du jetzt mehr Informationen (= Selbsterkenntnis), die dir bei der Entscheidung helfen können, ob du jetzt eine Pizza essen willst oder nicht. Der nächste Schritt ist, zu prüfen, wie viele Kalorien dir für eine Pizza zur Verfügung und dann *bewusst zu entscheiden*, ob du sie essen willst. Bewusst aus einem Gefühl der Selbsterkenntnis heraus zu entscheiden, fühlt sich so viel ruhiger und klarer an, als einfach auf automatische Gedanken zu reagieren.

Zum Weiterdenken

Wahrscheinlich ist dir dieser (möglicherweise) hilfreiche Gedanke im Verlauf des Kapitels schon aufgefallen, aber ich will ihn noch einmal herausstellen: **Ich entscheide, was ich esse.**

Magst du diesen Gedanken? Oder hat er sofort Selbstzweifel in dir ausgelöst? Mich erinnert dieser hilfreiche Gedanke (denn für mich ist er definitiv hilfreich) daran, dass egal, wozu meine automatischen Gedanken und Gefühle mich bringen wollen, ich selbst die Macht habe, zu wählen. Mich zu entscheiden. Apropos entscheiden: Finde heraus, welches Gefühl dieser Gedanke in dir auslöst, damit du entscheiden kannst, ob er hilfreich oder eher hinderlich für *dich* ist.

Wie du auf deinen Körper hörst

Bisher haben wir uns in diesem Kapitel der ersten Hälfte meiner Ratschläge zum Thema Selbstliebe gewidmet: **Iss die Lebensmittel, die du gerne magst, in Portionen, die für das Erreichen**

deines Ziels sinnvoll sind. Jetzt ist die Zeit gekommen, sich dem Rest zu widmen und deine Interozeption (siehe Kapitel 5) zu nutzen: **Achte darauf, wie du dich körperlich fühlst.** Wir wollen uns die Unterschiede zwischen deinen Gefühlen und dem, wie du dich fühlst, ansehen. Für unsere Zwecke (also den hoffentlich effektivsten Weg, dein Ziel zu erreichen) werde ich deine Gefühle in zwei Kategorien unterteilen, die du so wahrscheinlich noch nicht kennst: hormonell und mechanisch.

Hormonelle Gefühlsschwankungen

Hormonelle Gefühlsschwankungen haben nicht speziell mit den Wechseljahren zu tun, sondern damit, wie unser Körper generell funktioniert. Dabei sind verschiedene Emotionen mit spezifischen hormonellen Reaktionen verbunden. Die geschätzte Anzahl aller Hormone im menschlichen Körper liegt im vierstelligen Bereich – genauer lässt sich das nicht sagen. Deine verschiedenen Hormone werden in deinen Hormondrüsen produziert und fungieren als »chemische Botenstoffe«, die fast jeden Prozess in deinem Körper regulieren. Zuerst erhält dein Gehirn Informationen von einem anderen Körperteil, dass es etwas benötigt. Zum Beispiel könnte deine Bauchspeicheldrüse die Nachricht verschicken, dass dein Blutzucker niedrig ist. Dein Gehirn fordert dann eine deiner Hormondrüsen auf, das passende Hormon zu produzieren. In diesem Fall fordert es die Hormondrüse in deinem Magen dazu auf, Ghrelin auszuschütten, das sogenannte Hungerhormon. Das Ghrelin landet in deinem Blutkreislauf, wandert zu dem bedürftigen Körperteil (in dem Fall dein Magen), wo eine Reaktion stattfindet (Magensäure wird produziert). Wenn das Hormon in deinen Blutkreislauf eintritt, sendet es auch die Nachricht »Hunger« an dein Gehirn. Wahrscheinlich bemerkst du dann das Hungergefühl (wenn du dir nicht antrainiert hast, es zu ignorieren), in Form eines knurrenden Magens sowie durch das Zusammenziehen der Bauchmuskeln. Das ist übrigens keine vollständige Beschreibung des Prozesses, weil nicht mal Forschende den ganzen Ablauf verstehen.

Stelle dir jetzt vor, du erhältst die Nachricht von einer deiner Angestellten, dass sie fristlos kündigt, auch wenn sie mitten in einem Projekt steckt, das heute noch fertig werden muss. Sofort bemerkst du ein Gefühl von Wut in dir (wenn du es dir nicht abtrainiert hast) in Form von Herzklopfen, einem trockenen Mund, einer erhöhten Atemfrequenz, Druck im Kopf und kribbelnden Armen und Beinen.

Aber, Pahla, denkst du vielleicht gerade, *es kann doch nicht sein, dass sich Hunger und Wut ähneln. Ich meine, Hunger ist doch ... Hunger.*

Das stimmt, aber lass mich dir erklären, wie ähnlich sich diese Prozesse sind und warum ich sie hier in der Kategorie der hormonellen Gefühle zusammengefasst habe.

Schritt eins beider Prozesse ist eine *Wahrnehmung*. Im Fall des Hungers hat deine Bauchspeicheldrüse deinen Blutzuckerspiegel wahrgenommen und die Daten an dein Gehirn geschickt, im Fall der Wut haben deine Augen die hellen und dunklen Pixel auf einem Bildschirm wahrgenommen und die Daten an dein Gehirn geschickt.

Schritt zwei beider Prozesse ist das Verarbeiten von Daten in deinem Gehirn. Im Fall des Hungers hast du noch keinen bewussten Gedanken bemerkt, weil bisher noch keine Sprache verarbeitet werden musste, aber der nächste Schritt wird trotzdem von einem »Gedanken« ausgelöst. Im Fall der Wut hast du die Wörter, die den Ansturm von Hormonen auslösen, vielleicht gehört, vielleicht auch nicht, aber auch dort gibt es einen Gedanken.

Schritt drei beider Prozesse ist, dass dein Gehirn eine Entscheidung darüber trifft, was dein Körper braucht, um am Leben zu bleiben, und dann bestimmte Hormondrüsen auffordert, die benötigten Hormone zu produzieren – Ghrelin für das Magenknurren im Fall des Hungers und Adrenalin und Cortisol für die beschleunigte Atmung, den Puls und das Schwitzen im Fall der Wut.

Schritt vier ist die Welle von Hormonen, die ausgeschüttet wird und ihre Aufgaben erfüllt.

Und Schritt fünf beider Prozesse besteht darin, dass du auf die Gefühle in deinem Körper reagierst, also etwas isst oder (hier vermute ich nur) dein Telefon quer durch den Raum schleuderst und laut fluchst. Aber vielleicht mache das auch nur ich?

In beiden Fällen gibt es eine Wahrnehmung, einen Gedanken, das Ausschütten von Hormonen und ein Gefühl in deinem Körper, das eine Handlung auslöst. Daher biete ich dir die Kategorie »hormonelle Gefühle« als eine der Möglichkeiten an, wie du darauf achten kannst, wie sich deine Lebensmittelauswahl anfühlt.

Ist Hunger *wirklich* ein Gefühl?

Zahlreiche Diät-Coaches unterscheiden zwischen »physischem Hunger« und »emotionalem Hunger«, und ich möchte gerne klarstellen, dass ich dem nicht zustimme, aus zwei Gründen. Erstens ist physischer Hunger nicht nur physisch. Er hat auch eine emotionale oder psychologische Komponente. Das heißt, du kannst deinen Körper bewusst (oder unbewusst) dazu bringen, die hungerauslösenden Hormone auszuschütten, indem du an Essen *denkst*. Deine Gedanken können genauso ein Gefühl von Hunger auslösen wie andere Gefühle.

Zweitens halte ich den Ausdruck »emotionaler Hunger« für missverständlich, denn eigentlich bezieht er sich auf den Wunsch, etwas zu essen, um ein *anderes* unangenehmes Gefühl zu vermeiden. Es handelt sich also gar nicht um Hunger und es geht auch nicht mit den entsprechenden körperlichen Wahrnehmungen wie einem knurrenden Magen einher. Vielleicht fühlst du Stress, Trauer, Wut, Frust oder ein anderes Gefühl, das du noch nicht zuzulassen gelernt hast, und das bringt dich zu der angenehmen Handlung des Essens, statt dich dem unangenehmen Gefühl zu stellen.

»Mechanische« Gefühle

Du bist keine Maschine, deshalb kann das Wort »mechanisch« irreführend sein. »Mechanische« Gefühle sind Empfindungen in deinem Körper, die von nicht hormonellen biologischen Prozessen ausgelöst werden. Ein Beispiel dafür wäre das Schmerzgefühl, wenn du dir zum Beispiel den Knöchel verstauchst. In diesem Abschnitt werden wir uns den Verdauungsgefühlen widmen (weil wir darauf achten wollen, wie sich Essen in deinem Körper anfühlt), zum Beispiel Blähungen, Darmgeräusche, Verstopfung, Sodbrennen und Lethargie. Diese Empfindungen, wie auch deine hormonellen Gefühle, geben dir wertvolle Informationen darüber, was in deinem Körper vor sich geht, aber nur, wenn du dich darauf einstellst und zuhörst, was deine Gefühle dir sagen wollen.

Ein Gefühl dafür entwickeln, wie sich Lebensmittel im Körper anfühlen

Es braucht keine speziellen Fähigkeiten, um zu spüren, wie sich Essen im Körper anfühlt. Du musst nur dazu bereit sein, deine Wahrnehmung zu schulen, und dich darauf einstellen, am Anfang nicht besonders gut darin zu sein, wie das bei allen neuen Fertigkeiten eben ist.

Vor dem Essen: Achte darauf, wie du dich hormonell fühlst (dein Hunger) und wie du dich emotional fühlst (um dir bewusst zu werden, *warum* du isst).

Nach dem Essen: Achte darauf, wie du dich »mechanisch« fühlst (was deine Gedärme machen), um dir bewusst zu werden, *was* du gegessen hast.

Mit »darauf achten« meine ich natürlich, dein Tagebuch zur Hand zu nehmen und dir selbst eine oder mehrere Fragen zu stellen, um herauszufinden, was dein Gehirn und dein Körper zu sagen haben. Das ist die Zwei-Schritte-Methode.

Noch einige Hinweise, bevor wir diese Übung beginnen: Bitte beachte zunächst, dass wir nicht die Hormone nach dem Essen überprüfen, denn Schuldgefühle nach dem Essen sind nicht die Art von Informationen, nach denen wir hier suchen. Ja, es ist eine Untersuchung wert, um zu entscheiden, ob diese Gedanken hilfreich sind (Spoileralarm: Sie sind es nicht), aber diese Gefühle werden dir keine hilfreichen Informationen darüber liefern, was du in Zukunft essen solltest. Und zweitens empfehle ich dir, diese Fertigkeit nicht zu üben, wenn du gerade Hunger hast oder dich kurzfristig für eine Mahlzeit entscheiden willst. Denke daran, dass wir auf der Suche nach Selbsterkenntnis sind, nicht nach einer Lösung für unsere Probleme oder einem besseren Gefühl. Mit etwas Zeit und Übung wird diese Fertigkeit dir dabei helfen, gute Entscheidungen zum Thema Essen zu treffen und dich mit ihnen wohlzufühlen. Aber das wird etwas dauern.

Vor dem Essen: Überprüfe deine hormonelle Gefühlslage

Unser Handeln erwächst immer aus Gefühlen, deshalb steckt hinter jeder Wahl für ein bestimmtes Nahrungsmittel ein Gefühl, das diese Wahl beeinflusst. Manchmal ist das Gefühl einfach Hunger, aber das ist sehr selten der Fall. Meistens sind es andere hormonelle Gefühle im Zusammenhang mit diesem speziellen Nahrungsmittel, die dein Verhalten steuern. Nach diesen Gefühlen wollen wir mithilfe deines Tagebuchs suchen.

Du solltest aber dazu bereit sein, deine Gedanken und Gefühle mitfühlend zu beobachten. Es geht nicht darum, über sich selbst zu urteilen, sondern darum, herauszufinden, was dein Gehirn und dein Körper mit bestimmten Nahrungsmitteln verknüpfen. Deine Gefühle geben Auskunft über deine *Gedanken*, nicht über dich als Person. Für diese Tagebuchsitzung teile ich einen alten Eintrag mit dir über etwas, das ich manchmal esse und mit großem Genuss verbinde – die selbst gemachten Kekse meiner Mutter.

Das Hineinfühlen »vor dem Essen« beinhaltet zwei Fragen, wobei du auf die erste einfach mit Ja oder Nein antworten kannst. Du wirst die passende Antwort in deinem Körper finden, in Form von Bauchgrummeln oder einem zusammengezogenen Magen, wie oben besprochen. Die zweite Frage erkundigt sich speziell nach deinen Gefühlen, die du auch in deinem Körper und nicht in deinem Kopf finden wirst. Beginne jeden Satz mit dem Ausdruck »Ich fühle ...«.

Reflexionsfrage: Habe ich gerade Hunger?

NEIN

Reflexionsfrage: Wie fühle ich mich, wenn ich an die selbst gemachten Kekse meiner Mutter denke?

ICH FÜHLE MICH GELIEBT.

ICH FÜHLE MICH UMSORGT.

ICH FÜHLE MICH GESEHEN.

ICH FÜHLE MICH WAHRGENOMMEN.

ICH FÜHLE MICH WOHL.

ICH FÜHLE MICH ENTSPANNT.

Jetzt kommt der magische Trick. Statt wie gewohnt mit der Zwei-Schritte-Methode auf die Suche nach unseren Gefühlen zu gehen (die kennen wir schließlich schon), wollen wir im nächsten Schritt sanft die Gefühle von den Keksen trennen und uns daran erinnern, dass jedes Gefühl von einem Gedanken ausgelöst wird.

Ich glaube, ich fühle mich wegen der Kekse oder meiner Mutter geliebt, aber ich fühle mich so aufgrund meiner *Gedanken*.

Ich glaube, ich fühle mich wegen der Kekse oder meiner Mutter umsorgt, aber ich fühle mich so aufgrund meiner *Gedanken*.

Ich glaube, ich fühle mich wegen der Kekse oder meiner Mutter gesehen, aber ich fühle mich so aufgrund meiner *Gedanken*.

Ich glaube, ich fühle mich wegen der Kekse oder meiner Mutter wahrgenommen, aber ich fühle mich so aufgrund meiner *Gedanken*.

Ich glaube, ich fühle mich wegen der Kekse oder meiner Mutter wohl, aber ich fühle mich so aufgrund meiner *Gedanken*.

Ich glaube, ich fühle mich wegen der Kekse oder meiner Mutter entspannt, aber ich fühle mich so aufgrund meiner *Gedanken*.

Interessant, oder? Ich wusste, dass ich die Kekse meiner Mutter liebte, aber bis ich ihnen einen Tagebucheintrag gewidmet hatte, hatte ich nicht verstanden, warum ich sie so gerne aß. Doch jetzt ist es mir klar: Mein Gehirn denkt, die Kekse hätten das Gefühl der Liebe, Wärme, Entspannung und Verbindung in mir ausgelöst. Natürlich wollte ich sie essen, wenn ich mich dabei so fühlte. Das sind wunderbare Informationen, aber nur die Hälfte unserer Aufzeichnungen zu diesem Thema. Als Nächstes wollen wir sehen, wie es mir nach dem Essen der Kekse ging.

Nach dem Essen: Überprüfe deine »mechanischen« Gefühle

Ich habe schon erwähnt, dass ich mich selbst eher als Denkerin statt als Fühlerin bezeichnen würde - ich fühle mich sehr wohl in meinem Kopf, und als ich mit der Arbeit an meiner Einstellung begann, fiel mir das ganze »Gedanken finden« geradezu in den Schoß. Aber ich bin auch Ausdauersportlerin, die sich immer sehr schwer damit getan hat, sich bei langen Läufen mit genug Energie zu versorgen. Ich erspare dir die peinlichen Details, nur so viel: Ich hatte genug Verdauungsprobleme beim Laufen, dass ich gelernt habe, auch auf meinen Körper zu achten.

Ich biete dir als Nächstes eine »Nach-dem-Essen-Körper-Checkliste« an, die ich entwickelt habe, weil ich nur durch meine Gedanken Zugang zu meinem Körper erhalte. Wenn ich mir keine spezifischen und direkten Fragen zu bestimmten Körperteilen stelle, bemerke ich die Gefühle in meinem Körper oft nicht. Wenn du eine Methode ohne Sprache hast, um mit deinem Körper zu kommunizieren, kannst du diese natürlich auch gerne anwenden.

Ich verfolge mit dieser Checkliste zwei Absichten: Selbsterkenntnis und Datenerfassung. Wir wollen uns darüber bewusst werden, wie sich unser Körper beim Verdauungsprozess anfühlt (Selbsterkenntnis), und anhand dieser Informationen anschließend entscheiden, ob wir dieses Nahrungsmittel noch einmal konsumieren möchten (Datenerfassung). Vielleicht kannst du dir selbst besser mit Mitgefühl statt mit Urteilen begegnen, wenn du es dir als kleines Forschungsprojekt vorstellst.

Je nachdem, was du gegessen hast, kann es zwischen 12 und 72 Stunden dauern, bis die Nahrung dein Verdauungssystem komplett durchlaufen hat. Das heißt, dass du nicht wirklich sagen kannst, welche Mahlzeit welche Reaktion hervorruft (außer du nimmst nur eine Mahlzeit pro Tag zu dir, was ich nicht empfehle). Statt sich davon frustrieren zu lassen, kannst du einfach mehrmals täglich auf deine mechanischen Gefühle achten und nur dann versuchen, einen Übeltäter ausfindig zu machen, wenn du eine besonders unangenehme Reaktion auf etwas verspürst. (Ich hoffe, ich muss nicht extra erwähnen, dass du bei starken Reaktionen sofort medizinische Hilfe in Anspruch nehmen solltest.)

Ich persönlich spüre gerne ungefähr eine Stunde nach dem Essen, am Morgen und kurz vor dem Schlafengehen in mich hinein und schreibe auf, wie voll und gesättigt ich mich fühle (was mir Auskunft über die (zukünftige) Portionsgröße geben kann). Das klingt am Anfang erst mal nach *viel*, deshalb denke daran, dass du auch mit kleineren Schritten anfangen kannst. Selbst einmal am Tag oder einmal die Woche gibt dir schon mehr Informationen, als dir momentan zur Verfügung stehen.

Am Anfang schreibe ich mir immer kurz auf, was und wie viel ich gegessen habe. Vielleicht ist das auch unnötig, weil diese Informationen eh in deiner Kalorien-App gespeichert sind, das liegt ganz bei dir. Während ich das aufschreibe, gehe ich sicher, dass ich ruhig, neugierig und mitfühlend bin (siehe Kapitel 2, Seite 75 für mehr Informationen zum Thema mitfühlendes Beobachten). Anschließend wandere ich auf der Suche nach Informationen Schritt für Schritt durch meinen Körper. Dabei bin ich bereit und gewillt, meine Beobachtungen aufzuschreiben, ohne sie zu bewerten. Hier ist meine Checkliste:

1. KÖRPER ALLGEMEIN: FÜHLE ICH MICH HUNGRIG, SATT ODER GENAU RICHTIG?
2. KEHLE UND SPEISERÖHRE: FÜHLT ES SICH DORT ENG AN ODER BRENNT ES WIE BEI SODBRENNEN?
3. MAGEN UND BRUST: IST MIR SCHLECHT? SPÜRE ICH SODBRENNEN?
4. BAUCH VON DEN UNTEREN RIPPEN BIS ZUM BAUCHNABEL: IST MIR SCHLECHT? SPÜRE ICH EIN VÖLLEGEFÜHL? BIN ICH AUFGEBLÄHT?
5. UNTERE EINGEWEIDE: FÜHLE ICH MICH AUFGEBLÄHT? HABE ICH BLÄHUNGEN ODER VERSTOPFUNG?
6. GANZER KÖRPER: IST MEIN ENERGIELEVEL NORMAL ODER FÜHLE ICH MICH TRÄGE?

Und so sah der Tagebucheintrag aus, nachdem ich die Kekse meiner Mutter gegessen hatte.

FÜNF SNICKERDOODLES (ZIMTBUTTERKEKSE), NACHMITTAGS, VOR DEM ABENDESSEN

1. Leichtes Völlegefühl.
2. Nichts bemerkt.
3. Nichts bemerkt.
4. Leichtes Völlegefühl.
5. Nichts bemerkt.
6. Ungewohntes Energielevel, gleichzeitig hibbelig und träge.

Wie du mit diesen Erkenntnissen umgehen kannst

Am besten betrachtest du das tägliche »darauf achten, wie sich Essen anfühlt« als eine Kombination aus deinem täglichen Tagebuchschreiben und dem täglichen Wiegen: Es handelt sich um Informationen über deine Gefühle, die du nicht verändern oder »korrigieren« willst, sowie um Informationen über deinen Körper, die deine zukünftigen Entscheidungen zum Thema Essen beeinflussen können. Du praktizierst also eine sanfte Form von Selbstliebe und Selbstakzeptanz, bis es dir zur Gewohnheit wird. Und währenddessen veränderst du *vielleicht* auch etwas daran, was oder wie viel du isst.

Vor vielen Jahren habe ich mich ganz anders ernährt als heute. Obwohl ich regelmäßig die Speisekammer ausgemistet und mir vorgenommen habe: »Ich esse nur noch gesunde Sachen«, bin ich doch immer wieder bei Bequemlichkeitsessen, ungezügeltem Naschen und schnellen, nicht so gesunden Mahlzeiten gelandet. Erst als ich mitfühlend beobachtet habe, *warum* ich esse und wie es sich in meinem Körper *anfühlt*, konnte ich langfristige Veränderungen erzielen – natürlich in kleinen Schritten.

Das also wirst du mit den Informationen machen: erst mal gar nichts.

Im Laufe der Wochen und Monate wirst du vielleicht Muster erkennen. Wenn du gut mit Tabellenkalkulation umgehen kannst, hast du vielleicht Spaß daran, mit verschiedenen Diagrammen

Tendenzen herauszufinden. Erlaube deinem Gehirn, die Informationen urteilsfrei zu verarbeiten, und bleibe offen für kleine Veränderungen, die sich machbar anfühlen.

Ich habe Monate dafür gebraucht, das »zu viele Kekse«-Gefühl zu identifizieren, das ich oben unter Punkt 6 beschrieben habe. Das Gefühl war nicht besonders unangenehm und ich habe auch nicht jeden Tag Kekse gegessen, deshalb ist mir die Verbindung erst gar nicht aufgefallen. Als ich es bemerkte, habe ich angefangen, meine Gefühle vor dem Essen in mein Tagebuch zu schreiben. Die Kombination aus meiner Selbsterkenntnis und den gesammelten Daten hat mir bei meiner Entscheidung geholfen, wann ich wie viele Kekse meiner Mutter unter welchen Bedingungen bewusst essen möchte: Wenn es welche gibt, werde ich maximal drei essen und wenn möglich meinen Essensplan für den Tag entsprechend anpassen, sodass ich meinen Energiebedarf decke und nicht überschreite.

Damit kommen wir zu einer der wichtigsten Lektionen, wenn es um das Finden und Einschätzen deiner Gedanken geht: **Nur weil du deine Gedanken infrage stellen *kannst* (und dadurch deine Gefühle, was sich auf dein Handeln auswirkt), heißt das nicht, dass du das auch *musst*.** Vielleicht gibt es Gerichte, die dir nährstofftechnisch nichts bringen, aber wenn sie kein »mechanisches« Unwohlsein verursachen, kannst du sie aufgrund der mit ihnen verbundenen hormonellen Gefühle trotzdem zu dir nehmen. Es gibt keinen äußeren Zwang dafür, dein Leben zu verändern.

Das Erforschen meiner hormonellen und »mechanischen« Gefühle hat mir die Augen geöffnet und mich gestärkt. Den Großteil meines Lebens habe ich mich meinen Essensgelüsten ausgesetzt gefühlt. Aber das Geschenk der Selbsterkenntnis hat mir erlaubt, selbst Entscheidungen über die von mir aufgenommene Nahrung zu treffen, statt einfach das zu machen, was mein automatisiertes Gehirn von mir verlangt.

Zum Weiterdenken

Moment, du kannst auch hilfreiche Gefühle üben? Ja, tatsächlich, und das mag ich besonders: **Entschlossenheit.**

Wenn ich entschlossen bin, ziehe ich die Schultern zurück und stehe aufrechter. Mein Kopf ist klar und wach, mein Bauch weich, und ich kann frei atmen. Meine Wirbelsäule fühlt sich stark an. Entschlossenheit riecht metallisch (auf eine gute Art) und fühlt sich an wie Sonnenschein. Meine Hüfte ist ausbalanciert und meine Beine sind stabil. Eine Freundin kennt ein Gefühl, das sie »richtig zusammengesetzt« nennt, und ich glaube, das fühlt sich für sie so an wie Entschlossenheit für mich. Wenn ich entschlossen bin, bringe ich Dinge zu Ende und zweifle nicht an mir selbst. Ich vertraue auf mein Gefühl der Entschlossenheit.

Wie fühlt sich Entschlossenheit für dich an? Ist sie hilfreich?

Kompakt: Was du in diesem Kapitel gelernt hast

- Diätgedanken und das damit in Verbindung stehende Gefühl des Verzichts funktionieren genauso wie andere automatische effiziente Gedanken. Sie werden nicht verschwinden, nur weil du dein Zielgewicht erreichst.
- Statt eine Diät zu machen, empfehle ich dir, das zu essen, was du gerne magst, in Portionsgrößen, die für dein Kalorienziel Sinn ergeben, während du darauf achtest, wie sich dein Körper dabei anfühlt.
- Kleine Schritte und stufenweise Veränderungen werden zu nachhaltigem langfristigem Erfolg führen.
- Die »Diätkultur« ist nichts anderes als eine Gruppe von Menschen, die die gleichen automatischen hinderlichen Gedanken teilen und verbreiten.
- Die Zwei-Schritte-Methode wird dir dabei helfen, deine Diätgedanken zu sortieren und zu entscheiden, ob sie hilfreich sind oder nicht.
- Du bist die Expertin für deinen eigenen Körper.
- Der Glaube, dass bestimmte Lebensmittel »gut« oder »schlecht« sind, ist ein Gedanke.
- Schuldgefühle entstehen dann, wenn dein Gehirn zwei widersprüchliche Gedanken auf einmal im Kopf hat und beide für wahr hält.
- Die Signale deines Körpers helfen dir dabei, bewusst zu entscheiden, welche Lebensmittel du essen willst und welche nicht.
- Interozeption (in deinen Körper hineinhorchen) bedeutet, deine Gefühle und deine Verdauungssignale wahrzunehmen.
- Du kannst Daten sammeln und das Vertrauen in dich selbst stärken, indem du deine Gefühle vor und nach dem Essen beobachtest.
- Du kannst dich entscheiden, alles zu essen, was du willst.

Teil vier:

Das Leben nach 50 genießen

7. Du kannst Hitzewallungen nicht mit »positiven Gedanken« bekämpfen

Manchmal sind die Wechseljahre ätzend, und das ist okay

Viele der Veränderungen, die die Wechseljahre mit sich bringen, sind »behebbar«. Du kannst Gewicht verlieren, du kannst deine Knochen und Muskeln stärken, du kannst dein Herz vor Herz-Kreislauf-Erkrankungen schützen, du kannst deine Diätgedanken loswerden und dein Zielgewicht bis an dein Lebensende halten, und, mein persönlicher Favorit, du kannst deinen Körper lieben und dir selbst vertrauen lernen. Du kannst dir neue Fertigkeiten aneignen, du kannst herausfinden, auf welche Weise sich deine Gefühle in deinem Körper zeigen, und du kannst herausfinden, welche Gedanken dich an dein Ziel bringen und welche dich lähmen. Du hast geheime Superkräfte, von denen du nicht einmal weißt. Und diese Superkräfte können dein ganzes Leben verändern … nur nicht deine Hitzewallungen und Migräneattacken.

Wir haben in diesem Buch schon viel Zeit damit verbracht, zu akzeptieren, dass es dir erst mal schlechter gehen wird, bevor es dir besser geht. Und ich habe noch eine Nachricht für dich, die dir nicht gefallen wird: Manchmal wird es dir einfach lausig gehen. Natürlich weißt du, dass schlimme Dinge in der Welt passieren, und das fühlt sich furchtbar an, aber ein kleiner Teil von dir denkt, das Leben wäre einfacher, wenn du einfach immer glücklich wärst, oder? Ich vermute, dass die meisten sich das heimlich (oder auch nicht so heimlich) wünschen. Das klingt so schön, so ruhig und angenehm, in einer Welt zu leben, in der nichts traurig ist und man nie wütend wird. Aber es gibt einen Haken an dieser Fantasiewelt: Wenn du dich nie schlecht fühlst, wirst du dich auch nie gut fühlen.

Dass du überhaupt Gefühle wahrnehmen kannst, liegt an deren großen Anzahl und daran, dass sie dich alle ins Handeln bringen wollen. Die Kunst liegt darin, die guten von den schlechten Gefühlen zu unterscheiden. Genauso, wie dein Gehirn ständig versucht, deine Wahrnehmungen zu kategorisieren, stellt es auch sicher, dass unterschiedliche Dinge getrennt bleiben. Vielleicht denkst du jetzt: »Es gibt doch schon genügend gute und schlechte Dinge in meinem Leben, mit denen ich umgehen muss, warum brauche ich dann auch noch Hirnnebel, Schlafstörungen und Scheidentrockenheit?«

Weil die Wechseljahre manchmal ätzend sind, deshalb.

Mache es nicht schlimmer, als es ist

Das eigentliche Problem am »sich schlecht fühlen« ist der große Wunsch, sich nicht mehr schlecht zu fühlen. Ständig gegen die Tatsachen anzukämpfen, macht alles nur noch schlimmer. Als ich während der Wechseljahre zugenommen habe und herausgefunden habe, dass Frauen in meinem Alter länger brauchen, um sich von Anstrengungen zu erholen, habe ich das erst nicht glauben wollen. »Vielleicht ist das bei anderen Frauen so, aber nicht bei mir!«, entschied ich trotzig für mich. Mein Körper hingegen zeigte mir: »Ähm, okay. So funktioniert das aber nicht«, und marschierte weiter Richtung Menopause, als hätte ich kein Mitspracherecht. Es stellte sich heraus: Ich habe wirklich kein Mitspracherecht.

Himmel, war ich sauer deswegen. »Ich werde meinem Körper schon zeigen, wer hier der Chef ist!«, brüllte ich in meinem Kopf und absolvierte eine große Laufrunde, von der ich mich deutlich langsamer erholte, als ich es gewohnt war. »So sollte das nicht sein«, jammerte ich, als die Waage immer höhere Zahlen anzeigte. Schon wieder schien mein Körper der Chef zu sein. Je mehr ich dagegen ankämpfte und je wütender ich wurde, desto schlechter fühlte ich mich, sowohl hormonell als auch mechanisch. Ich verbrachte Monate damit, immer mehr von mir zu fordern, um mich dadurch besser zu fühlen, doch das Ergebnis waren andauernde leichte Verletzungen und ein fast vollständiger emotionaler Burn-out. Ich war ein Wrack. Weil ich mich gut fühlen wollte.

Das hier wäre eine richtig gute Geschichte mit glücklichem Ende, wenn ich auf einen Tag verweisen könnte, an dem ich *die* Erleuchtung hatte – oder mich einfach nur ausgiebig ausheulte –, und danach war alles gut. Aber so war es leider nicht. Tatsächlich stellte sich heraus, dass alles, was ich dir bisher in diesem Buch erzählt habe, wahr ist: Ich machte kleine Schritte, habe täglich mit meinem Tagebuch gearbeitet, meine Gedanken reflektiert und überlegt, ob sie hilfreich sind. Ich bin besser darin geworden, die Gefühle in meinem Körper zu fühlen, statt sie einfach wegzudrücken, und jetzt, einige Jahre später, fühle ich mich wunderbar. Und furchtbar.

Wie man sich schlecht fühlt in zwei einfachen Schritten

Schritt eins: Es passiert etwas in der Welt. Schritt zwei: Du glaubst, das hätte nicht passieren dürfen. Vielleicht erkennst du einen der Sätze als Gedanken wieder, weil wir schon daran gearbeitet haben, unsere Gedanken ausfindig zu machen. (Hinweis: Es ist der zweite, der, der mit »Ich glaube« beginnt.) Der erste Satz hingegen ist kein Gedanke. Das ist die Realität.

Das wird sich jetzt einfach und offensichtlich anhören, aber ich sage es trotzdem: Die Realität existiert.

Und der *Gedanke*, dass das, was definitiv existiert – die Realität – nicht existieren sollte, ist der Auslöser für deinen Schmerz, nicht die Realität selbst. Zum besseren Verständnis ein Beispiel: Der Gedanke, dass du die Wechseljahre nicht erleben willst, was sich vielleicht wie »Mein Körper verändert sich aufgrund der Wechseljahre, ABER das will ich nicht« anhört, ist schmerzhafter als die Wechseljahre selbst.

Wir haben das Konzept der kognitiven Dissonanz schon in Kapitel 6 behandelt (in der Diskussion zum Thema Schuldgefühle auf Seite 194) und hier passt es auch. Du hast zwei Gedanken im Kopf, die sich widersprechen, und du hältst beide für wahr. Der einzige Unterschied ist hier, dass einer davon tatsächlich wahr *ist.*

Du *bist* in den Wechseljahren (oder sie liegen schon hinter dir, du hast aber immer noch diese automatischen Gedanken, die sich dagegen wehren wollen).

Wenn du die Wahl zwischen zwei *Gedanken* hast, ist die Wahrheit das, wofür du dich entscheidest. Bei unserem Pizza-Beispiel aus dem letzten Kapitel ist »Die Pizza sieht so lecker aus« ein Gedanke und »Ich habe für heute schon genug gegessen« auch (siehe Seite 196). Die Lösung für diese Unzufriedenheit ist einfach: Du entscheidest dich für eine Option. Wenn eine der Optionen allerdings die Realität ist, ist die Wahl eindeutig: Die Realität ist wahr. Doch dein Gehirn sieht das manchmal anders.

Der Grund dafür, warum wir uns manchmal so sehr in »Ich will das aber nicht«-Gedanken verfangen, ist: Dein Gehirn strebt stets Angenehmes an und will Schmerz vermeiden. Von den beiden oben erwähnten Gedanken ist »Mein Körper verändert sich aufgrund der Wechseljahre« für dein Gehirn unangenehmer als der Gedanke »Ich will das aber nicht«. Warum denkt dein Gehirn so? Weil es schon einen Schritt weiter ist und weiß, welche Gedanken folgen werden. Hinter »Mein Körper verändert sich aufgrund der Wechseljahre« steckt eine Fülle von effizienten automatischen Gedanken darüber, dass du Veränderungen nicht magst, dich Hitzewallungen nerven und du dich schon als alte vertrocknete Oma betrachtest. Wenn du allerdings »Ich will das aber nicht« denkst, schaltet dein Gehirn sofort in den Problemlösemodus. Deshalb findet dein Gehirn den Gedanken super und wird sich mit allen Mitteln daran festklammern. (In Kapitel 1 haben wir uns schon angesehen, dass wir dafür gemacht sind, Probleme zu finden und zu lösen, siehe Seite 36).

Dein Gehirn verheddert sich aber in dem »Ich will das alles nicht«-Denken, weil es die unerwünschten Tatsachen nicht wirklich wegzaubern kann, denn es *passiert* nun mal. So ist das mit der Realität. Also dreht es sich immer wieder im Kreis auf der Suche nach einer Lösung, die es nicht gibt.

Verkompliziert wird das Ganze noch, da die kognitive Dissonanz selbst ein *Gefühl* ist, also löst sie Handlungen aus. Für viele von uns sind diese Handlungen Vermeidungsstrategien. Wie in meinem Beispiel, als ich mir selbst habe beweisen wollen, dass ich nicht in den Wechseljahren bin, indem ich so viel Sport gemacht habe wie vorher. Dein Gehirn will dem Gefühl der kognitiven Dissonanz entfliehen, das entstanden ist, weil dein Gehirn den Gefühlen während der Wechseljahre hat entfliehen wollen.

Mein Rat ist einfach und mag erst mal widersprüchlich klingen, wie so oft in diesem Buch: **Höre auf, dich besser fühlen zu wollen, und erlaube dir, alle Gefühle zu fühlen, auch die schlechten.**

Die Tricks der Werbung

Du wirst älter, das kann ich mit Gewissheit sagen, denn jede einzelne Person, Pflanze und jedes Tier auf diesem Planeten, genau wie der Planet selbst, wird mit jeder Minute älter. So funktioniert das mit der Zeit. Aber wir haben auch kulturelle Normen (besonders in westlichen Gesellschaften), die die Jugend als Schönheitsideal verbreiten. Es gibt Hunderte Produkte auf dem Markt, die deine kognitive Dissonanz in Bezug auf dieses Ideal ausnutzen.

Du wirst älter, ABER Jugend ist schön.

Um dein Unwohlsein aufgrund dieser Dissonanz zu lindern, treibt dich dein schmerzvermeidendes, vergnügungssüchtiges Gehirn dazu, Lotionen, Mittelchen, Seren, Make-up, Nahrungsergänzungsmittel und Geräte zu kaufen, die das Strahlen einer Frau in ihren Zwanzigern versprechen. Aber du bist nicht mehr in deinen Zwanzigern, weshalb die kognitive Dissonanz bestehen bleibt. Und die Antwort darauf ist laut Werbung natürlich, noch mehr Produkte zu kaufen.

Warum du oft ein schlechtes Gewissen hast, wenn es dir gut geht

Wie viel Zeit verbringst du damit, deine unangenehmen Gefühle zu vermeiden? Laut meinem Smartphone verbringe ich ungefähr zwei Stunden am Tag damit, Spiele zu spielen, und weitere eineinhalb Stunden in den sozialen Medien (manches davon ist zwar für die Arbeit, aber trotzdem). Ich vermute, dass ich mindestens eine weitere Stunde täglich damit verbringe, andere »Ablenkungsaufgaben« zu erledigen, die ich mir selbst auftrage, weil ich mich mit meiner eigentlichen Arbeit herumquäle. Dieses Buch zu schreiben, hat mir in dieser Hinsicht die Augen geöffnet. Während ich dieses Kapitel schreibe, »musste« ich den Abwasch erledigen, nachsehen, ob mein Sohn in der Uni oder auf der Arbeit ist, meinem Mann etwas Unwichtiges mitteilen und den Müll rausbringen – all das nur, weil manche Gedanken und Sätze nicht so mühelos auf das Papier geflossen sind, wie ich es mir gewünscht habe. Und es geht nicht nur um die verschwendete Zeit. Manche von uns meiden ihre Gefühle, indem sie Geld ausgeben, essen, rauchen, Alkohol trinken oder andere Verhaltensweisen an den Tag legen, die wir eigentlich lieber nicht hätten, die uns jedoch immer noch lieber sind, als uns mit unseren Gefühlen auseinanderzusetzen. All das dank unseres tollen Gehirns natürlich, das immer Angenehmes anstrebt und Unangenehmes vermeiden möchte.

Sind deine Gefühle wirklich schmerzhaft?

Wenn du dir jemals einen Knochen gebrochen, eine Sehne gezerrt oder dir beim Anschneiden einer Tomate mit einem Küchenmesser aus Versehen quasi den halben Daumen mit einem Küchenmesser abgeschnitten hast, statt ein Brettchen zu benutzen (wahre Geschichte), dann hast du akuten physischen Schmerz gespürt. Du weißt, wie es läuft: In der akuten Phase, während du dich verletzt, kommt der Schmerz nicht mal in deinem Gehirn an, weil er so stark und/oder unerwartet ist. Dann kommen das Brennen, Pochen, Stechen oder der sengende Schmerz, der bei manchen

Erste-Hilfe-Verfahren oder medizinischen Eingriffen auftritt. Und dann, je nach Schweregrad der Verletzung, benötigst du vielleicht einige Tage lang pharmazeutische Schmerzmittel, während dein Körper die Schäden repariert. Wenn wir das Wort *Schmerz* verwenden, meinen wir normalerweise etwas Physisches. Gefühle sind *ganz anders.*

Die unwillkürlichen physiologischen Empfindungen, die mit der Ausschüttung von Hormonen in Verbindung stehen (die wir in diesem Buch als Gefühle oder Emotionen bezeichnen), befinden sich per Definition in deinem Innern und sind nur von kurzer Dauer. Ihr Zweck ist, deine Aufmerksamkeit zu wecken, deinen Körper auf eine Handlung vorzubereiten und dich dann dazu zu zwingen, schnell zu handeln, statt lange darüber nachzudenken.

Wenn du einen Gedanken hast, einen elektrischen Impuls in deinem Gehirn, löst er die Ausschüttung von Hormonen wie Adrenalin und Cortisol aus, die verschiedene Regionen in deinem Körper beeinflussen und Symptome verursachen wie eine höhere Puls- oder Atemfrequenz (was zu vermehrtem Schwitzen führt), ein erhöhter Blutdruck und geweitete Pupillen. Je nach empfundener Emotion spürst du vielleicht ein Kribbeln in deinen Gliedmaßen, Verdauungsprobleme (sobald dein Körper das ganze Blut in die großen Muskeln pumpt, um eine Kampf- oder Fluchtreaktion zu ermöglich, stoppt er deine Verdauung) oder eine zugeschnürte Kehle. Die Hormone, die durch deinen Körper fließen, wirken sich nur etwa 90 Sekunden lang auf ihn aus – aber nur, wenn sie ihrer natürlichen Wege gehen dürfen. In Kapitel 5 haben wir schon darüber gesprochen, dass jeder von uns Gefühle vermeidet oder in ihnen steckenbleibt (siehe Seite 165).

Warum du negative Gefühle unbedingt zulassen solltest

Wahrscheinlich ist es kein überzeugendes Verkaufsargument, wenn ich dir sage, du sollst deine unangenehmen (aber nicht schmerzhaften) Gefühle zulassen. Also wollen wir vorher erkunden, welchen Benefit das für dich hat. Wenn du dich mit deinen Gefühlen auseinandersetzt, wirst du

- Zeit gewinnen (und möglicherweise Geld, Beziehungen und Gesundheit),
- dein Selbstbewusstsein und dein Selbstvertrauen stärken,
- die Angst vor zukünftigen Gefühlen reduzieren und
- Kontrolle über deine Gedanken gewinnen.

Lass uns nun die Vorteile im Detail zusammen ansehen.

Die positiven Auswirkungen auf Zeit, Geld, Beziehungen und deine Gesundheit

Ich verbringe wie gesagt ungefähr zwei Stunden am Tag mit Spielen am Smartphone. Vor ein paar Jahren war es noch ungefähr dreimal so viel Zeit. Meinen Gefühlen zu erlauben, in meinem Körper zu existieren und sich anschließend von selbst aufzulösen, hat meine Produktivität und Kreativität enorm gesteigert, weil ich nicht mehr so viel Zeit und Gehirnkapazitäten darauf verwende, meine Gefühle zu vermeiden. Viele Frauen werden weniger Stressessen, weniger oft Geld ausgeben, um etwas zu kompensieren, und seltener mit ihren Partnern oder Partnerinnen streiten, wenn sie ihre Gefühle zulassen/fühlen. Wenn du weder in deinen Gefühlen stecken bleibst, noch vor ihnen davonläufst, wirst du mehr Zeit und Energie für Dinge haben, die dir wirklich Spaß machen.

Steigere dein Selbstbewusstsein und dein Selbstvertrauen

Schwierige Dinge von dir selbst zu verlangen und sie dann auch zu tun, ist eins der größten Geschenke, die du dir selbst machen kannst. Während du deine Gefühle fühlst, vertraust du darauf, dass du der Aufgabe gewachsen bist, und wenn es dann klappt, hast du den Beweis dafür, dass du es kannst. Das ist die Definition eines positiven Kreislaufs (im Gegensatz zu dem Teufelskreis, zu denken, du kannst deine Gefühle nicht fühlen, was dazu führt, dass du sie meidest).

Reduziere deine Schwierigkeiten und Ängste, Gefühle zu empfinden

Gefühle in deinem Körper zulassen zu können, ist eine Fähigkeit, was bedeutet, dass du, wie bei allen Fähigkeiten, mit der Zeit besser wirst. Erinnerst du dich daran, wie du das erste Mal Auto gefahren bist und auf jedes kleine Detail achten musstest und völlig überfordert warst? Und jetzt kannst du zur Arbeit fahren und erinnerst dich nachher nicht mehr daran, wie du es gemacht hast, weil alles automatisiert abläuft und du beim Fahren alle Lieder im Radio mitsingen konntest. Es wird dir leichter fallen, deine Gefühle zu *empfinden*, was bedeutet, dass du keine Angst davor hast, mehr davon zu empfinden.

Gewinne die Kontrolle über deine Gedanken

Du hast Gefühle aufgrund deiner *Gedanken* – nicht, weil in deinem Körper oder in der Welt etwas passiert oder weil irgendjemand etwas gesagt oder getan hat. Wenn du deinem Körper erlaubst, die Gefühle zu Ende zu fühlen, wirst du Raum dafür schaffen, deine Gedanken (und Gefühle) mitfühlend und mit etwas Abstand zu beobachten, statt *in* ihnen zu sein. (Das haben wir uns in Kapitel 5 ein wenig angeschaut, siehe Seite 168.)

Lass uns ein paar Gefühle spüren

Wenn es für dich relativ neu ist, deine Gefühle durchgehend zu spüren –wahrscheinlich ist es das, so etwas lernst du nicht in der Schule –, solltest du zwischen den restlichen Abschnitten in diesem Kapitel am besten Pausen einlegen. Ich will dich ermutigen, dich herauszufordern und mit mir zusammen die Gefühle zu erspüren, aber manchmal führt das zu einem »Gefühlskater«.

Der Ansturm deiner Hormone ist stark – dein Herz wird rasen, dein Atem sich beschleunigen, deine Verdauung wird gestört und deine Gliedmaßen werden sich zittrig anfühlen. Wenn dein Körper in die Homöostase (das Gleichgewicht) zurückkehrt, überkorrigiert er manchmal, und du bist anschließend ganz erschöpft. Ich habe mit vielen Klientinnen gearbeitet, die erst mal ein Nickerchen machen mussten, nachdem sie ihre Gefühle durchlebt hatten. Statt in aller Eile zu versuchen, alles an einem Tag zu fühlen, entscheide dich zunächst für ein Gefühl und hebe dir die anderen für einen späteren Zeitpunkt auf. Keine Sorge, wir werden sie alle angehen, aber wir müssen uns nicht hetzen.

Folgende Gefühle werden wir uns ansehen, und zwar in genau der Reihenfolge, wie sie hier notiert sind: Wut, Trauer, Scham und Hilflosigkeit.

Es ist ganz normal, dass du ein Gefühl oder mehrere von ihnen besonders schwer zu fühlen findest, immerhin spielen jahrelange soziale Konditionierung und deine biologische Tendenz, Angenehmes anzustreben und Unangenehmes zu vermeiden, stets eine Rolle. Denke daran, dich bei der Aufgabe mitfühlend zu beobachten und dich nicht für deine Bemühungen zu verurteilen. Du lernst gerade eine neue Fertigkeit und wirst Übung brauchen, bevor du sie beherrschst.

Wie ich entscheide, wann ich welches Gefühl fühle

Zunächst möchte ich dir versichern, dass es keinen »falschen« Weg gibt, deine Gefühle zu empfinden. Es gibt auch keinen »richtigen« Weg, diesen Prozess zu durchlaufen – obwohl ich dir einige der meiner Meinung nach besten Methoden vorstellen werde, die für mich funktioniert haben.

Wenn du mit der Zwei-Schritte-Methode Tagebuch schreibst und dich auf die Suche nach mehr Selbsterkenntnis begibst, mache es dir am besten so gemütlich wie möglich – setze dich gemütlich hin, zieh dir bequeme Kleidung an, lass dir Zeit und schreibe in dein Lieblingnotizbuch. Ich benutze gerne einen Stift in einer kräftigen Farbe. Diese Rituale helfen mir dabei, im Moment anzukommen, und sie fühlen sich wie liebevolle Gewohnheiten an, die ich mir gönne. So ruhe ich in mir, und das führt mir vor Augen, dass diese Übungen mir guttun. Am besten bist du dabei allein und nimmst dir mindestens 10 bis 15 Minuten »Ich-Zeit«, um deine Gedanken zu erforschen.

Nachdem du dir eine Frage ausgesucht hast, schreibe einfach alles auf, was dir in den Sinn kommt. Ich musste das etwas üben, am Anfang hatte ich immer das Bedürfnis, meine Gedanken zu zensieren. Wenn dir das auch schwerfällt, erinnere dich daran, dass du sie einfach nur suchen und finden möchtest. Du willst nur wissen, was in deinem Kopf vorgeht. Du versuchst nicht, dich besser zu fühlen oder ein Problem zu lösen. Wenn du nur aus Neugier hier bist, hast du nichts zu verlieren.

Achte beim Schreiben darauf, wie dein Körper auf die Worte reagiert. Ich musste auch eine Weile üben, meinem Körper und meinem Gehirn gleichzeitig zuzuhören, also mache dir keine Sorgen, wenn du dich am Anfang sehr bewusst darauf einlassen musst. Schreibe erst deine Gedanken auf und höre dann auf deine Gefühle.

Wenn ich auf meine Gefühle höre, nehme ich sie manchmal einfach nur wahr und beschrifte sie – das heißt, manchmal ist die Zwei-Schritte-Methode »einfach nur« Tagebuchschreiben. Aber manchmal springt mich einer der Gedanken oder eins der Gefühle auch an. Ich nenne das eine *Ganzkörperzuckung*, weil es sich wie ein kleiner elektrischer Schlag (*Zing*) anfühlt. Wenn das passiert, weiß ich, dass mehr dahintersteckt – entweder mehr Gedanken hinter dem ersten Gedanken oder ein Gefühl, das empfunden werden möchte. Wenn es mehrere Gedanken sind, baut sich normalerweise eine Wand aus »Ich weiß nicht« in meinem Kopf auf, womit mein Gehirn sich davor schützen will, unangenehme Gedanken wahrzunehmen. Wenn es hingegen ein Gefühl ist, das gefühlt werden möchte, fühle ich es meist schon in mir aufsteigen, bereit, beschrieben, ausgedrückt und zugelassen zu werden. Ich lasse dabei zu, dass sich mein Tagebuchschreiben von ganz allein entfaltet, und vertraue darauf, dass ich am Ende dort lande, wo ich in dem Moment sein sollte. Aber das war nicht immer so.

Am Anfang ist es mir oft schwergefallen, eine passende Frage zu finden oder auch nur einen Satz aufzuschreiben. Ich habe mein Tagebuch oft beiseitegelegt und mich gefragt, ob es mir überhaupt etwas bringt. Mindestens die Hälfte meiner Einheiten fühlte sich unbefriedigend an. Aber bei der anderen Hälfte nahm ich immer eine Erkenntnis mit, oder verstand endlich, dass ein bestimmter Gedanke nur ein Gedanke war. Deshalb machte ich immer weiter.

Du kannst die Zwei-Schritte-Methode benutzen, um deinen persönlichen Weg zu finden. Es ist wie das alte Sprichwort: *Regeln sind dazu da, gebrochen zu werden.*

Auf den nächsten Seiten werde ich dich so durch einige schwierige Emotionen führen, wie es für mich funktioniert. Ich zeige es dir, damit du deinen eigenen Weg finden kannst, schwierige Gefühle zu erforschen und dich von ihnen zu befreien.

Die folgenden Reflexionsfragen verwenden die Zwei-Schritte-Methode in einer veränderten Reihenfolge.

Wut

In der Vergangenheit habe ich Wut oft vermieden, und ich erwische mich immer noch dabei, dass ich sage: »Ich bin nicht gerne wütend«, auch wenn ich Wut bis zum Ende spüren kann, und das auch mache. Mein Gehirn präsentiert mir den Gedanken, dass ich die Kontrolle verliere, wenn ich wütend bin, dass ich Dinge sagen und tun werde, die ich später bereuen werde. Das entsprach definitiv der Wahrheit, bevor ich realisiert habe, dass ich mich einfach wütend *fühlen* kann, ohne auf die Wut zu reagieren oder aus ihr heraus zu handeln. Wut kann in meinem Körper existieren, und sie verflüchtigt sich irgendwann von selbst.

Reflexionsfrage: Was denke ich darüber, Hitzewallungen zu haben?

SIE SIND LÄSTIG. [SCHLECHT/GERINGSCHÄTZIG]

ICH MAG SIE NICHT. [SCHLECHT/GENERVT]

SIE SIND UNKONTROLLIERBAR. [SCHLECHT/UNKONTROLLIERT]

ICH HASSE SIE. [SCHLECHT/SEHR WÜTEND] *ZING*

Das Gefühl explodiert in mir wie ein heißer Vulkan – es fühlt sich an, als käme mir Rauch aus den Ohren, mein Gesicht und meine Brust sind heiß, heiß, heiß, und mein Herz pocht in meinen Ohren. Ich bemerke, dass das Gefühl den Hitzewallungen, die mich so in Rage versetzen, nicht unähnlich ist. Habe ich eine Hitzewallung, oder bin ich sauer auf sie? Meine Kehle ist wie zugeschnürt und ich möchte weinen, aber das fühlt sich wie eine Ausflucht an – ich wäre lieber traurig, das ist einfacher. (Wenn mein Gehirn beim Gefühle fühlen abschweift, wiederhole ich die Frage und die Antwort, die das Gefühl ausgelöst haben, das ich zulassen möchte.) Was denke ich darüber, Hitzewallungen zu haben? ICH HASSE SIE. Meine Hände sind zu Fäusten geballt, meine Zähne zusammengepresst. Mein Kiefer und meine Schultern sind angespannt. Ich atme schwer. Ich höre nur noch meinen Herzschlag, der nervtötend laut ist. Ich spüre ein Stechen im Magen. Meine Arme sind zittrig und unkontrolliert. Ich kann meine Augen nicht offen halten und kneife sie so stark zusammen, dass ich rot sehe. Das ist so seltsam, ich habe gedacht, das sagt man nur so. Meine Kopfhaut kribbelt, ich bin schweißgebadet. Meine Beine sind unruhig, als würde ich am liebsten davonrennen. Mein Mund ist staubtrocken, aber meine Kehle ist nicht mehr so verkrampft wie noch vor einem Moment. Der aus meinem Kopf aufsteigende Rauch scheint fast aufgebraucht zu sein. Ich bin zittrig und erschöpft. Mein Körper entspannt sich Stück für Stück, meine Hände entspannen sich, meine Schultern sinken herab, mein Kiefer lockert sich. Die Wut ist gekommen und wieder gegangen.

Nachdem das Gefühl abgeklungen ist, wendest du dich wieder mitfühlend deinem Tagebuch zu und erinnerst dich daran, dass dieses Gefühl von einem Gedanken ausgelöst worden ist. Nicht von den Hitzewallungen. Schreibe »Ich glaube« vor jeden Satz und mache dir klar, dass es nur Gedanken sind.

ICH GLAUBE, SIE SIND LÄSTIG. [SCHLECHT/GERINGSCHÄTZIG]

ICH GLAUBE, ICH MAG SIE NICHT. [SCHLECHT/GENERVT]

ICH GLAUBE, SIE SIND UNKONTROLLIERBAR. [SCHLECHT/UNKONTROLLIERT]

ICH GLAUBE, ICH HASSE SIE. [SCHLECHT/SEHR WÜTEND]

Und dann kommt die sanfte Erinnerung, dass diese Gedanken dir nicht dabei helfen, dich in deinem Körper, deinem Leben oder mit dir selbst wohlzufühlen. Kennzeichne die Gedanken als HILFREICH oder HINDERLICH.

ICH GLAUBE, SIE SIND LÄSTIG. [SCHLECHT/GERINGSCHÄTZIG] HINDERLICH

ICH GLAUBE, ICH MAG SIE NICHT. [SCHLECHT/GENERVT] HINDERLICH

ICH GLAUBE, SIE SIND UNKONTROLLIERBAR. [SCHLECHT/UNKONTROLLIERT] HINDERLICH

ICH GLAUBE, ICH HASSE SIE. [SCHLECHT/SEHR WÜTEND] HINDERLICH

Mache dir klar, dass der Hass auf Hitzewallungen dich deinem Selbstliebeziel nicht näherbringen wird, dass du aber die Gefühle aushalten kannst, die der Gedanke mit sich bringt, falls du ihn doch einmal denkst.

Trauer

Ich würde gerne sagen, dass ich echt gut darin bin, Trauer zu fühlen, weil ich mit diesem Gefühl – im Vergleich zu den anderen drei Gefühlen, die wir hier genauer betrachten möchten –, am meisten Erfahrung habe. Und doch sträube ich mich manchmal dagegen, wie wir alle. Ich empfinde Trauer oft als *unpraktisch*, weil ich weiß, dass ich weinen werde und dann mein Gesicht rot anläuft und meine Mascara verschmiert. Das benutze ich dann als Ausrede und sage mir selbst, dass ich gerade keine Zeit habe, traurig zu sein. Aber die kann ich mir nehmen. Ich habe genügend Trauererfahrung, ich weiß, dass sie wie eine Sternschnuppe für mich ist – hell und heiß, aber am Ende von kurzer Dauer.

Reflexionsfrage: Was denke ich darüber, dass meine Haare grau werden und ausfallen?

ICH MAG DAS NICHT. [SCHLECHT/BOCKIG]

ICH WÜNSCHTE, ICH HÄTTE MEIN ALTES HAAR. [SCHLECHT/TRAURIG]

ICH BIN NICHT MEHR DAS MÄDCHEN, DAS ICH EINMAL WAR. [SCHLECHT/VERLOREN] *ZING*

Da sind noch mehr Gedanken – Was ist dieses Gefühl? Trauer? Ich bin traurig. Kummer? Ich fühle mich verloren. Mein Magen schlingert, als wäre ich in ein tiefes Loch gefallen. Ich falle, falle, falle. Alles ist dunkel. Ich bekomme nichts zu fassen, meine Kehle zieht sich zu, Tränen und triefende Nase. Ich heule. Mein Inneres wird herausgerissen, weggeworfen, mein Herz zieht sich schmerzhaft zusammen. Ich kriege keine Luft. Kann ich atmen? Ja, kann ich. Aber es ist sehr anstrengend und klingt, als würde ich ächzen, stöhnen. Ich fühle, wie stark mein Herz schlägt, wie sich mein Magen zusammenzieht und rumort. Es ist dunkel, aber wie in einem Tunnel kann ich ein schwaches Licht vor mir sehen. Ich falle nicht mehr so schnell und unkontrolliert.

Ich kann atmen. Mein Atem kommt immer noch stoßweise, aber die Lungen füllen sich vollständig. Meine Arme entspannen sich langsam. Ich falle nicht. Ich kann wieder etwas sehen. Ich brauche ein Taschentuch. Ich habe die Trauer überlebt.

Als ich »Ich glaube« vor die Sätze schreibe, wird jeder Gedanke plötzlich scharf. Natürlich sind das nur Gedanken. Ich bin immer noch das Mädchen, das ich früher war und das ich in Zukunft sein werde. Ich habe mich verändert und werde das auch weiterhin tun, aber ich bin immer noch ich. Ich hatte nur einen Gedanken.

ICH GLAUBE, ICH MAG DAS NICHT. [SCHLECHT/BOCKIG]

ICH GLAUBE, ICH WÜNSCHTE, MEIN ALTES HAAR. [SCHLECHT/TRAURIG]

ICH GLAUBE, ICH BIN NICHT MEHR DAS MÄDCHEN, DAS ICH EINMAL WAR. [SCHLECHT/VERLOREN]

Und natürlich helfen mir diese Gedanken nicht dabei, mein Leben zu lieben und mich auf die Zukunft zu freuen, deshalb kennzeichne ich sie entsprechend, sodass mein Gehirn seinen Job machen kann.

ICH GLAUBE, ICH MAG DAS NICHT. [SCHLECHT/BOCKIG] HINDERLICH

ICH GLAUBE, ICH WÜNSCHTE, ICH HÄTTE MEIN ALTES HAAR. [SCHLECHT/TRAURIG] HINDERLICH

ICH GLAUBE, ICH BIN NICHT MEHR DAS MÄDCHEN, DAS ICH EINMAL WAR. [SCHLECHT/VERLOREN] HINDERLICH

Anstelle der Trauer bleibt eine tiefe Zuneigung zu dem Mädchen, das ich bin. Ich bin bereit, meine Gefühle zu fühlen, auch oder vielleicht besonders dann, wenn sie schwierig sind.

Scham

Dieses Gefühl macht keinen Spaß. Scham geht wirklich an die Essenz. Andere Gefühle beziehen sich vielleicht auf Situationen, die draußen in der Welt passiert sind, aber bei der Scham geht es nur um dich – als ob etwas grundlegend falsch mit dir wäre. Nach meiner Erfahrung schämt man sich nur selten für etwas, für das man sich wirklich schämen müsste. Stattdessen hat die Scham ihren Ursprung meistens in etwas, das in der Herkunftsfamilie für wichtig gehalten worden ist.

Reflexionsfrage: Was denke ich darüber, zuzunehmen?

ICH FÜHLE MICH SO UNWOHL. [SCHLECHT/UNRUHIG]

ICH HABE KEINE KONTROLLE MEHR ÜBER MICH. [SCHLECHT/NIEDERGESCHLAGEN]

ICH WEISS NICHT MEHR, WAS MEIN KÖRPER MACHT. [SCHLECHT/GENERVT]

ICH KANN NICHT GLAUBEN, DASS DAS PASSIERT. [SCHLECHT/VERZWEIFELT]

ICH BIN SO DUMM. [SCHLECHT/SCHAM] *ZING*

Heiß, heiß, heiß, heiß, heiße Kohlen in meinem Innern, die in sich zusammenfallen. Ich mache mich klein. Mein Herz hämmert und hämmert, aber langsam, schwach, unregelmäßig. Meine Lippen zittern, mein Gesicht zittert, meine Augen zittern. Meine Arme sind wie Baumstämme, schwer und hölzern. Ich bin wie festgewachsen. Untergegangen. Schwefelgestank. Ich kann nichts sehen, ich kann nichts hören, ich kugele mich zusammen wie ein Ball. Mein Magen zieht sich zusammen. Ich verschwinde, bin nur noch stinkender Rauch. Ich glaube, ich weine, aber ich bin mir nicht sicher. Mein Kopf wird zusammengedrückt und schrumpft, meine hölzernen Arme sind zu langsam, verbrennen. Wo ist mein Magen? Verschwunden. Meine Beine sind schwer wie Blei, meine Hüften ein Amboss, ich kann mich nicht bewegen. Taub. Heiß.

Ich fühle, wie meine Schädeldecke langsam, vorsichtig zurückkehrt. Als wäre ich ausradiert worden, erscheine ich jetzt wieder. Werde wieder deutlicher und heller. Ich höre meinen Herzschlag, und er klingt nach mir. Mein Gesicht kribbelt noch, aber ich atme und bewege meinen Kopf und Nacken. Ich richte mich wieder auf. Die Scham hat mich nicht verzehrt.

Nach jahrelanger Auseinandersetzung mit diesem speziellen Gedanken und dem Zulassen des dazugehörigen Gefühls kann ich nun mit Sicherheit sagen, dass er *wirklich* nur ein **Gedanke** ist.

ICH GLAUBE, ICH FÜHLE MICH SO UNWOHL. [SCHLECHT/UNRUHIG]

ICH GLAUBE, ICH HABE KEINE KONTROLLE MEHR ÜBER MICH. [SCHLECHT/NIEDERGESCHLAGEN]

ICH GLAUBE, ICH WEISS NICHT MEHR, WAS MEIN KÖRPER MACHT. [SCHLECHT/GENERVT]

ICH GLAUBE, ICH KANN NICHT GLAUBEN, DASS DAS PASSIERT. [SCHLECHT/VERZWEIFELT]

ICH GLAUBE, ICH BIN SO DUMM. [SCHLECHT/SCHAM]

Und mehr noch, diese Gedanken helfen mir nicht auf meinem Weg zu Liebe und Respekt für mich selbst und meinen wunderbaren alternden und sich verändernden Körper.

ICH GLAUBE, ICH FÜHLE MICH SO UNWOHL. [SCHLECHT/UNRUHIG] HINDERLICH

ICH GLAUBE, ICH HABE KEINE KONTROLLE MEHR ÜBER MICH. [SCHLECHT/NIEDERGESCHLAGEN] HINDERLICH

Ich glaube, ich weiß nicht mehr, was mein Körper macht. [schlecht/genervt] hinderlich

Ich glaube, ich kann nicht glauben, dass das passiert. [schlecht/verzweifelt] hinderlich

Ich glaube, ich bin so dumm. [schlecht/Scham] hinderlich

Nachdem ich die Scham zu Ende gefühlt habe, merke ich, wie ruhig und entspannt ich bin, als hätte ich einen heftigen Sturm überstanden. Diese Ruhe nach dem Sturm ist einer der Gründe, warum ich es mittlerweile mag, unangenehme Gefühle zuzulassen.

Hilflosigkeit

Für mich ist Hilflosigkeit der Endgegner, null von zehn Sternen, kann ich nicht empfehlen. Das liegt daran, dass ich dieses Gefühl lange mit hilflos *sein* in Verbindung gebracht habe. Man fühlt sich dabei verletzlich und verwundbar, und du solltest mitfühlend mit dir sein, wenn du dich mit dem Gefühl der Hilflosigkeit auseinandersetzt.

Reflexionsfrage: Was denke ich darüber, wie mein Körper in den Wechseljahren auf Sport reagiert?

Ich bin kein Fan davon. [schlecht/abfällig]

Ich mag nicht, dass mein Körper anders auf Sport reagiert. [schlecht/bockig]

Ich will, dass es wieder so ist wie früher. [schlecht/weinerlich]

Ich will meinen alten Körper zurück. [schlecht/traurig]

Ich kann nicht mehr das machen, was ich machen will. [schlecht/hilflos] *Zing*

Meine Schultern sacken sofort in sich zusammen, ich rutsche immer tiefer, in ein Loch hinein, in einen Brunnen hinein, durch einen Tunnel, in eine Höhle. Mein Magen hängt mir in den Kniekehlen, mein Kiefer hängt herunter, meine Arme und Beine sind taub und weich wie Wackelpudding. Ich bin winzig, unwichtig, werde in einen Koffer gesteckt und weggeschickt. Mein Kopf ist voller Rauch und meine Augen brennen. Alles ist grau und unscharf. Ich bin grau. Ich bin weg. Meine Finger und Zehen sind kleine Würmer, winden sich und wollen in der Erde verschwinden. Mein Körper löst sich langsam auf. Ich kann mein Herz hören, aber es klingt sehr weit weg. Alles fühlt sich weit weg an, und so langsam. Alles klingt, als säße ich in einer Blechbüchse.

Mein Gehirn ist lange still, nachdem ich wieder zurückgekehrt bin. Nicht ruhig, aber auch nicht unangenehm. Ich gebe mir selbst die Zeit, dieses Gefühl abklingen zu lassen, bevor ich wieder in mein Tagebuch schaue. Aber sobald ich es mache, sehe ich, dass diese Sätze Gedanken sind.

ICH GLAUBE, ICH BIN KEIN FAN DAVON. [SCHLECHT/ABFÄLLIG]

ICH GLAUBE, ICH MAG NICHT, DASS MEIN KÖRPER ANDERS AUF SPORT REAGIERT. [SCHLECHT/BOCKIG]

ICH GLAUBE, ICH WILL, DASS ES WIEDER SO IST WIE FRÜHER. [SCHLECHT/WEINERLICH]

ICH GLAUBE, ICH WILL MEINEN ALTEN KÖRPER ZURÜCK. [SCHLECHT/TRAURIG]

ICH GLAUBE, ICH KANN NICHT MEHR DAS MACHEN, WAS ICH MACHEN WILL. [SCHLECHT/HILFLOS]

Und sobald mir klar wird, dass sie als Gedanken immer optional sind, fühlt sich mein Kopf wieder klarer an. Diese Gedanken sind hinderlich.

ICH GLAUBE, ICH BIN KEIN FAN DAVON. [SCHLECHT/ABFÄLLIG] HINDERLICH

ICH GLAUBE, ICH MAG NICHT, DASS MEIN KÖRPER ANDERS AUF SPORT REAGIERT. [SCHLECHT/BOCKIG] HINDERLICH

ICH GLAUBE, ICH WILL, DASS ES WIEDER SO IST WIE FRÜHER. [SCHLECHT/WEINERLICH] HINDERLICH

ICH GLAUBE, ICH WILL MEINEN ALTEN KÖRPER ZURÜCK. [SCHLECHT/TRAURIG] HINDERLICH

ICH GLAUBE, ICH KANN NICHT MEHR DAS MACHEN, WAS ICH MACHEN WILL. [SCHLECHT/HILFLOS] HINDERLICH

Eine der wichtigsten Lehren, die ich aus diesen Übungen gezogen habe, ist, dass ich kein bisschen hilflos bin, gerade weil ich in der Lage bin, mich hilflos zu *fühlen.*

Zum Weiterdenken

Vielleicht war dieses Kapitel für dich besonders schwierig – immerhin solltest du dich durch einen ganzen Wust an Gedanken dazu kämpfen, wie du nicht fühlen sollst. In diesem Fall könnte es sein, dass du noch nicht bereit bist für den hilfreichen Gedanken, den ich dir hier mitgeben möchte. Betrachte ihn also als eine Art Schatz, den du in deine mentale Tasche stecken und herausholen kannst, sobald es hilfreich für dich ist. Dieser Gedanke fühlt sich für mich jedenfalls wie ein Schatz an: **Ich kann alles fühlen.**

Für mich erzeugt dieser (möglicherweise) hilfreiche Gedanke ein Gefühl des tiefen Selbstvertrauens, vermischt mit dem Glauben daran, dass ich zu allem fähig bin. Ich habe jahrelang Beweise dafür gesammelt, dass dieser Satz wahr ist, und ich erinnere mich gerne an ihn, sobald ich merke, dass ich mich gegen ein Gefühl wehre. Natürlich kann ich alles fühlen – *das habe ich ja schon.*

Aber wie fühlt sich dieser Gedanke für dich an? Denke daran, nur weil er sich schön anhört, heißt es nicht, dass er dir hilft. Er muss sich gut anfühlen. Wenn er dir Selbstvertrauen, Kraft, Erdung, Aufregung oder Hoffnung schenkt, dann ist er hilfreich. Wenn er sich nicht gut anfühlt, ist er hinderlich.

Kompakt: Was du in diesem Kapitel gelernt hast

- Der Wunsch, immer glücklich zu sein, macht unglücklich.
- Die Realität nicht anzunehmen, erzeugt eine kognitive Dissonanz, die schlechte Gefühle gerne aufnimmt und verschlimmert.
- Statt sich immer gut fühlen zu wollen, sollten wir uns lieber erlauben, alle Gefühle zuzulassen, auch die unangenehmen.
- Dich (vorübergehend) schlecht zu fühlen, führt dazu, dass du dich langfristig besser fühlst.
- Gefühle sind unangenehm, aber nicht wirklich schmerzhaft. Sie sind dazu gemacht, schnell aufzutauchen und auch schnell wieder zu verschwinden.
- Wenn du deinen Gefühlen widerstandslos erlaubst, in deinem Körper zu existieren, sparst du Zeit, verbesserst dein Selbstvertrauen und dein Selbstbewusstsein, erleichterst dir das Erforschen zukünftiger Gefühle und erhältst Kontrolle über deine Gedanken.
- Unangenehme Gefühle haben ihren Ursprung in hinderlichen Gedanken.

8. Deine Erfolgsgeschichte ist besser als jedes Märchen

Wie du wirklich deine Ziele erreichst

Viele von uns gehen davon aus, dass wir unsere Abnehmziele genauso erreichen können wie andere Ziele. Vielleicht muss man eine einfache Methode befolgen, wie die SMART-Methode, bei der man sich ein spezifisches, messbares, attraktives, relevantes und terminiertes Ziel setzt und es dann – *zack* – auch schon erreicht hat. Manche Ziele lassen sich wirklich so einfach erreichen. Klar, manchmal gibt es Rückschritte oder Momente der Frustration, aber es ist nicht schwierig, das zu bekommen, was man sich wünscht. Es fühlt sich gut an, sich erreichbare Ziele zu setzen und dann darüber hinauszuschießen. Aber ich empfehle dir, dass du dir zumindest ab und zu Ziele setzt, die mehr von dir verlangen, was die Arbeit an deiner Einstellung angeht. Denn das fühlt sich noch besser an.

Vor vielen Jahren, als ich noch in meinen Dreißigern war, habe ich ohne große Mühe 15 kg abgenommen. Ich habe dafür »lange« gebraucht (ja, ich weiß, das ist ein Gedanke, und wenn ich ihn während des Abnehmens gehabt hätte, wäre er sicherlich nicht hilfreich gewesen), aber ich hatte mental kein Problem damit, mein Zielgewicht zu erreichen, weil ich es davor schon mehrmals geschafft hatte. Um ehrlich zu sein, waren die neun Monate sehr abenteuerlich und ich habe absolut nichts über mich selbst gelernt, außer, dass ich anscheinend genug Willenskraft besaß, um die Zeit mit Hunger, Entbehrung und ziemlich wenig Selbstliebe durchzustehen.

Jeder schreckliche Gedanke, den ich jemals über mich selbst, meinen Kampfgeist, meine Sportlichkeit und meine Eigenschaften (wertlos, nicht liebenswert, seltsam und dumm) gedacht hatte, kam an die Oberfläche und wollte gehört werden. Ich schlug mich jahrelang mit diesen Gedanken herum, ohne auch nur ansatzweise Kontrolle über sie zu erlangen. Ich setzte mir Laufziele und verfehlte sie, entweder um Längen oder, in einer Situation, um wenige Hundertstelsekunden. Es war scheußlich, schmerzhaft und von vielen Tränen begleitet. Ich versagte definitiv häufiger, als ich Erfolg hatte.

Und trotzdem machte ich weiter. Jedes Mal, wenn ich mir ein neues Ziel setzte, zum Beispiel, schneller oder weiter zu laufen, erlangte ich etwas mehr Selbsterkenntnis. Der Prozess war quälend langsam, weil ich zu diesem Zeitpunkt noch nicht bewusst an meiner Einstellung arbeitete, aber das war es definitiv wert. Innerhalb von zwei Jahrzehnten, in denen ich mir Ziele für das Laufen, meine Selbstständigkeit und mein Leben setzte, habe ich so ziemlich jedes psychische Drama mitgemacht – und bin immer noch hier.

Die guten Neuigkeiten sind, dass es bei jedem Ziel grundsätzlich gleich läuft – es gibt auf dem Weg immer Hindernisse, Fallen und Minenfelder, und am Ende wartet der Erfolg. Deine automatischen ungezähmten Gedanken sind das Einzige, das dir im Weg steht, und jetzt kannst du die Zwei-Schritte-Methode benutzen, um deine Ziele zu erreichen.

Es gibt fünf Schritte, die du auf deinem Weg zum Erfolg durchläufst. Interessanterweise gibt es diese Etappen auf jedem Weg, egal, ob du deine Gedanken dazu ordnest oder nicht. Du wirst das mentale Drama auch mithilfe deines Tagebuchs nicht vermeiden können, und dein Scheitern ist nicht vorprogrammiert, nur weil du deine Gedanken nicht kennst und reflektierst. Aber die Zwei-Schritte-Methode kann dir dabei helfen, Hindernisse früher zu erkennen und sie schneller zu überwinden.

Ich nenne diesen Prozess die »Get Your Goal«-Formel und stelle mir die Schritte bis zum Ziel eher wie einen Haken angeordnet vor statt wie den normalerweise verwendeten Pfeil. Deine ersten Schritte auf dem Weg zu deinem Ziel werden sich definitiv so anfühlen, als würdest du in ein tiefes schwarzes Loch hinabsteigen. Unten angekommen wirst du am Boden zerstört sein. Ich weiß, das klingt nicht besonders verlockend, aber es ist wahr, es ist unabwendbar, und es vorher zu wissen, wird dir später helfen. Nach dem Tiefpunkt kommt der Anstieg, allerdings nicht nur zu dem Erfolg, den du dir ausgemalt hast, sondern weit darüber hinaus. Ehrlich, die Selbsterkenntnis, die du durch deine Reise in die Tiefe gewinnst, wird dich höher katapultieren, als du es dir aktuell auch nur ausmalen kannst.

In diesem Kapitel musst du mir nicht einfach so glauben. Ich werde die inspirierenden wahren Geschichten einiger meiner Klientinnen, die ich über Jahre in einem Gruppencoaching begleitet habe, mit dir teilen. Diese Frauen sind den hakenförmigen Weg der »Get Your Goal«-Formel gegangen (manche von ihnen lange, bevor ich sie so genannt habe). Und sie können uns nicht nur heute davon berichten, sie sind auch dabei, andere aufregende Ziele zu verfolgen, nachdem sie ihr Zielgewicht erreicht haben.

Die »Get Your Goal«-Formel: garantierter Erfolg für jedes Ziel

Diese fünf Meilensteine wirst du auf dem Weg zu deinem Ziel passieren:

1. Von deinem jetzigen Standort aus losgehen und herausfinden, wohin du willst.
2. Verstehen, wie du anfängst und einen Plan machst.
3. Mehr hinderliche Gedanken und Gefühle finden, als du wolltest.
4. Dich gegen das Erreichen des Ziels wehren, während du es schon erreichst.
5. Wissen, wer du wirklich bist, und das bekommen, was du willst.

Schritt 1: Von deinem jetzigen Standort aus loslaufen und herausfinden, wohin du willst

Dieser erste Schritt bringt eine Welle der Aufregung und Motivation mit sich (»Ich werde auf jeden Fall Gewicht verlieren. Ich mache das wirklich«), die der wunderbare Anstoß für Veränderungen ist. Auch wenn die Formulierung dieser Etappe suggeriert, dass du dich klar und zielstrebig fühlst, als würdest du Koordinaten in ein GPS-Gerät eingeben, ist er für viele Frauen von Verwirrung, Frust, Prokrastination, Selbstzweifeln und Selbstmitleid geprägt.

Einerseits weißt du, dass du Gewicht verlieren musst, du bist bereit, etwas dafür zu tun, und willst es hundertprozentig. Andererseits gibt es so viele Informationen darüber, was der »beste Weg« ist, um Gewicht zu verlieren, und so viele Menschen, bei denen es superleicht aussieht, obwohl du da ganz andere Erfahrungen gemacht hast. Vielleicht bist du sogar unsicher, ob du überhaupt Gewicht verlieren kannst. Es kann gut sein, dass du viel Zeit damit verbringst, Rezepte, Sporteinheiten und Abnehmprogramme zu recherchieren, also Informationen zu sammeln, statt sie anzuwenden.

Ich arbeite nur selten mit Frauen in dieser Phase, da eines der Anzeichen dieser Phase ist, dass dir noch nicht klar ist, dass du Hilfe brauchst. Oder vielleicht ist es dir bewusst, aber du bist so daran gewöhnt, dich durchzubeißen, oder du gehst davon aus, dass du eh versagen wirst, dass du nicht um Hilfe bittest. Dieser Frust, die Verwirrung und die »vergleichen und verzweifeln«-Gedanken des ersten Schritts könnten sich in deinem Kopf so anhören (Beispiele von Frauen, mit denen ich gearbeitet habe):

Ich versuche, statt eines negativen einen positiven Blick auf die Dinge zu erlangen. Hast du eine Idee, wo ich meine Reise beginnen könnte? Ich habe mehr Geld für Modediäten ausgegeben, als ich zählen kann. Ich weiß einfach nicht, wo ich anfangen soll.

Ich versuche wirklich, es zu verstehen. Ich kann nicht viele Kalorien essen, wenn ich Gewicht verlieren möchte. Am Wochenende ist es besonders schwierig. Was, wenn ich ein Glas Wein trinken oder einen Nachtisch essen möchte? Da scheint kein Platz für zu sein. Im Prinzip müsste ich das Frühstück weglassen, aber das fällt mir wirklich schwer, weshalb ich immer zu viele Kalorien esse. Was kann ich tun?

Ich habe bisher noch keinen Essensplan erstellt, aber ich muss mich echt ranhalten, dieses Gewicht hat mich massiv getroffen. Es ist so frustrierend, dass meine bisherigen Methoden zum Abnehmen nicht mehr funktionieren.

Ich bin superverwirrt. Ich habe immer sehr wenig gegessen und dadurch natürlich nicht abgenommen. Sogar zugenommen. Ich habe Keto, Intervallfasten und Portionskontrolle versucht. Aaaah, jetzt sagst du, es soll einfach sein. Das sieht bei dir auch so aus, aber ist es nicht.

Pahla, warte nur ab, bis du in mein Alter kommst (dreiundsechzig), dann sehen wir ja, ob du dann immer noch so mager bist. Ich sags ja nur.

Auf dieser Etappe wirst du eine schwindelerregende Mischung aus Hoffnung, Entschlossenheit, Verwirrung, Selbstmitleid und kurzlebiger Motivation (also dem Willen, viele Dinge auf einmal zu verändern, aber dann nicht dranzubleiben) erleben. Es ist eine Achterbahnfahrt, bei der sich manche Frauen direkt verabschieden, dabei ist sie ein wichtiger Schritt auf deiner Reise, weil etwas in dir in Bewegung gerät. Wenn es dir gut ginge, würdest du nicht aktiv werden wollen.

Ja, es stimmt, dass diese negativen Gedanken und Gefühle Handlungen inspirieren, die nicht zielführend sind, aber das heißt nicht, dass du festgefahren bist. Selbst Frauen, die mehrere Jahre auf der ersten Etappe verbringen (verschiedene Diäten probieren, in Trainer oder Ernährungsberater investieren, etwas Gewicht verlieren, aber dann aufgeben und von vorne anfangen), können den nächsten Schritt gehen. Es gibt keinen »normalen« Zeitrahmen, und auch, wenn man diesen Schritt schnell durchläuft, wird der Rest der Reise dadurch nicht einfacher.

Wenn du auf der ersten Etappe bist, hast du den ersten Schritt in Richtung Erfolg schon gemacht – und so kommst du weiter: Finde einen Gedanken. Nur einen. Und erkenne ihn wahrlich und wahrhaftig als Gedanken an. Nicht nur so *Ja, ja, ja, wann fühle ich mich endlich besser, Pahla?*, sondern lass ihn komplett auf dich wirken. Du hast die Macht über deine Gedanken und die Superkraft, über sie nachzudenken. Wenn du deine Superkraft auf nur einen Gedanken anwendest, ist das der nächste Schritt in Richtung deines Ziels.

Schritt 2: Verstehen, wie du anfängst und einen Plan machst

Okay, du bist auf dem richtigen Weg. Du hast dich entschieden, dich nicht einfach weiter über dein Gewicht zu beschweren (denn das sind Gedanken), und du hast dir stattdessen einen Plan gemacht, an den du dich halten willst. Als du noch auf der ersten Etappe und ziemlich verwirrt warst, dachtest du, das sei der schwierigste Schritt, aber die 5-0-Methode hilft dir dabei, die nächsten Schritte ins Visier zu nehmen. (Tatsächlich gibt es genau fünf nächste Schritte: Die richtige Anzahl Kalorien essen, genug Wasser trinken, genug schlafen, mäßig viel Sport machen und deine Gedanken mit der Zwei-Schritte-Methode reflektieren.) Das Problem dabei: Es gibt einen Unterschied zwischen zwischen dem Wissen, was man tun möchte, und der letztendlichen Umsetzung.

Als meine Klientin Helen zu mir kam, war sie schon auf einem guten Weg zu ihrem Ziel. Sie hat das mit dem Wasser trinken super hinbekommen und hatte eine gute Bewegungsroutine, die ihr Spaß gemacht hat. Sie hat meistens genug geschlafen und kannte sich mit dem Tagebuchschreiben schon gut genug aus, sodass wir uns da auch keine Sorgen gemacht haben. Das Kalorienzählen hingegen fiel ihr sehr schwer, weshalb sie sich meinem Gruppencoaching anschloss.

Zum Zeitpunkt unseres ersten Gesprächs benutzte sie schon einen Kalorientracker und war im Schnitt nicht weit von ihrem Kalorienziel entfernt. Wir haben deshalb darüber gesprochen, wie sie das Tagebuchschreiben mit der Zwei-Schritte-Methode in ihren Alltag einbauen könnte. Sie war sehr optimistisch, dass sie das hinbekommen würde, besonders als ich gesagt habe, dass fünf Minuten täglich am Anfang ausreichen würden. Bei unserem nächsten Treffen erzählte sie mir, dass sie schon einige Erfolge verzeichnen könne.

Ein paar Wochen später jedoch hatte sie nicht nur das Kalorienzählen aus den Augen verloren, sondern auch seit der ersten Woche nicht mehr in ihr Tagebuch geschrieben.

»Das passiert mir immer. Am Anfang klappt es super, aber dann sabotiere ich mich selbst, verliere den Mut und gebe auf.«

»Ist dir klar, dass das ein *Gedanke* ist?«, habe ich sie gefragt. Diese Frage stelle ich Klientinnen am liebsten, besonders am Anfang unserer Zusammenarbeit, wenn ihnen noch nicht bewusst ist, dass das ihre Gedanken sind. Es ist so befriedigend, anderen dabei zuzusehen, wie sich ihnen plötzlich ganz neue Möglichkeiten auftun.

Sie schwieg einen Moment und fragte dann: »Dass ich mich selbst sabotiere, ist ein *Gedanke*?«

»Ja. Dein Gehirn nimmt sich diese Fakten – du hast deine Kalorien an fünf von zwölf der vergangenen Tage gezählt und in der Zeit drei Mal in dein Tagebuch geschrieben – und erzählt dir dann eine Geschichte darüber. Du könntest diese Fakten auch als ersten Schritt auf deinem Weg zum Erfolg sehen. ›Selbstsabotage‹ ist nur ein Gedanke, und nicht einmal der einzige, der dir zur Verfügung steht.«

Anschließend sind wir die Zwei-Schritte-Methode gemeinsam durchgegangen und haben herausgefunden, dass »Ich sabotiere mich selbst« ein hinderlicher Gedanke ist. Und, was noch viel beeindruckender ist, ihr ist langsam klar geworden, dass das Gefühl der Entmutigung nicht von ihren Handlungen herrührt, sondern von ihren Gedanken.

Manchmal ist die Vorstellung, dass das Gehirn einem Geschichten erzählt, schwer zu fassen, besonders wenn man sich zum ersten Mal mit dieser Art von Konzept beschäftigt. Die meisten Frauen, mit denen ich arbeite, brauchen Wochen, wenn nicht gar Monate der Wiederholung, um das Konzept zu verstehen, dass Gedanken und Gefühle im Kopf entstehen. Darüber hinaus kann es weitere Monate oder Jahre dauern, bis das Konzept erfolgreich angewendet werden kann. Ich sage das nicht, um dich zu entmutigen. Im Gegenteil, ich hoffe, du siehst es als Bestätigung, dass mit dir alles in Ordnung ist, auch wenn es nicht von Anfang an klappt. (Und nur um das klarzumachen, es heißt auch nicht, dass du kein Gewicht verlieren kannst, während du noch dazulernst.)

Lolly ist eine der intelligentesten Frauen, mit denen ich je gearbeitet habe, und selbst sie hatte mit diesem Konzept zu kämpfen, als sie sich einen Plan für das Erreichen ihrer Ziele machen wollte. Sie war zu dem Zeitpunkt schon seit Monaten Teil meines Gruppencoachings, hat sogar ihr erstes Ziel (Gewichtsverlust) schon lange erreicht, ihr zweites (einen Halbmarathon laufen) auch und war gerade auf dem Weg zu ihrem dritten Ziel, der Veröffentlichung eines Romans, als ihr ein Gedanke, getarnt als Wahrheit, begegnet ist: »Ich weiß nicht, was ich schreiben soll.«

Dieser Gedanke erzeugte eine so starke Welle sofortiger Angst, dass sie natürlich nicht so an ihrem Buch arbeiten konnte, wie sie wollte. In dem Moment, in dem sie ihren Gedanken als Gedanken identifiziert hatte, denn natürlich wurde das Angstgefühl von ihren Gedanken ausgelöst, nicht vom sich Hinsetzen um zu schreiben, kam sie ihrem Schreibziel auf einmal viel näher. Lolly hat das Konzept verstanden und die Zwei-Schritte-Methode wiederholt erfolgreich angewendet. Aber an dem Tag, in der Situation, bei dem Gedanken und Gefühl, war es, als würde sie das Konzept zum ersten Mal benutzen.

Wenn du auf der zweiten Etappe bist und es dir schwerfällt, deinen Plan in die Tat umzusetzen, dann empfehle ich dir folgenden nächsten Schritt: Stelle die Verbindung zwischen deinem Gedanken und deinem Gefühl her. Nimm dir die Zeit, deine Gefühle von der Situation zu trennen, die du als Auslöser angesehen hast, und erkenne sie als dir innewohnend an. Sobald das kein Problem mehr ist, also sobald du die Zwei-Schritte-Methode regelmäßig anwendest und das Konzept »Gedanken erzeugen Gefühle« internalisiert hast, bist du bereit für den nächsten Schritt.

Schritt 3: Mehr hinderliche Gedanken und Gefühle finden, als du wolltest

Halte dich gut fest, ab jetzt wird es etwas ungemütlich. Weißt du noch in Kapitel 2, als du dachtest »Oh je, hab ich viele hinderliche Gedanken« und ich meinte »Ja«, und du dich gefragt hast, was du jetzt machen sollst? Darum kümmern wir uns jetzt. Du sortierst die Gedanken einfach, einen nach dem anderen. Sie werden weiter auf dich einstürmen und du wirst weiter in dein Tagebuch schreiben, und irgendwann wird sich das Blatt wenden und du wirst die dritte Etappe erreicht haben, auf der es fast schon zu einer Art Wettstreit mit dir selbst wird, so viele hinderliche Gedanken zu finden, wie du kannst.

Ich stelle mir diesen Schritt immer gerne als den Punkt vor, an dem du häufiger die Gedanken findest als sie dich. Am Anfang fühlt es sich wie ein Dauerbeschuss an – Gedanken, die von überall auf dich zufliegen. Aber jetzt, da du sie schon etwas früher kommen siehst, kannst du die Hand heben und sie mit Leichtigkeit abfangen. Auf dieser Etappe findest du deine Intention, was wunderbar ist, manchmal aber auch ziemlich überfordernd. Denn jetzt ist es Zeit, Verantwortung für deine Gedanken zu übernehmen, dich nicht weiter für sie zu verurteilen und herauszufinden, dass hinter manchen von ihnen noch schmerzhaftere Gedanken stecken.

Tracey kam in mein Gruppencoaching, weil sie Gewicht verlieren wollte. Sie hatte davor schon mehrfach damit angefangen und es wieder abgebrochen und wollte diesen Teufelskreis endlich durchbrechen. Sobald sie in die Gruppe kam, drehten sich all unsere Gespräche jedoch um ihre Arbeit und nicht um ihr Abnehmen. Das ist für mich als Coach kein Problem (alle Gedanken sind Gedanken und können mit der Zwei-Schritte-Methode beleuchtet werden) und ich war neugierig, wohin die Gespräche führen würden.

Es stellte sich heraus, dass die Gedanken, die sie über ihre Arbeit und ihr Zeitmanagement hatte (»Es ist zu viel zu tun« und »Ich kann das alles nicht pünktlich fertigkriegen«), sich auch in ihren Tagebucheinträgen zum Thema Gewichtsverlust wiederfanden. Nachdem sie diese hinderlichen Gedanken gefunden und bearbeitet hatte, lief es eine lange Zeit sehr gut für sie. Über mehrere Monate hinweg hatte sie eine Erfolgssträhne: Sie war deutlich produktiver, hatte weniger Stress und wog weniger. Dann stieß sie auf Schwierigkeiten. Sie wusste, dass da noch mehr Gedanken waren, und sie hatte auch eine grobe Idee, was diese sein könnten, aber sie entzogen sich ihr. Deshalb suchte sie sie auf eine wunderbar kreative Art und Weise.

Tracey ist eine talentierte Künstlerin und ihr war aufgefallen, dass ihr Gehirn die Gedanken nicht immer in Wörtern ausdrückte, sondern manchmal in ihren Zeichnungen. Als sie also den dritten Schritt begann und bereit für die Suche nach diesen nicht greifbaren Gedanken war, begann sie, jeden Tag zu malen und parallel mit der Zwei-Schritte-Methode zu arbeiten.

Die Zeit mit Skizzenbuch und Stiften, bevor sie ihr Tagebuch in die Hand nahm, enthüllten die Gedanken, die sie über das reine Schreiben nicht hatte fassen können. Kein Wunder, dass sie unerreichbar geblieben waren. Traceys künstlerisches Tagebuchschreiben enthüllte Gedanken und Gefühle, die an die Oberfläche gelangen und dort zu Ende gefühlt werden mussten, egal, wie unbequem das sein mochte.

Ich will mit dieser Anekdote nicht sagen, dass du zeichnen lernen musst, sondern einfach nur, dass man diese Methode so abwandeln kann, wie es sich für einen selbst passend anfühlt und zum Ziel führt. Es gibt im Hintergrund mehr Gedanken als die anfänglichen zehn oder so, und ehrlich gesagt werden sie sich wahrscheinlich nicht gut anfühlen. Deshalb sind sie nicht sofort aufgetaucht.

Annie hat für diese Etappe einen sehr schlauen Weg gewählt, den ich all denjenigen gerne empfehle, die von der schieren Menge an Gedanken, die täglich gesehen werden möchten, überfordert sind: Sie hat von Anfang an entschieden, dass sie nur drei Gedanken am Tag finden will. Ihre Regel ist, dass sie nie mehr machen muss – außer es fühlt sich in dem Moment richtig an oder die Gedanken kommen ihr zugeflogen –, dass sie aber auch nie weniger macht. Zufälligerweise ist Annie auch eine Ausdauerläuferin und zusätzlich Mathelehrerin, weshalb sie in schwierigen Situationen viel Durchhaltevermögen beweist und mehr Erfahrung als die meisten anderen damit hat, unangenehme Aufgaben in kleinere Teile herunterzubrechen.

Innerhalb des streng abgesteckten Rahmens erlaubt sie sich komplette Freiheit: An manchen Tagen findet sie Gedanken über ihren Mann oder ihre Arbeit, über etwas, das sie in den Nachrichten gesehen hat oder über die Zahl auf der Waage, und sie verurteilt sich nicht für die aufkommenden Gedanken, selbst wenn sie schmerzhaft sind oder es keine sofortige Lösung für sie gibt. Annie ist dabei, die Zwei-Schritte-Methode zu verinnerlichen, indem sie sie auf eine Vielfalt verschiedener Themen anwendet, und sie erntet dafür die Vorteile in vielen Bereichen ihres Lebens. Sie weiß, dass die Übung im Gedanken-Finden und Gefühle-Fühlen die gewünschten Ergebnisse bringt, unabhängig von den spezifischen Gedanken oder Gefühlen selbst.

Wenn du auf der dritten Etappe bist und von der Menge an Gedanken überfordert bist, kannst du Folgendes tun: Fühle ein Gefühl bis zum Ende. Ich empfehle dir, das schwierigste zu nehmen, das du finden kannst, vor dem du dich drückst, von dem du denkst, dass es dich umbringen wird, und das du viel, viel, viel lieber vermeiden möchtest. Sobald du das angegangen bist, weißt du: Gefühle können dich nicht umbringen und, sorry für das Klischee, aber es ist nun mal wahr: Sie werden dich stärker machen. Und du wirst diese Stärke brauchen. Auf dieser Etappe sieht die Höhle auf einmal echt dunkel aus, und du würdest lieber nicht weiter hinuntergehen, aber warte ab – als Nächstes wird es noch düsterer.

Schritt 4: Dich gegen das Erreichen des Ziels wehren, selbst wenn du es schon erreicht hast

Auf der vierten Etappe bekommst du Zugang zu vielen hilfreichen Gedanken, und *das* ist der Grund, warum sie den unangenehmsten Teil der Reise darstellt. Ich nenne diesen Schritt die »vom Boden abstoßen«-Phase, denn gerade wenn man am Tiefpunkt ist, hilft die Erinnerung daran, dass man sich wieder hochkämpfen kann. Aber keine überstürzte Eile, das Abstoßen funktioniert erst, *nachdem* du den Tiefpunkt erreicht hast. Manchmal auch erst, nachdem du dort ein wenig herumgeirrt bist.

Das Erkennungsmerkmal dieser Etappe ist die kognitive Dissonanz – das Unwohlsein, das du dabei empfindest, zwei gegensätzliche Gedanken auf einmal im Kopf zu haben. Wie du schon seit Kapitel 1 weißt, wird dein Gehirn alles daransetzen, sich selbst zuzustimmen, weil das am wenigsten Energie verbraucht. Aber dann stehst du da, kategorisierst deine Gedanken neuerdings als hinderlich und denkst sie seltener, was Platz für hilfreiche Gedanken über das Erreichen deiner Ziele macht. Aber diese hilfreichen Gedanken sind das direkte Gegenteil der hinderlichen, also – igitt. Auf einmal hat sich die kognitive Dissonanz in deinem Gehirn eingenistet.

Wie unangenehm kognitive Dissonanz ist? Stelle dir vor, du lebst mit einem Gehirn, das durchgehend mit sich selbst streitet, denn *genau* das passiert. Als ich Abby zum ersten Mal getroffen habe, hat sie sehr bestimmt verkündet, dass sie »immer sehr hart mit mit mir bin.« Das sagte sie mit der gleichen Gewissheit, mit der man verkündet, der Himmel sei blau, als wäre das eine *Selbstverständlichkeit*, die vor Gericht bestätigt werden könnte, absolut unanfechtbar und unveränderlich. »Ich bin hart mit mir« ist nicht nur ein Gedanke in ihrem Kopf, sondern fast schon ein persönliches Mantra.

Nachdem sie ein paar Monate lang Teil meiner Gruppe gewesen ist und ihr erstes Abnehmziel erreicht hatte, verstand sie langsam, dass sie nicht immer so hart mit sich sein *muss*. Dass es sich im Gegenteil echt gut anfühlt, sanft zu sich selbst zu sein, und nicht nur das, sie wurde sogar nach regelmäßigem Üben richtig gut darin.

Tja, Abbys Gehirn fand das überhaupt nicht witzig, weshalb es sich doppelt so sehr anstrengte, effizient zu bleiben. Sie kämpfte sich durch endlose Phasen der Selbstzüchtigung und Selbstkritik, und wir arbeiteten uns durch einen Selbstzweifel nach dem anderen. Monatelang machte ihr Gehirn ihr Vorwürfe, überhaupt erst zugenommen zu haben, und wollte sie um jeden Preis davon überzeugen, dass sie kein Gewicht verlieren könne. Äußerlich kam ihr Abnehmen zum Erliegen und innerlich fiel es ihr schwer, ihre Gedanken als solche zu erkennen.

Das Schwierige an diesem Schritt ist, dass sich beide Gedanken wahr anhören. Zum Glück gab Abby nicht auf und konnte mithilfe der Zwei-Schritte-Methode herausfinden, was in ihrem Gehirn los war. Tatsächlich geben viele Frauen an diesem Punkt auf, weil die kognitive Dissonanz so unangenehm ist und die hinderlichen Gedanken, die einen davon abhalten wollen, mehr Energie zu verwenden, *so* schmerzhaft sind.

Tori hat zu unserer Gruppe gefunden, weil sie zwar mit ihrem Gewicht sehr zufrieden war, nicht aber mit ihren Essgewohnheiten. Sie hatte schon ihr ganzes Leben lang mit Verdauungsproblemen zu kämpfen, aber bis sie der Gruppe beitrat, hatte sie nie die Verbindung zwischen ihren Problemen und ihren Gedanken und Gefühlen hergestellt.

Während einer Sitzung bat ich Toni, an das letzte Mal zu denken, dass sie etwas gegessen hatte, was sie eigentlich nicht essen wollte, damit wir uns anschauen konnten, was ihre Gedanken und damit ihre Gefühle in der Situation waren. Sie konnte mir sehr genau beschreiben, was sie gegessen hatte, und auch die verurteilenden Gedanken beim Essen konnte sie mir nennen, aber die Gedanken und Gefühle vor dem Essen, beim Griff in den Kühlschrank, blieben vage. Mit dem Gedanken, dass sie sich so vielleicht besser erinnern könnte, erkundigte ich mich nach anderen Details des Tages, und fragte schließlich: »Wann war das?« Ihre Antwort: »Oh, vor über zwei Monaten.«

Moment, wie bitte?

Sie hatte ihr Ziel (nichts essen, das sie nicht verträgt) schon erreicht und lebte seit über zwei Monaten danach, doch in ihrem Kopf war sie immer noch eine Person, die Schwierigkeiten damit hatte, »gute« Entscheidungen zu treffen. Als ich ihr das widerspiegelte, schreckte sie sichtlich zurück. »Nein, nein, nein. Das stimmt gar nicht. Das Problem ist definitiv noch da«, war die Antwort ihres effizienten automatischen Gehirns. Wir sprachen weiter darüber und ich gab ihr die Aufgabe, sich selbst als erfolgreich zu sehen, auch wenn ich wusste, dass ich sie damit direkt zum Abstoßen vom Tiefpunkt führte. Aber wie ich schon gesagt habe – auch dieser Schritt ist für das Erreichen deines Ziels unverzichtbar.

Ist es nicht interessant, dass du dein Ziel schon erreicht haben kannst, bevor du diesen Schritt gegangen bist? Dein wunderbares effizientes Gehirn akzeptiert die neuen Gedanken noch nicht, selbst mit zwei Monaten Beweislast, bis es die kognitive Dissonanz durchgearbeitet hat.

Amelia stieß zum Gruppencoaching, als sie gerade ihre Abnehmreise beendete. Sie hatte auf dem Weg ein paar Unannehmlichkeiten erlebt, nichts Schlimmes, und wollte sich jetzt der Aufgabe widmen, ihr Gewicht zu halten. Um den aktuellen Zustand zu erhalten, muss man dieselben fünf Aufgaben erledigen wie beim Abnehmen: essen, trinken, schlafen, Sport machen und Gedanken finden und als hilfreich oder nicht kategorisieren. Also haben wir in ein, zwei Sitzungen über ihre Gedanken und die täglichen Aufgaben geredet, die sie machen wollte, was für sie alles kein Problem dargestellt hat.

Irgendwann entschied sie sich, ein Arbeitsziel anzuvisieren. Als Salesmitarbeiterin muss sie monatlich bestimmte Summen einbringen, und sie wollte herausfinden, ob sie sich da etwas steigern könnte, war aber unsicher, ob es nicht viel mehr Arbeit bedeuten würde. Während unserer Sitzungen haben wir darüber gesprochen, wie sie schlauer und effizienter arbeiten könnte, statt mehr Zeit fernab ihrer Familie zu verbringen. Innerhalb weniger Monate war klar, dass sie ihr Ziel nicht nur erreichen, sondern weit darüber hinausschießen würde.

Als Nächstes wollte sie sich etwas Persönlichem widmen, das sie schon länger störte – sie wollte weniger Alkohol trinken. Dieses Ziel erfüllte sie mit Zweifeln und Sorgen, aber, wer hätte es gedacht, sobald sie ihr Ziel definiert und einen Plan ausgearbeitet hatte, hatte sie es quasi schon erreicht.Während ich dieses Buch schreibe, bleibt sie schon seit über einem Jahr bei der von ihr gewählten Menge Alkohol.

Wenn ich Amelia so dabei zusehe, wie sie ein Ziel nach dem anderen erreicht, wirkt es fast so, als würde sie nicht alle fünf Schritte durchlaufen, oder zumindest so, als würden sie ihr keinerlei Probleme bereiten. Aber bei Amelias Reihe an erreichten Zielen geht es nicht um ein bestimmtes Ziel, auch wenn sie natürlich in sich alle großartig sind, sondern um das Austesten davon, wie viele Ziele sie erreichen »darf«.

Nachdem sie ihr Gewicht seit über zwei Jahren gehalten sowie ihr erstes großes Verkaufsziel erreicht hatte, ohne mehr zu arbeiten, und mittlerweile weniger trinkt, entschied sie, dass sie sich für ein Amt in ihrer Kommune zur Wahl stellen wollte. Fremde Menschen treffen, öffentliche Reden halten, Papierkram ausfüllen und Unterschriften sammeln, um sich zur Wahl stellen zu können, sind alles Dinge, die ihr leichtfallen. Es sah so aus, als wäre es ein weiteres Ziel, das sie einfach abhaken könnte, aber ich konnte sehen, dass sie nun doch das Abstoßen vom Boden erreicht hatte und sich durch die kognitive Dissonanz quälte. Sie wusste bereits, dass sie jedes erdenkliche Ziel erreichen konnte. Aber konnte sie wirklich *jedes* Ziel erreichen? Alle? War das nicht gierig von ihr?

Natürlich nicht, denn die »Gier« ist nur ein *Gedanke*.

Kognitive Dissonanz klingt nicht befremdlich, wenn sie sich im eigenen Kopf breitmacht. Sie klingt vernünftig und logisch, als wäre es die offensichtliche Lösung, sichere Entscheidungen zu treffen und innerhalb der eigenen Komfortzone zu bleiben. Die kognitive Dissonanz will, dass sich deine alten Gedanken als wahr erweisen, sodass keine wertvollen Ressourcen auf neue Gedanken verschwendet werden müssen. Wenn du dich in der Dunkelheit der vierten Etappe verloren fühlst, kannst du folgendermaßen vorgehen: Betrachte die gegensätzlichen Gedanken deiner kognitiven Dissonanz mitfühlend. Es ist essenziell, dass dein Gehirn denken darf, was es will, ohne dass du es glaubst, dich dafür verurteilst, mit deinen Gedanken streitest oder dich zu positiven Gedanken zwingst. Wenn du wirklich akzeptierst, dass *jeder* deiner Gedanken nur ein Gedanke ist, und die Gefühle und das Unwohlsein zulässt, ohne dagegen anzukämpfen, bist du bereit, dich abzustoßen und auf die Zielgerade einzubiegen.

Schritt 5: Wissen, wer du wirklich bist, und das bekommen, was du willst

Nur weil du den Tiefpunkt hinter dir gelassen hast, heißt das nicht, dass es jetzt einfacher wird. Auf der fünften Etappe geht es darum, Geduld zu beweisen, bis deine Ziele zu dir kommen (wenn sie das nicht schon getan haben). Stelle dir einen Moment lang vor, wie es wäre, dir absolut sicher zu sein, dass dein Ziel auf dem Weg zu dir ist, und wie es wäre, jetzt damit zu leben. Deine Schultern würden sich entspannen, dein Magen würde sich nicht länger zusammenziehen und du würdest den Tag so verbringen (weil deine Gefühle deine Handlungen beeinflussen, erinnerst du dich?), wie es eine Person tut, die ihr Zielgewicht erreicht hat. Und weißt du, was so eine Person macht? Sie nimmt die richtige Menge Kalorien zu sich, sie trinkt genug Wasser, sie geht jeden Tag zur selben Zeit ins Bett und steht zur selben Zeit auf, sie macht mäßig viel Sport und reflektiert ihre Gedanken.

Jenny hatte ihr Zielgewicht schon fast erreicht, als sie zu meiner Coachinggruppe stieß. Als sie ihr erstes Abnehmziel erreicht hatte, setzte sie sich direkt ein neues von weiteren 2 kg, weil sie sich so sicher war, dass es in Reichweite war. Und genau genommen hätte sie es erreichen können, wenn sie gewollt hätte, aber es war dann doch nicht so wichtig. Dann arbeitete sie ein paar Monate lang an einem Fitnessziel, hängte sich aber auch dort nicht so richtig rein.

Es war aber nicht so, als hätte sie in der Zwischenzeit keine Fortschritte gemacht – sie fand einen Gedanken nach dem anderen und fühlte zum ersten Mal in ihrem Leben *all* ihre Gefühle. Sie verbesserte die Beziehung zu ihrer Familie, erkannte hinderliche Gedankenmuster, die ihr Leben bestimmt hatten, öffnete sich für neue Erfahrungen und baute emotionale Mauern ab, die ihr nicht länger guttaten.

Nachdem sie eine Weile in sich gegangen war (das ist ihr Abstoßen vom Tiefpunkt gewesen), wurde ihr klar, dass ihr Körper nicht mehr ihre Priorität gewesen war, sondern ihr Geist. Sie machte sich also daran, ihr Leben in die Hand zu nehmen und dafür mutig all ihre Gefühle zu fühlen. Sie hatte sie ihr ganzes Leben ignoriert und unterdrückt, jetzt war es an der Zeit sie zuzulassen und sich damit zu befreien.

Kannst du dir vorstellen, als Ziel zu haben, alle deine Gefühle zu fühlen? Dass deine tägliche Aufgabe ist, die unangenehmsten Gedanken zu finden und zu fühlen, *was auch immer* auftaucht? Das hat Jenny gemacht, und es war, sie dabei zu begleiten.

Wenn du keine Angst vor deinen Gefühlen hast, hast du vor nichts mehr Angst.

Nachdem Jenny ein Jahr lang glücklich gelebt und ihre Gedanken und Gefühle erkundet hatte, wurde ihr klar, dass es ein anderes, ein klares Ziel gab, das sie im Berufsleben erreichen wollte: Dabei gesehen zu werden und erfolgreich damit zu werden, andere bei ihrer Reise zu ihren Gedanken zu unterstützen. Denn sie hat realisiert, dass sich jede beliebige Person so gut in ihrer Haut fühlen konnte wie sie. Sie ist mittlerweile zertifizierte Coachin und hilft anderen Frauen dabei, ihre Fitnessziele zu erreichen.

Sharon hat fast fünf Jahre dafür gebraucht, 50 kg abzunehmen. Sie aß weniger, machte mehr Sport und strebte nach Perfektion, wie so viele von uns. Doch nachdem sie in beiden Knöcheln Ermüdungsbrüche erlitt, wusste sie, dass sie etwas ändern musste, und an dem Punkt begann, unsere gemeinsame Reise.

Auch wenn ihr auf der intellektuellen Ebene klar war, dass sie etwas ändern musste, wehrte sie sich gegen jeden einzelnen Vorschlag. Kalorien zählen? Nein, danke. Mäßig Sport treiben? Ähm, das kann im Leben nicht funktionieren. Und mithilfe eines Tagebuchs an der eigenen Einstellung arbeiten? Auf keinen Fall. Ich glaube, ihre Worte waren: *Vergiss es, Pahla.*

Ich muss zugeben, dass ich die wehrhaften Klientinnen ein bisschen lieber mag als die, die zu mir kommen und mir alles glauben (auch wenn ich die natürlich auch mag). Das liegt zum Teil daran, dass ich auch von Natur aus widerspenstig bin und die Skeptikerin in mir die Skeptikerin in dir sieht und anerkennt. Außerdem ist es einfach superbefriedigend, zu beobachten, wie es ihnen Stück für Stück dämmert, bis ihnen eines Tages ein Licht der Selbsterkenntnis aufgeht und sie es wirklich *verstehen.* Widerspenstige Klientinnen wie Sharon haben mit den Ideen und Konzepten, die ich vermittle, zu kämpfen, bis sie ihren eigenen Weg hindurch gefunden haben. Aber wenn es so weit ist, werden sie zur Naturgewalt.

Sharons Reise zu ihrem Zielgewicht ging langsam, aber stetig voran und war geprägt von wochen- oder sogar monatelangen Plateaus, aber es gab keine Zeit, in der sie nicht immense Fortschritte in *irgendeinem* Bereich ihres Lebens gemacht hätte. Auch wenn das Abnehmen ihr Hauptziel war, fand sie beim Tagebuchschreiben zahlreiche hinderliche Gedanken über die Beziehung zu ihrer Mutter und zum Sohn. Sie brachte den Mut auf, einen Job zu kündigen, der ihr nicht guttat, trauerte um ihre Schwester und befasste sich mit jahrzehntealten Glaubenssätzen darüber, was Stärke bedeutet. Nachdem sie ihr ganzes Leben lang nicht schwach sein wollte, was Gedanken wie »Ich muss groß sein«, »Ich darf nicht unter 90 kg wiegen« und »Ich darf nicht weniger wiegen als ein Mann« beinhaltete, erkannte sie, dass es mehr Stärke bedarf, unangenehme Gefühle zu fühlen, als sie zu leugnen. Und sobald sie das erkannt hatte, öffnete sie sich für die aufregenden Möglichkeiten, die hinter Sorgen, Trauer, Wut und Scham warteten.

An dem Tag, an dem sie ihr Zielgewicht erreicht hatte, teilte sie ihre Freude mit der Gruppe und erlaubte sich damit, im Zentrum der Aufmerksamkeit zu stehen – ein anderes unangenehmes Gefühl, das sie sich mittlerweile zu fühlen erlaubt. Außerdem verkündete sie ihr nächstes Ziel: Dieses Gewicht mühelos für den Rest ihres Lebens zu halten. Denn auf ihrer Reise lernte sie, dass sie alles erreichen kann, was sie sich in den Kopf setzt.

Reflexionsfrage: Was denke ich über Erfolgsgeschichten?

Ach, dachtest du, wir würden die Zwei-Schritte-Methode in diesem Kapitel nicht benutzen? Tja, werden wir aber, und ich vermute, dass du einige leicht zugängliche hilfreiche Gedanken finden wirst – deshalb lesen wir schließlich gerne Erfolgsgeschichten. Los gehts. Mein Ziel, also das, worüber ich mehr Selbsterkenntnis erreichen möchte, ist: »Ich helfe Frauen dabei, zu sehen, was möglich ist.« Diese Gedanken habe ich gefunden:

WENN SIE DAS GESCHAFFT HABEN, KANN ES JEDE SCHAFFEN.

ICH LIEBE ES, WENN MENSCHEN IHRE ZIELE ERREICHEN.

ES IST MÖGLICH.

JEDE KANN DAS SCHAFFEN.

Ja, das sind Gedanken, und ich kann sie jederzeit denken, wann ich will.

ICH GLAUBE, WENN SIE DAS GESCHAFFT HABEN, KANN ES JEDE SCHAFFEN.

ICH GLAUBE, ICH LIEBE ES, WENN MENSCHEN IHRE ZIELE ERREICHEN.

ICH GLAUBE, ES IST MÖGLICH.

ICH GLAUBE, JEDE KANN DAS SCHAFFEN.

Und diese Gedanken erzeugen sehr schöne Gefühle in mir, was heißt, dass sie auf jeden Fall HILFREICH sind.

Ich glaube, wenn Sie das geschafft haben, kann es jede schaffen. [gut/inspiriert] hilfreich

Ich glaube, ich liebe es, wenn Menschen ihre Ziele erreichen. [gut/freigiebig] hilfreich

Ich glaube, es ist möglich. [gut/aufgeregt] hilfreich

Ich glaube, jede kann das schaffen. [gut/freigiebig] hilfreich

Noch besser als »Sie lebten glücklich bis ans Ende ihrer Tage«

Deine Geschichte endet nicht an dem Tag, an dem du dein Zielgewicht erreichst, und – wie ich in diesem Buch oft genug gesagt habe – dein Zielgewicht wird dich nicht glücklich machen. Warum also machen wir das? Warum Gewicht verlieren, dich selbst lieben lernen oder Ziele für die Zukunft setzen?

Weil du es kannst.

Du bist eine wunderbare Frau, die es verdient hat, dass ihre Wünsche sich erfüllen. Du bist eine liebenswerte Person, die Raum einnehmen darf und alles erreichen kann. Du bist gleichzeitig ein Wunder und eine *Katastrophe* (sorry, aber stimmt halt), weil beides dazugehört. Das liegt in der Natur des Menschen. Du hast alles, was du brauchst, denn du hast die Kraft der Gedanken. Und weil deine Gedanken Gefühle erzeugen, steht dir auch ihre Kraft zur Verfügung.

DU hast die Macht, die Fähigkeit, die Erlaubnis und die Verantwortung dafür, dein Leben zu gestalten. Dein Gewicht? Ich weiß, das kommt dir gerade wichtig vor, dabei ist die *Reise* zu deinem Ziel viel wichtiger – denn sie wird dir zeigen, wie wunderbar, brillant und fähig du eigentlich bist.

Los, verfolge deine Ziele.

Anhang

Quellenverzeichnis

Akademie für Neuromentaltraining (o. J.): Neuroplastizität: Die Macht der Gedanken über das Gehirn. Letzter Abruf am 07.07.2024 von https://www.neuromentaltraining.com/neuro-blog/neuroplastizitaet-denken-gehirn.

Bisby, James A., Horner, Aidan J., Hørlyck, Lone D., Burgess, Neil (2016): Opposing effects of negative emotion on amygdalar and hippocampal memory for items and associations, in: Social Cognitive and Affective Neuroscience, 11(6), S. 981–990.

Bundesministerium für Bildung und Forschung (o. J.): Neurodegenerative Erkrankungen: Wenn Nervenzellen zugrunde gehen. Letzter Abruf am 08.07.2024 von https://www.gesundheitsforschung-bmbf.de/de/neurodegenerative-erkrankungen-wenn-nervenzellen-zugrunde-gehen-5947.php.

dasGehirn.info (06.02.2018): Erinnern mit Gefühl. Letzter Abruf am 07.07.2024 von https://www.dasgehirn.info/denken/gedaechtnis/erinnern-mit-gefuehl.

Deutsche Herzstiftung (o. J.): Symptome der koronaren Herzkrankheit (KHK). Letzter Abruf am 08.07.2024 von https://herzstiftung.de/infos-zu-herzerkrankungen/koronare-herzkrankheit/symptome.

EurekAlert! (22.05.2023): Women more likely to die after heart attack than men. Letzter Abruf am 08.07.2024 von https://www.eurekalert.org/news-releases/989635.

Frauenärzte im Netz (2018): Hormonelle Umstellung in den Wechseljahren. Letzter Abruf am 07.07.2024 von https://www.frauenaerzte-im-netz.de/koerper-sexualitaet/wechseljahre-klimakterium/hormonelle-umstellung-in-den-wechseljahren.

GEO (2015): Die mentalen Folgen der Wechseljahre. Letzter Abruf am 07.07.2024 von https://www.geo.de/wissen/gesundheit/716-rtkl-menopause-die-mentalen-folgen-der-wechseljahre.

Hansen, M., Kjaer, M. (2014): Influence of Sex and Estrogen on Musculotendinous Protein Turnover at Rest and After

Exercise, in: Exercise and Sport Sciences Reviews, 42(4), S. 183–192.
Max-Planck-Gesellschaft (24.06.2019): Sexualhormon Östradiol schützt weibliches Gehirn in der Lebensmitte. Forschungsteam untersucht das Zusammenwirken von Organfett und Hormonen. Letzter Abruf am 08.07.2024 von https://www.mpg.de/13619264.
Stamm, U. (19.01.2024): Wechseljahre: Symptome, Phasen und Dauer. Letzter Abruf am 07.07.2024 von https://www.ndr.de/ratgeber/gesundheit/Wechseljahre-Symptome-Phasen-und-Dauer,wechseljahre216.html.
Statistisches Bundesamt (2024): Häufigste Todesursachen von Frauen. Letzter Abruf am 08.07.2024 von https://www.destatis.de/DE/Themen/Gesellschaft-Umwelt/Gesundheit/Todesursachen/_inhalt.html.
Weirich, B. (08.09.2023): Progesteronmangel: 9 Symptome, die Warnzeichen sind. Letzter Abruf am 07.07.2024 von https://www.onmeda.de/krankheiten/gelbkoerperschwaeche/galerie-progesteronmangel-symptome-id215912/#bild9.
Weltgesundheitsorganisation (2018): More active People for a healthier World. Global Action Plan On Physical Activity 2018–2030. Letzter Abruf am 08.07.2024 von https://apps.who.int/iris/bitstream/handle/10665/272722/9789241514187-eng.pdf?sequence=1&isAllowed=y.
Wir sind 9 Millionen (2024):Wir sind 9 Millionen. Letzter Abruf am 07.07.2024 von https://wirsindneunmillionen.de.

Danksagung

Dieses Buch wäre immer noch ein »vielleicht irgendwann«-Traum in meinem Gehirn, wenn es Laurie Y. nicht gäbe, die es für mich hat schreiben wollen, und Lori O., die, ziemlich vehement, möchte ich meinen, darauf bestanden hat, dass ich es selbst schreibe. (Du hast natürlich recht.)

Doch zum Glück habe ich den Weg nicht allein gehen müssen. Camille Noe Pagan, Schreib- und Lifecoachin der Sonderklasse, hat mich bei den Auseinandersetzungen mit meinem Gehirn unterstützt und mit GROSSBUCHSTABIGEM ENTHUSIASMUS geantwortet, als ich es am dringendsten gebraucht habe.

Michele Martin, du bist eine brillante, beharrliche Agentin, und es ist sehr beruhigend, von dir auf dem Weg zur Veröffentlichung begleitet zu werden – danke, dass du für mich da bist.

Tausend Dank an das gesamte Team von *The Experiment* für die herzliche Aufnahme und eure Hilfe dabei, ein besseres Buch zu erschaffen, als ich es mir je hätte erträumen können. Ich will insbesondere Batya Rosenblum für ihr sanftes, einfühlsames Lektorat danken. Dank dir hat sich dieses Manuskript von verdammt gut zu wortwörtlich fantastisch entwickelt (du hasst diesen Satz, oder?), und ich bin so froh für jede deiner Korrekturen mit dem Rotstift. Danke an Besse Lynch für deine Öffentlichkeitsarbeit und dass du dich genauso darauf freust, für das Buch zu werben, wie ich. Und, mein Gott, danke Beth Bugler für das starke Titeldesign, das mich von den Socken gehauen hat.

Danke an all meine wunderbaren Bs auf YouTube. Wer hätte gedacht, dass aus einem seltsamen 15-minütigen Gymnastikballvideo mal *so etwas* entstehen würde?

Meine GYG-Freundinnen, zu denen ich eine Verbindung habe, die viele freudige Gefühle in mir auslöst – eure Unterstützung, eure Fragen (denn so zeigen wir unsere Liebe), eure Neugier und euer Durchhaltevermögen, was Verletzlichkeit angeht, inspirieren mich immer wieder. Ihr macht mich zu einer besseren Coachin und zu einem besseren Menschen, und ich bin so dankbar für jede Einzelne von euch.

Sie haben mich als Kind wahrscheinlich für ziemlich seltsam gehalten, weil die Schreibmaschine für mich so gut wie jedes andere Spielzeug gewesen ist, aber meine Eltern haben mich immer ermutigt, meinen eigenen Weg zu gehen. Danke, Mom und Dad, dass ihr immer gewusst habt, dass ich mal Autorin werden würde.

Wie immer ein Dank an Mike, der die Rolle des großen Bruders sehr ernst nimmt und wunderbar ausfüllt. Ich bin froh, dich zu haben, und Vicki ist es auch gewesen.

Dieses Buch ist für meine wunderbaren Jungs, Andy und Jake. Danke, dass ihr eurer Mutter bei ihren zahlreichen Monologen zum Thema Wechseljahre zugehört habt.

Mit Liebe für Davey B., der unzählige Abende allein ausgehalten hat, während ich geschrieben habe. Danke, dass du mir zugehört hast, wenn ich ganze Kapitel verbal neu sortiert habe, auch wenn du keine Ahnung hast, wovon ich rede. Danke, dass du dich um die Wäsche kümmerst, die ich immer vergesse (auch wenn ich nicht gerade ein Buch schreibe), und dafür, dass du der beste Abenteuerpartner bist, den eine Frau sich wünschen kann. P. liebt D. für immer.